La peur
d'aimer

Infographie : Luisa da Silva

DISTRIBUTEURS EXCLUSIFS :

• Pour le Canada et les États-Unis :
MESSAGERIES ADP*
2315, rue de la Province
Longueuil, Québec J4G 1G4
Tél. : (450) 640-1237
Télécopieur : (450) 674-6237
*   une division du Groupe Sogides inc.,
        filiale du Groupe Livre Quebecor Média inc.

• Pour la France et les autres pays :
INTERFORUM editis
Immeuble Paryseine, 3, Allée de la Seine
94854 Ivry CEDEX
Tél. : 33 (0) 4 49 59 11 56/91
Télécopieur : 33 (0) 1 49 59 11 33
Service commande France Métropolitaine
Tél. : 33 (0) 2 38 32 71 00
Télécopieur : 33 (0) 2 38 32 71 28
Internet : www.interforum.fr
Service commandes Export – DOM-TOM
Télécopieur : 33 (0) 2 38 32 78 86
Internet : www.interforum.fr
Courriel : cdes-export@interforum.fr

• Pour la Suisse :
INTERFORUM editis SUISSE
Case postale 69 – CH 1701 Fribourg – Suisse
Tél. : 41 (0) 26 460 80 60
Télécopieur : 41 (0) 26 460 80 68
Internet : www.interforumsuisse.ch
Courriel : office@interforumsuisse.ch
Distributeur : OLF S.A.
ZI. 3, Corminboeuf
Case postale 1061 – CH 1701 Fribourg – Suisse
Commandes : Tél. : 41 (0) 26 467 53 33
                Télécopieur : 41 (0) 26 467 54 66
                Internet : www.olf.ch
                Courriel : information@olf.ch

• Pour la Belgique et le Luxembourg :
INTERFORUM editis BENELUX S.A.
Boulevard de l'Europe 117,
B-1301 Wavre – Belgique
Tél. : 32 (0) 10 42 03 20
Télécopieur : 32 (0) 10 41 20 24
Internet : www.interforum.be
Courriel : info@interforum.be

Catalogage avant publication de
Bibliothèque et Archives Canada

Carter, Steven
    La peur d'aimer

    Traduction de : Getting to commitment.

    1. Relations entre hommes et femmes.   2. Relations
humaines.   3. Amours.   4. Intimité.   I. Sokol, Julia.
II. Titre.

HQ801.C37214 2007   306.7   C2006-942214-1

Pour en savoir davantage sur nos publications,
visitez notre site : **www.edhomme.com**
Autres sites à visiter : www.edjour.com
www.edtypo.com • www.edvlb.com
www.edhexagone.com • www.edutilis.com

01-07

L'ouvrage original a été publié
par M. Evans and Company, Inc.
sous le titre *Getting to Commitment*

Dépôt légal : 2007
Bibliothèque et Archives nationales du Québec

ISBN : 978-2-7619-2375-0

Gouvernement du Québec – Programme de crédit
d'impôt pour l'édition de livres – Gestion SODEC –
www.sodec.gouv.qc.ca

L'Éditeur bénéficie du soutien de la Société de
développement des entreprises culturelles du
Québec pour son programme d'édition.

Nous reconnaissons l'aide financière du gouvernement du Canada par l'entremise du Programme
d'aide au développement de l'industrie de l'édition
(PADIÉ) pour nos activités d'édition.

STEVEN CARTER

en collaboration avec Julia Sokol

La peur d'aimer

Traduit de l'américain par
Marie-Luce Constant

REMERCIEMENTS

Tout livre voit le jour parce que bien des gens, en sus de l'auteur, contribuent à sa création. Celui-ci ne fait pas exception.

Tout d'abord, j'aimerais remercier mon épouse, Jill, qui en a été l'inspiratrice. Sans sa foi dans l'amour et l'importance d'une relation fondée sur l'engagement, rien de tout cela n'aurait été possible.

En outre, je suis profondément reconnaissant à Julia Sokol, qui partage avec moi depuis longtemps les affres de la rédaction. Sa perspicacité, sa compréhension et, surtout, son extraordinaire talent littéraire rehaussent tous les travaux que nous avons entrepris ensemble.

Je remercie également toutes les personnes qui nous ont si généreusement offert leur temps et leurs confidences afin que d'autres puissent tirer profit de leur expérience.

Lorsque j'ai besoin d'en apprendre davantage, de vérifier mes connaissances ou de justifier mon point de vue en matière de relations personnelles, je sais que je peux toujours faire appel au Dr Irene Harwood. Depuis six ans, elle m'aide à orienter mes travaux et j'aimerais lui conférer toute ma gratitude.

Je n'omettrai pas de mentionner plusieurs petites créatures à poils – Maggie, Carla, Holly, Harry et Huck – qui ont elles aussi quelques leçons à nous apprendre sur l'amour et l'engagement. Que toutes reçoivent la bénédiction divine.

INTRODUCTION

Et si nous acceptions de nous engager?

Reconnaissons-le sans honte. Hommes ou femmes, nos relations (voire notre mariage) semblent se solder perpétuellement par un échec. Nous tombons amoureux, mais nous ne parvenons guère à le demeurer. Parfois, c'est parce que l'objet de nos feux est incapable de nous aimer en retour ; notre cœur se brise, nos rêves éclatent. Quelquefois, c'est nous qui cessons d'aimer ; à ce moment-là, nous ressentons toute la culpabilité de celui qui rejette au lieu de la déception de celui qui est rejeté. Quoi qu'il en soit, nous repartons à la recherche d'un nouveau partenaire, espérant contre toute attente que le prochain sera le «bon». Mais nos espoirs ont été si souvent déçus que nous finissons par préférer la compagnie de notre ordinateur, de notre poste de télévision, de nos disques, de nos chats ou de nos chiens qui, eux, nous aiment inconditionnellement.

Nos parents nous considèrent d'un œil perplexe. Nos amis heureux en ménage s'efforcent de nous présenter à d'éventuels partenaires tout en se demandant ce qui ne va pas chez nous. Nous passons des soirées en compagnie d'autres amis célibataires, avec lesquels nous nous demandons ce qui ne va pas chez nous. Notre situation est une manne pour les scénaristes, mais elle est beaucoup plus cocasse au petit écran que dans la réalité.

Quel est le problème? Nous aimerions bien rencontrer l'âme sœur. Et pourtant, nous sommes les premiers à tuer toute relation dans l'œuf. En termes simples, nous ne comprenons pas ce qu'est l'engagement. Nous ignorons comment nouer et perpétuer la relation la plus importante de notre vie. Nous essayons, mais nous constatons rapidement qu'il est difficile de se rendre vulnérable, que la confiance ne nous vient pas aisément. Les bons choix nous échappent, car nous ne savons pas véritablement ce que nous voulons. Nous éprouvons bien des difficultés à ouvrir notre cœur.

Nous avons beau affirmer notre désir de nouer une relation authentique, nous sommes trop souvent attirés vers des phantasmes. En outre, nous avons tendance à réclamer des garanties dépourvues de réalisme. Nous voulons à tout prix savoir ce que l'avenir nous réserve; nous voulons être certains de tenir nos promesses initiales et nous exigeons la même certitude de notre partenaire. Malheureusement, l'amour véritable offre bien peu de garanties. Nous ne sommes pas toujours parfaits, ceux et celles que nous aimons ne sont pas toujours parfaits, les unions que nous formons ne sont pas toujours parfaites.

Jadis, lorsque deux personnes se disaient «Je t'aime», lorsque deux personnes faisaient l'amour, lorsque deux personnes vivaient ensemble, c'était pour la vie. Aujourd'hui, ce n'est plus le cas. Nous vivons dans un monde qui semble apprécier d'abord et avant tout le changement. Nous nous levons le matin, ouvrons notre journal, allumons notre ordinateur et partons immédiatement en quête de nouveauté. «Et ensuite?» ou «Quand l'aurons-nous ici?» semblent être devenus nos cris de ralliement. Notre société accorde souvent plus de prix à l'individualité qu'à l'association, à la liberté plutôt qu'à la liaison, au perfectionnisme plutôt qu'au compromis. Naturellement, ces tendances se reflètent sur nos relations. Nous avons tant de possibilités, tant de débouchés, tant de choix. Il est facile de croire que les relations sont jetables, remplaçables, modernisables, comme tout ce qui nous entoure.

C'est pourquoi certains d'entre nous se demandent dans quelle mesure ils devraient s'investir dans l'avenir de leurs relations en général ou d'une relation en particulier. Et nous nous comportons en conséquence. Dans notre vie personnelle, nous avons trop souvent tendance à nous distancier de notre partenaire. Nous érigeons d'extraordinaires obstacles et créons des situations complexes afin d'éviter de faire face à notre vulnérabilité. La raison de ce comportement est évidente : aimer quelqu'un nous place dans une situation dangereuse où notre cœur tendre risque de souffrir. Naturellement, toute relation entraîne un danger d'un tout autre genre : la possibilité d'être coincé dans une relation que nous pourrions ultérieurement regretter.

Et pourtant, comme nous sommes nombreux à l'avoir constaté, en fuyant l'amour, nous finissons par nous retrouver à la case départ. Voilà qui devrait nous terrifier. Nous nous posons certaines questions. Que se passera-t-il si nous ne sommes pas capables de nous engager dans une relation authentique ? Vivrons-nous le genre de vie que nous affirmons vouloir vivre ? Ces questions sont le reflet de l'une des grandes énigmes de l'existence humaine. En aimant, nous nous exposons à toutes sortes de complications, à des situations brouillonnes tout autant qu'à des moments merveilleux, à tout ce qui peut arriver entre deux personnes. En demeurant seuls, à l'abri de ces complications... nous demeurons seuls, à l'abri des complications. Chaque situation a ses avantages et ses inconvénients. Mais si nous voulons aimer, si nous souhaitons entrer en liaison avec nos semblables, nous devons être prêts à courir des risques.

L'amour sera toujours assorti de mille complications. Pour certains, il s'agit d'obstacles insurmontables. Mais d'autres considèrent au contraire ces complications comme des occasions d'enrichissement et de croissance personnelle. Tomber amoureux et le rester fait appel à une sorte d'héroïsme. Pour connaître l'intimité, notre cœur doit être brave tout autant qu'aimant. Car il faut du courage pour aimer, pour s'engager dans une relation. Ce livre a pour but de vous aider à trouver ce courage.

L'amour est un cheminement
et non une solution

Devant moi j'aperçois un petit auditoire d'hommes et de femmes très bien intentionnés, qui ont investi leur temps, leur argent et leur espoir dans une conférence sur l'engagement et les conflits qu'il suscite. Comme à l'accoutumée, je leur ai demandé de mettre sur papier trois questions auxquelles ils aimeraient avoir trouvé une réponse d'ici la fin de la soirée. Pendant qu'ils s'inscrivent, j'examine soigneusement les questionnaires, que je connais cependant par cœur. En effet, bien que chaque question reflète la personnalité et le dilemme de chaque participant, ce sont toujours les mêmes :

« Comment vivre avec un partenaire qui a peur de s'engager… un partenaire qui ne me laisse pas pénétrer dans son intimité… un partenaire qui évite l'intimité ? »

« Pourquoi les relations me font-elles peur ? »

« Comment savoir si c'est cette relation particulière qui m'effraie, ou le fait de s'engager en général ? »

« Je m'attache toujours à des gens qui ont peur de s'engager. Qu'est-ce que cela révèle à mon sujet ? »

« L'un de nous semble être effrayé à l'idée d'aller de l'avant. Comment faire pour rompre ce carcan ? »

« Que puis-je faire pour aider un partenaire qui avoue son appréhension ? »

Chaque fois que je lis ces questions, je me demande en quoi ma conférence pourra bien aider les personnes qui y assistent. Je connais la douleur et la déception qui les incitent à venir m'écouter.

Je sais à quel point il est difficile d'exposer sa vie privée au regard d'un groupe d'étrangers. Je sais qu'une relation saine est le fruit d'un travail considérable. Ce que je ne sais pas, c'est si mes auditeurs sont prêts à accomplir ce travail. Il ne suffit pas de leur fournir des réponses rapides. Car il n'existe pas de remède miracle.

Quelquefois, lorsque je fais face à ces hommes et à ces femmes, j'aurais envie de leur dire : « Même si je vous révèle tout ce que je sais, aussi honnêtement, aussi ouvertement que possible, êtes-vous sûrs de vouloir en savoir autant que moi ? Cela vous aidera-t-il ? En effet, si vous êtes sincères, vous devrez faire en sorte d'utiliser ce nouveau savoir. Vous devrez changer votre comportement ainsi que votre mode de pensée. Vous devrez envisager sous un angle différent non seulement vos relations avec autrui, mais encore votre relation avec vous-mêmes. Ce travail exige du temps et de l'effort. Il n'est pas toujours agréable. »

Depuis quelques années, beaucoup d'entre nous regardent religieusement leur épisode hebdomadaire de *Seinfeld*. Chaque semaine, les déboires réitérés de George Costanza provoquent notre hilarité. Car George, c'est bien évident, ne changera jamais. Je me souviens d'un épisode en particulier. George tombe amoureux d'une détenue, soit la partenaire inaccessible par excellence ! Quelle aubaine ! Par définition, il s'agit d'une relation limitée qui ne risque pas d'exiger beaucoup de George. Naturellement, il est envoûté. Et comme il fallait s'y attendre, la relation tourne court dès que la dame sort de prison. Tout à fait prévisible. Nous rions de George, certes, mais notre comportement n'est-il pas tout aussi prévisible ? Nos relations suivent toujours le même cheminement. Soit nous faisons un choix désastreux, soit nous brouillons des relations qui auraient du potentiel. Pourtant, dans la réalité, ce n'est pas drôle. Nous rions aux larmes, le rire s'éteint et les larmes demeurent. Je crois qu'il n'y a pas grand-chose de plus triste, de plus douloureux que l'incapacité de nouer une relation durable. Durant toute notre vie, nous laissons passer des occasions, nos premiers rendez-vous se soldent par des échecs, nous ne parvenons pas à nouer des liens. Quelle tristesse !

Ce qu'il faut retenir de cela, c'est que pour la plupart d'entre nous, il n'est plus question d'avancer à l'aveuglette. Nous nous heurtons constamment aux mêmes écueils, nous nous retrouvons perpétuellement au fond des mêmes oubliettes. Tout ce que nous y gagnons, ce sont des plaies et des bosses, témoignages de nos collisions à répétition, de nos échecs émotifs. Si notre comportement n'a eu aucun résultat positif par le passé, qu'est-ce qui nous fait croire qu'il en aura à l'avenir ? Il ne nous a jamais permis de savourer l'oxygène d'une relation, il ne nous a jamais fait connaître l'amour dont nous rêvons.

Il y a dix ans, je savais tout ce qu'il fallait savoir pour *éviter* tout engagement. La peur de l'amour n'avait plus de secret pour moi. Je connaissais chaque nuance, chaque geste, tout le langage et tout le comportement. J'étais, sinon l'autorité, du moins l'une des autorités sur la peur. Je connaissais mille et une façons d'éviter l'amour. Car pendant un certain temps, ce genre de vie m'a enthousiasmé. Je me divertissais à esquiver, à parer et à briser des cœurs. Et puis un jour, je n'ai plus trouvé cela drôle du tout. Je voulais connaître l'amour, je voulais vivre une vie pleine et entière. Je voulais partager une relation profonde. Je voulais tomber amoureux et le demeurer. Je voulais être capable de m'engager entièrement.

Certaines personnes sont convaincues que l'absence de toute relation durable ne nuit en rien à leur bonheur. L'engagement n'est pas, disent-elles, un ingrédient essentiel de leur vie. Car, après tout, tout le monde n'a pas envie de vivre de cette façon. J'en conviens. Mais éviter l'engagement n'est pas mon but et, si vous lisez ce livre, ce n'est pas le vôtre non plus. Par conséquent, vous désirez certainement apprendre comment procéder pour nouer la relation stable qui vous fait envie.

Mon travail consistera à vous y aider, à démythifier ce processus, à vous faire connaître les possibilités qui s'offrent à vous et à décrire quelques-uns des pièges qui vous attendent. Mais le gros du travail, c'est vous qui allez l'accomplir. Il n'y a qu'une différence entre ceux qui réussissent et les autres. Une seule différence, qui n'a rien à voir avec l'âge, les antécédents ou le désir. Cette différence, c'est le courage.

MA PEUR DE L'ENGAGEMENT ET MOI

Par une chaude journée d'été, il y a plus de dix ans, je me trouvais à Chicago sur la scène de l'*Oprah Winfrey Show,* attendant que les caméras se tournent vers moi après une série d'annonces publicitaires. Le thème était « La phobie de l'engagement ».

L'émission était diffusée en direct dans une bonne partie du pays et, pendant la première demi-heure, plusieurs messieurs, assis sur la scène, avaient raconté l'histoire de leur vie à un auditoire fasciné. On eût dit une séance de confession collective, dont les protagonistes formaient un groupe d'hommes ordinaires, désireux d'admettre leur échec. Ces hommes, tout en narrant leurs relations problématiques avec les femmes, assumaient la responsabilité d'un cortège de promesses rompues, de rêves éclatés et de cœurs brisés. L'auditoire avait fait preuve d'une étonnante compassion. Les femmes, en particulier, semblaient avoir apprécié la franchise de cette « confession ». Elles étaient reconnaissantes aux participants de leur avoir fait comprendre un problème qui avait touché personnellement beaucoup d'entre elles.

Puis mon tour arriva. Mais je n'étais pas sur scène pour raconter l'histoire de ma vie. En effet, je venais de publier en collaboration avec Julia Sokol un livre intitulé *Ces hommes qui ont peur d'aimer,* dans lequel nous avions concocté l'expression « phobie de l'engagement » pour décrire les personnes qui ont une réaction claustrophobique à l'égard de l'intimité. Dans ce livre, nous expliquions aux femmes comment se protéger des hommes qui présentent cette phobie.

Je me souviens de cette journée comme si c'était hier. Sur la scène, Oprah Winfrey me pose sa première question. Je suis terrifié. Je jette un coup d'œil vers Julia pour me rassurer. Elle connaît tout de ma peur. Non seulement j'ai le trac, mais en plus je dissimule au fond de moi-même un petit secret désagréable, ma propre phobie de l'engagement que je n'ai pas du tout envie de déballer sur scène. J'ai beau avoir été invité à titre d'« autorité », je ne suis pas plus recommandable que ces messieurs qui viennent de se confesser. De fait, je le suis beaucoup moins. Car je n'ai encore jamais vécu une relation durable. Les questions que je crains sont bien simples : «Et vous, monsieur Carter, qu'en est-il dans votre vie?» «Que savez-vous réellement de l'intimité?» «Où en sont vos relations?» «N'avez-vous donc pas peur de vous engager?»

Attention ici. Comprenez bien qu'aucune règle n'exige de l'auteur d'un livre sur les relations qu'il vive lui-même une vie impeccable. Il est fort possible que j'éprouve moi-même quelque difficulté à m'engager. Pendant des années, les experts en tous genres ont invoqué le proverbe bien connu «les cordonniers sont toujours les plus mal chaussés» pour expliquer et justifier leur propre comportement. Dans une certaine mesure, ils avaient raison... Ce n'est pas parce que le messager a des défauts que le message n'est pas judicieux. Toutefois, un jour ou l'autre, ce raisonnement finit par perdre de sa vraisemblance. En outre, en cette journée de 1987, j'avais honte de la manière dont je m'étais comporté dans la plupart de mes relations, sinon dans toutes. Au point que je ne pouvais envisager l'idée de raconter l'histoire de ma vie à quiconque, encore moins aux millions de téléspectateurs d'une chaîne nationale. J'avais beau être une autorité en matière de relations humaines, ma mince couche de supériorité était bien près d'éclater et l'expérience se révélait humiliante.

Après la publication de *Ces hommes qui ont peur d'aimer,* j'ai reçu des centaines de lettres de femmes qui me demandaient si, par hasard, je connaissais leur compagnon, leur mari ou leur amant. Sinon, comment aurais-je pu décrire leur relation avec autant de précision? En réalité, c'est en partie parce que j'étais moi-même l'un de ces hommes que j'avais pu analyser si méticuleusement leur comportement. J'avais eu beau m'entretenir avec des centaines de personnes pour rédiger le livre, en fin de compte leur histoire était aussi la mienne. Seuls les détails changeaient. Moi aussi, j'avais tout fait et tout dit pour éviter l'amour. Je m'étais lancé dans des relations vouées à l'échec tout en fuyant celles qui présentaient un potentiel de réussite.

Rédiger un livre sur la peur de l'engagement m'avait aidé. Mais pas suffisamment. Ce que j'avais compris, c'était à quel point mon comportement blessait les femmes. Je m'étais rendu compte à quel point mon ambivalence et, disons-le, ma couardise étaient une source de douleur tout autant que de confusion. Une fois le livre publié, j'eus l'impression de perdre tous mes arguments. Je ne pouvais plus justifier mon comportement. Je devais absolument faire quelque chose. Mais quoi ?

Il me semblait que si je m'abstenais de tout comportement semblable à celui que j'avais décrit dans mon livre, mes relations ne pourraient que changer. Après toute la recherche que j'avais entreprise pour écrire ce livre, je ne pouvais plus me comporter comme avant. Alors, j'ai choisi une voie plus dangereuse, du moins pour moi : j'ai changé mon fusil d'épaule. Pendant des années, ma phobie de l'engagement m'avait fait fuir les femmes qui, par leur comportement, manifestaient un certain intérêt envers ma personne. Désormais, je me sentais bien trop coupable, j'en savais beaucoup trop pour continuer à agir de cette façon. Mais que faire, alors ? J'eus un réflexe stupide : je me mis à courtiser les femmes qui fuyaient elles-mêmes l'amour. Honteux de mon incapacité de m'engager, je me trouvai de nouvelles excuses en m'intéressant à des femmes dont l'existence frénétique ne leur permettait même pas de m'accorder un rendez-vous, encore moins de se lancer dans une relation durable.

Peu après la publication de *Ces hommes qui ont peur d'aimer*, je commençai à sortir avec une femme qui passait son temps en volte-face, au point que j'en étais étourdi. Je n'étais pas amoureux, certes, mais cela ne m'empêchait pas de souffrir. En fait, j'étais en train de recevoir une bonne leçon. Je savais désormais ce que c'était que de désirer quelqu'un qui ne me désirait pas vraiment, du moins pas à long terme.

La semaine où *Ces hommes qui ont peur d'aimer* se retrouva dans la liste des best-sellers, mon téléphone n'arrêta pas de sonner. Certains appels émanaient de gens qui souhaitaient me féliciter. Je reçus également des appels d'amis et aussi de quelques-unes de mes anciennes petites amies qui, enfin, venaient de comprendre *mon* comportement. Quant à l'élue du moment, elle se sentait tellement pressurée par la relation qu'elle hésitait à accepter une invitation à dîner. La semaine prochaine peut-être ? Soudain, je finis par *réellement* comprendre la souffrance que suscitait chez les femmes la rupture d'une relation. Mon éditeur me réclamait un nouveau livre, la suite du premier, ma boîte aux lettres débordait de lettres de lecteurs qui voulaient changer de comportement et sollicitaient des conseils, que j'aurais bien voulu leur donner. Mais je ne savais par où commencer.

Il est vrai que *Ces hommes qui ont peur d'aimer* ouvre aux lecteurs des horizons nouveaux. Le livre fournit des informations utiles, un contexte et maints principes d'autoprotection. Tout cela, c'est très important. J'étais – je suis toujours – très fier de cet ouvrage. À mon avis, c'est encore l'une des analyses les plus honnêtes et les plus approfondies de la question. Mais j'avais beau décrire, décortiquer, prévoir le comportement des hommes et des femmes qui fuient l'amour, j'ignorais comment le modifier. Pas plus dans leur vie que dans la mienne.

Aujourd'hui, je crois avoir trouvé la réponse.

LES RELATIONS INTIMES

Au demeurant, ce livre aurait très bien pu s'intituler « Le courage de se lier », car parler de l'amour et de l'engagement revient à parler de la capacité de nouer et d'entretenir des relations. Dans la vie, c'est ce que nous faisons constamment. Nous nous lions à nos amis, à notre travail, à notre maison, à nos enfants, à nos animaux domestiques, à notre collectivité, voire à notre planète. Des relations réussies sont source de joie et de bonheur. Des relations ratées suscitent la morosité et la colère. L'absence totale de relations conduit souvent au vide et au désespoir.

Lorsque nous nous lions à quelqu'un (ou à quelque chose), nous nous sentons présents, disponibles. En général, on définit une relation amoureuse par l'étroitesse du lien entre les partenaires, soit la mesure dans laquelle ils sont présents et disponibles l'un pour l'autre. Lorsque nous nous engageons envers quelqu'un, nous acceptons implicitement d'être présents et disponibles. Nous révélons notre sincère intention d'entretenir le lien.

Les relations survivent ou meurent en fonction de l'étroitesse et de l'intégrité du lien qui unit les deux partenaires. Lorsqu'une relation est mise à l'épreuve, c'est ce lien qui se trouve au banc d'essai. L'épreuve échouera si la relation n'est pas assez profonde, pas assez complexe, pas assez significative.

Puisque nous parlons de lien, nous devrions aussi mentionner la rupture de ce lien, notre capacité d'accepter la séparation. Car cette capacité est parfois tout aussi révélatrice, tout aussi significative que notre réaction face à l'intimité.

Je connais une femme qui a pris une dizaine de kilos au cours des cinq premiers mois d'une nouvelle relation. Chaque soir, après que son nouveau partenaire l'eut quittée pour rentrer chez lui, elle se jetait sur des gourmandises réconfortantes, des gâteaux ou de grosses assiettées de pâtes au beurre. C'était plus fort qu'elle. En compagnie de son ami, elle se sentait très bien dans sa peau, mais dès qu'il avait le dos tourné, elle fonçait vers la cuisine. Avant de le rencontrer, elle ne s'était jamais comportée ainsi. Ce n'est pas qu'elle était incapable de supporter la solitude. Elle avait longtemps vécu seule et ne s'en était pas plus mal portée. Mais dès qu'elle avait rencontré cet homme, une panique primitive s'était emparée d'elle. Chaque séparation temporaire devenait dramatique. Elle eut toutefois la sagesse de comprendre que cette réaction n'avait rien à voir avec le partenaire, dont le comportement ne justifiait absolument pas ces attaques d'anxiété. Elle avait autrefois vécu une séparation traumatisante et chaque nouvelle relation réveillait en elle ce spectre lointain.

Nos relations avec les gens que nous aimons représentent une suite ininterrompue de rapprochements et de séparations. Nous nous rapprochons, puis nous nous éloignons, pour mieux nous rapprocher ensuite. Le lundi matin arrive et le couple qui vient de passer ensemble une fin de semaine idyllique est déchiré par les contraintes de la vie de tous les jours. Que pensera, que ressentira chaque partenaire au moment de cette séparation ? Au moment des adieux, ils semblent être tous deux sur la même longueur d'ondes. Le lien qui les unit résistera-t-il aux tensions de deux existences distinctes? L'un ou l'autre – peut-être les deux – sera-t-il emporté par de nouveaux intérêts au point que le vécu partagé finira par se dissoudre? La période nécessaire de rupture des liens sera-t-elle émotionnellement agitée ou remplie d'angoisse, de jalousie ou de désir obsessionnel?

Quiconque craint l'engagement éprouve presque toujours de la difficulté à vivre un rapprochement et une séparation. Très souvent, ces personnes essaient de télescoper le processus, voire de le contourner. Souvent, elles nouent des relations intimes aussi instantanées que dépourvues de bon sens. À d'autres reprises, elles érigent d'immenses barrières qui maintiennent leur partenaire à bonne distance et les empêchent de nouer de véritables liens.

L'AMOUR EST UN CHEMINEMENT ET NON UNE SOLUTION

Si je m'obstine à répéter cette phrase, c'est parce que beaucoup d'entre nous se refusent à la croire. Notre éducation nous a transmis l'idée que l'amour était quelque chose de magique, qui allait changer notre vie à jamais, dès sa première apparition. Peut-être espérions-nous rencontrer l'être parfait. Tout au long de notre adolescence, nous avons sincèrement cru que la rencontre de cet être spécial et les sentiments qu'il éveillerait en nous transformeraient notre conception de nous-mêmes et du monde extérieur, et ce, POUR TOUJOURS. Nous voulions croire que l'amour change tout, en un clin d'œil, par magie, instantanément. C'était d'ailleurs là notre définition de l'amour. En grandissant, nous nous raccrochons souvent à cette conception peu réaliste des relations humaines.

Mon ami Michel, par exemple, se demande s'il devrait vivre avec la femme avec laquelle il sort depuis plusieurs années. J'ai cherché à savoir à quel moment il s'était senti le plus proche d'elle. Il m'a répondu que c'était au moment où il l'avait rencontrée. Cette réponse m'a fait clairement comprendre qu'il n'était pas encore parvenu au stade où l'on regarde en arrière pour trouver nos premiers émois charmants, certes, mais quelque peu primitifs. Si Michel estime que c'était juste après la rencontre que sa relation était la plus puissante, il est évident que quelque chose a empêché cette relation d'acquérir de la maturité. Michel reconnaît que c'est lui qui résiste à la croissance.

Il y a des années, la compagne d'un homme terrifié par toute relation fondée sur l'engagement m'a raconté que son psychothérapeute lui avait fait remarquer que cette relation agitée n'avait en fait jamais progressé au-delà du premier rendez-vous magique. Elle était encore imprégnée de toute la passion et de l'intensité d'une première rencontre, mais ne s'était jamais développée au point où les partenaires pouvaient tenir quoi que ce fût pour acquis. Pas même la certitude d'un prochain rendez-vous. Bien que cet aspect dotât la relation d'un petit côté romantique, très fascinant, il la rendait également très douloureuse.

Il est vrai qu'une nouvelle liaison a quelque chose de magique, que nous ressentons instantanément. Mais ce n'est que le début d'une relation amoureuse, l'apprêt que l'on pose avant des milliers de couches de peinture. L'amour évolue, change tout en croissant. Les nouveaux amants jugent leur lien très puissant. Mais ce n'est qu'avec le temps et beaucoup de chance qu'ils connaîtront la force extraordinaire de l'amour véritable.

Nouer une relation intime signifie forcément que nous nous révélons à notre partenaire, par nos actes, nos paroles et nos sentiments. L'autre devrait normalement nous rendre la pareille. Mais pour tisser ce genre de lien, il faut que les deux parties se rapprochent et demeurent ainsi proches l'une de l'autre pendant un certain temps.

Réfléchissons à tout ce que nous faisons, dans la vie quotidienne, pour resserrer nos liens avec quelqu'un d'autre : nous entamons une conversation, nous faisons l'amour, nous partageons des expériences. Tous, nous savons que les relations intimes s'approfondissent grâce au partage des émotions, des points faibles et des problèmes. N'oublions pas non plus le rapprochement qui a lieu lorsque nous sommes simplement assis ensemble dans le salon, à lire le journal ou à regarder la télévision, sans avoir besoin de parler. Nous ne faisons rien, mais nous le faisons ensemble.

Lorsque nous aimons, lorsque nous nous efforçons d'intensifier cette relation, nous avons tendance à vouloir partager nos activités. Ainsi, nous approfondissons notre connaissance et notre compréhension de l'être aimé, puisque nous partageons ses intérêts. Nous invitons les gens que nous aimons à faire la connaissance de notre famille et de nos amis, à s'introduire dans notre petit monde. Nous renforçons les liens qui nous unissent.

Au fur et à mesure que la relation progresse, des liens en tous genres se tissent simultanément, se chevauchant les uns les autres pour former une trame si serrée qu'elle devrait pouvoir résister à n'importe quel type de tension.

Les personnes qui refusent de s'engager ne laissent pas ces liens se tisser normalement. En général, elles se raccrochent à leurs phantasmes, au lieu de se rapprocher d'un autre être en chair et en os. Marguerite, qui, pendant longtemps, avait eu une relation de type chaud-froid avec un homme qui fuyait tout engagement à long terme, m'a récemment expliqué qu'il lui avait fallu des années pour comprendre que ses sentiments, pourtant si intenses, n'étaient que le reflet de ses phantasmes, ne s'adressaient pas à un homme en chair et en os, mais à un rêve. Eût-elle été capable de considérer froidement son partenaire, elle aurait immédiatement découvert l'absence de tout lien authentique.

Dans certaines relations, l'un ou l'autre des partenaires résiste à toute forme d'engagement. Très souvent, il élève des obstacles qui empêchent les liens de se nouer ou de se resserrer. Ces relations débutent parfois par une intimité instantanée, une puissante attirance sexuelle, mais peu après, l'un des deux partenaires refuse de laisser les autres liens se nouer. La relation finit par être complètement déséquilibrée. La passion et l'intensité des sentiments sont présentes, mais rien d'autre. Aucune autre expérience n'est partagée. La relation ne parvient jamais à s'épanouir et à progresser.

Il est fréquent que nous pensions vivre une relation puissante, pour constater peu après qu'en réalité, elle ne repose sur rien. Nous avons l'impression d'avoir trouvé quelque chose d'unique qui, en fin de compte, se révèle être entièrement superficiel ou fondé sur de fausses informations ou pire encore, des phantasmes ou de faux espoirs.

Nous sommes parfois si désireux de connaître l'amour que nous nous laissons séduire par la simple possibilité d'une relation amoureuse, bien avant d'avoir entamé cette relation. Alors, nous découvrons pour notre plus grande douleur que certaines personnes sont tout simplement incapables d'entretenir des relations authentiques. Elles nous impressionnent à notre première rencontre, durant notre première conversation téléphonique ou pendant les dix premières minutes. Mais elles ne peuvent dissimuler leur carence bien longtemps. Elles se sentent trop vulnérables, trop exposées, trop à vif pour se montrer telles qu'elles sont bien longtemps. Le risque d'être rejeté, blessé, incompris ou manipulé est trop grand.

Entamer une relation véritable signifie attacher en permanence de petits morceaux de nous-mêmes à quelqu'un d'autre. Avec le temps, des milliers de petits morceaux sont fixés les uns aux autres par des nœuds qu'il faut constamment surveiller. Lorsque certains se rompent, il faut les rattacher plus solidement. C'est pourquoi la trame de chaque relation est unique en son genre.

Lorsqu'une relation est encore dans ses prémices, il est judicieux de garder quelque distance pour conserver l'intégrité de sa personne. En effet, il serait stupide, voire dangereux, de se dévoiler et de montrer toutes ses possessions à un étranger, dès la première rencontre. Mais si nous souhaitons nouer une relation durable et satisfaisante, nous devrons peu à peu révéler ce que nous sommes. Par étapes, naturellement. Mais si nous nous refusons à attacher de gros morceaux de nous-mêmes à notre partenaire, notre relation demeurera superficielle. Les liens que nous aurons tissés demeureront fragiles, des liens de beau temps. Aussi agréables soient-ils, ils seront dépourvus de la profondeur et de la richesse nécessaires pour faire de la relation un élément authentique et permanent de notre vie.

Dans *Ces hommes qui ont peur d'aimer*, je me suis efforcé d'analyser le problème de l'engagement. Ce livre-ci devrait vous aider à prendre les mesures nécessaires pour accepter l'engagement. J'ai souvent rencontré des femmes qui m'ont assuré qu'elles pouvaient reconnaître à dix mètres un homme qui a la phobie de l'engagement. Dès que le premier symptôme pointe, l'homme est catalogué, tout est fini. Si toutes les situations de ce genre étaient aussi claires et nettes, comme la vie serait simple. Malheureusement, ce n'est pas le cas. Pour la plupart, nous sommes des «fuyards» en puissance. Mais nous avons aussi le potentiel de nouer des relations réussies.

Aujourd'hui, ma vie est très différente de ce qu'elle était voilà seulement dix ans. J'ai épousé une femme stable, aimante, adorable. Mon mariage est réussi. Je tiens à conserver cette relation. Elle me rend heureux. Je n'ai l'impression ni d'avoir fait des compromis insupportables ni d'avoir abdiqué. Rien de tout cela n'est un hasard. Ma femme me taquine en affirmant que dans le domaine des relations, je suis celui qui travaille le plus dur. Elle sait de quoi elle parle. Il m'a effectivement fallu travailler dur pour en arriver là. Mais si j'ai réussi, vous le pouvez vous aussi.

Franchir les huit obstacles
pour atteindre l'amour

Entre vous et la relation que vous méritez se dressent quelques obstacles de taille. Vous vous y heurterez chaque fois que vous essaierez de nouer un lien. Ils ne sont pas propres à vous ou à vos relations. En fait, sous beaucoup d'aspects, ils sont archétypiques et définissent la relation même.

Au risque de simplifier le problème à outrance, j'ai dressé une liste de huit obstacles. «Seulement huit?», vous écrierez-vous. «Huit cents ou huit mille serait peut-être plus près de la réalité!» Peut-être vos tentatives vous ont-elles épuisé au point que vous avez l'impression que quel que soit le nombre, il y en a toujours trop. Trop d'obstacles à franchir, trop de compromis à faire, trop de leçons à tirer, trop d'épreuves à surmonter.

Beaucoup de gens éprouvent une répugnance chronique à essayer de résoudre les problèmes causés par les relations. Souvent, c'est parce qu'ils s'imaginent, au plus profond d'eux-mêmes, que la «vraie» relation est un cheminement sans heurts. Tomber amoureux et le demeurer ne devrait exiger aucun effort. Chaque fois qu'ils se heurtent à un obstacle, c'est la faute de leur partenaire, c'est leur propre faute, c'est que les membres du couple sont mal assortis. Cette attitude ne peut aboutir qu'à une impasse.

Quiconque souhaite acheter une nouvelle maison ou un nouvel appartement sait fort bien qu'il lui faudra surmonter une série d'obstacles. D'abord, réunir le paiement initial. Ensuite, trouver un agent immobilier fiable, susceptible de découvrir le logis qui convient à son client. Après quoi, il faut choisir un notaire, faire inspecter la maison sous toutes ses coutures, obtenir un prêt hypothécaire et souscrire une police d'assurance. Et si nous avons la chance de survivre aux diverses négociations et à la signature de l'acte de vente, voilà que le vrai travail commence: il faut désormais s'occuper de la plomberie, du chauffage, de l'électricité, du toit. Dans une copropriété, il faut en outre participer à l'assemblée des copropriétaires et passer du temps à régler les sempiternels problèmes d'entretien. C'est un travail sans fin, auquel nous consacrons un temps inimaginable, qui assèche notre compte en banque et finit par nous porter sur les nerfs. Mais le jeu en vaut la chandelle. Il en va de même d'une relation.

Pour acheter une maison ou un appartement, nous devons franchir certaines étapes. Cela nous l'acceptons, car il n'est pas possible de faire autrement. Si c'est ce que nous voulons, alors nous prenons les mesures nécessaires. Et pourtant, lorsqu'il est question de relations, nous refusons l'idée d'un cheminement progressif et du dur travail qui s'impose. Peut-être nous déclarons-nous prêts, en théorie, à investir l'effort nécessaire, mais lorsque nous nous retrouvons au pied du mur, nous cherchons à contourner la difficulté: «Peut-être serais-je plus heureux avec quelqu'un d'autre...», «il vaut mieux être seul que mal accompagné...», «peut-être ne suis-je pas prêt...», «peut-être fais-je une erreur...»

Lorsque j'entends des gens me parler du «dur travail» qu'entraîne une relation, ce qu'ils me décrivent, c'est le moment où ils se sont heurtés à l'un de ces huit obstacles. Pour nouer une relation durable, il faut absolument suivre le cheminement normal. Aucun raccourci possible. Ces obstacles, nous devons y faire face. Sinon, nos relations demeureront toujours limitées.

Dans ce livre, nous examinons un à un chacun de ces obstacles. Ils ne se présentent toutefois pas nécessairement dans cet ordre ou même séparément. Lorsque vous essaierez de nouer une relation, vous vous heurterez à plusieurs d'entre eux, sinon à tous, simultanément. En fonction du moment, certains seront plus évidents que d'autres, mais ils ne représentent pas huit étapes distinctes. Ce sont plutôt huit directions différentes d'où pourrait surgir la résistance.

À titre personnel, il m'est apparu très important de cerner séparément chacun des obstacles, de diviser pour régner, en quelque sorte. Car si vous vous attaquez d'un coup à toute cette masse effrayante qui se dresse devant vous, les problèmes vous paraîtront insurmontables. J'ai constaté qu'en dégageant les éléments principaux pour les analyser séparément, les difficultés avaient tendance à s'aplanir. Je crois qu'il en ira de même pour vous.

PREMIER OBSTACLE

Le courage de cesser de blâmer

Les amis d'Élisabeth l'adorent. C'est probablement la raison pour laquelle ils se font tant de soucis pour elle. Sa famille est aussi très inquiète. Personne ne comprend pourquoi une femme aussi douée, aussi jolie qu'Élisabeth ne parvient pas à trouver un homme capable d'apprécier ses merveilleuses qualités. Élisabeth se pose la même question. Elle pense souvent aux hommes qui ont traversé sa vie : Samuel, qu'elle s'attendait à épouser jusqu'au jour où il lui a annoncé qu'il allait en épouser une autre ; Éric, avec qui elle était sûre de pouvoir nouer une relation authentique s'il acceptait de la rencontrer plus souvent qu'une fois par mois ; Henri, avec qui elle a entretenu une relation passionnée bien qu'il eût refusé de partager sa vie sociale ; Bernard, qui voulait uniquement partager sa vie sociale et n'avait jamais envie de faire l'amour. Quelle liste ! Où donc était-elle allée les chercher ? Pourquoi s'était-elle intéressée à eux ?

Élisabeth est toujours attachée à certains de ces hommes. Elle ne comprend pas vraiment ce qui n'a pas marché. Tout ce qu'elle sait, c'est que tous les hommes de sa vie l'ont rejetée un jour ou l'autre. Si on lui demandait pourquoi elle ne vit pas une relation durable, elle répondrait que c'est la faute des hommes qu'elle a connus. Peut-être se mettrait-elle à blâmer les hommes en général. Elle ne semble pas capable d'admettre qu'elle a aussi sa part de responsabilité. Mais après tout, c'est elle qui les a choisis. Elle est en partie responsable de l'échec de toutes ces relations.

Samuel, l'un de ces hommes, est aujourd'hui célibataire. Il souffre de la solitude. Il a été marié, certes, mais moins d'un an plus tard, il était divorcé. Lorsqu'on demande à Samuel pourquoi aucune de ses relations n'a réussi, il invoque toutes sortes d'explications compliquées. Il pense avoir aimé Élisabeth. Ils éprouvaient une très forte attirance sexuelle l'un pour l'autre. Et pourtant, Samuel avait décidé de rompre, car il jugeait qu'Élisabeth dépendait trop de sa propre famille. En outre, elle était enseignante, carrière que Samuel jugeait dépourvue d'intérêt.

Lorsqu'il rencontra la femme qu'il allait épouser, ce fut le coup de foudre. Elle était ambitieuse, indépendante, extravertie, tout ce qu'Élisabeth n'était pas. Mais Samuel finit par la trouver dédaigneuse, exigeante et trop gâtée. Au demeurant, il reconnaît aujourd'hui avoir voulu divorcer parce que son épouse n'avait pratiquement aucune des qualités d'Élisabeth. Bien des années auparavant, alors qu'il était encore dans la vingtaine, il avait été marié une première fois. Bien que Samuel soit convaincu des nombreux avantages du mariage, lui-même n'a jamais connu l'harmonie dans ses relations conjugales.

Aujourd'hui, la femme avec qui Samuel sort ne possède pas d'assez jolies jambes pour que la relation dure bien longtemps. Sam, sincèrement inquiet de constater qu'il ne parvient pas à demeurer fidèle, s'estime toutefois incapable de demeurer l'époux d'une femme dont le corps ne serait pas parfait.

Naturellement, il s'agit d'une description très simplifiée des antécédents sentimentaux d'Élisabeth et de Samuel. Mais n'oublions pas les retombées émotionnelles de ces échecs successifs. Élisabeth, par exemple, est de plus en plus déprimée à chaque rupture. Elle a de plus en plus peur des relations. À l'instar de la Belle au bois dormant, elle se retire peu à peu dans sa coquille, espérant qu'un prince qui saura apprécier toutes ses qualités viendra la réveiller d'un baiser.

Contrairement à Élisabeth, Samuel est toujours à la recherche de la partenaire idéale. Il ne cesse pas de chercher. Il n'a aucun mal à rencontrer des femmes qui l'attirent. Mais aussi puissante que soit l'attirance initiale, elle s'estompe rapidement lorsqu'il découvre que l'objet de ses amours a un défaut quelconque. En revanche, il s'intéresse depuis des années à une femme inaccessible, l'épouse de l'un de ses meilleurs amis. Aujourd'hui Samuel est si perturbé par ses hauts et ses bas émotionnels que son comportement est dépourvu de toute logique.

Élisabeth et Samuel ont beaucoup de points communs en sus du fait qu'ils ont sorti ensemble pendant plusieurs années. Tous deux sont convaincus, absolument convaincus, que si leurs relations respectives se sont toutes soldées par des échecs, c'est à cause des divers défauts de leurs partenaires. Élisabeth veut trouver quelqu'un qui lui fera sentir qu'elle est aimée, entièrement, telle quelle. Samuel ne souhaite rien d'autre. Tous deux se disent prêts à rencontrer le « grand amour ». Ils estiment le mériter. Ils se considèrent comme bien intentionnés, comme des partenaires aimants. Et tous deux rejettent le blâme sur les autres.

Lorsque nos relations s'aigrissent, nous avons tous tendance à blâmer notre partenaire, pour ses défauts, ses névroses, son incapacité à s'engager. En toute honnêteté – dans la mesure où je suis capable d'honnêteté à cet égard –, c'est aussi ce que j'ai fait pendant des années. Même lorsque j'affirmais le contraire.

Je me souviens d'une relation dans laquelle j'évitais de m'engager à fond. Ma compagne était, à juste titre, agacée par cette attitude. Voulant donner l'impression d'être sincère, je lui assurais que c'était mon problème, pas le sien. Nous avions souvent des conversations philosophiques, au cours desquelles j'affirmais que c'était moi qui ne parvenais pas à aimer pleinement, qu'il s'agît de moi-même ou de quelqu'un d'autre. Je lui répétais que je ne me connaissais même pas moi-même. Quant à elle, elle semblait me croire. Mais me croyais-je vraiment ? Étais-je sincère ? Non.

Tout en parlant, j'entendais une petite voix qui me répétait : « C'est sa faute, c'est à cause d'elle que je ne peux m'engager davantage. Elle n'est pas… suffisamment bien pour moi. » Et je repassais mentalement la liste de tous les défauts que j'avais découverts chez elle. Elle était loin d'être parfaite, tant à mes yeux qu'en général. Mais il ne me venait pas à l'idée de faire le compte de mes propres défauts.

Peu après la rupture, nous fîmes l'une de nos dernières promenades ensemble. C'était une femme remarquable et j'éprouvais toujours le besoin de me justifier parce que je me sentais, comme l'on pouvait s'y attendre, sur la défensive. Malheureusement, ma position défensive m'incitait à l'offensive. Je me souviens d'avoir entamé un interminable monologue, dans lequel je comparais mon cerveau à un macro-ordinateur et le sien à un micro. Nous avions beau être d'intelligence égale (je n'en croyais pas un mot à l'époque) et capables d'accomplir les mêmes tâches (je n'en étais pas davantage persuadé), je vivais à une vitesse différente de la sienne. J'avais besoin de recevoir davantage de données, de sources différentes. J'avais besoin de plus de stimulation. J'étais polyvalent. Aujourd'hui, j'ai honte de moi lorsque je me souviens de ces stupides élucubrations. Pourquoi cette femme ne m'a-t-elle pas gratifié d'un coup de pied dans les parties sensibles avant de m'envoyer au tapis ? Franchement, je n'en sais rien. Probablement parce qu'elle était bien plus intelligente, bien plus gentille et bien plus humaine que moi. J'avais indubitablement perdu les pédales.

Vous ne pouvez imaginez à quel point je suis embarrassé d'avoir à raconter tout cela, surtout à des lecteurs dont je me suis efforcé pendant des années de gagner le respect. Mais c'est nécessaire pour que vous compreniez à quel point nous sommes capables de nous leurrer lorsque nous refusons d'assumer la responsabilité de nos conflits.

COMMENÇONS ICI MÊME, À L'INSTANT MÊME

La première étape sur la voie de l'engagement consiste à cerner tous les moyens que vous utilisez pour vous autodétruire lorsque vous tentez de nouer une relation. Il s'agit donc, ici, de *vous* ! Cela n'a rien à voir avec ce que Jean, Jacques, Pierrette ou Paulette a fait ou n'a pas fait.

Si vous nouez des relations avec des partenaires qui pourraient être extraordinaires, mais que vous ne tardez guère à laisser tomber parce que vous avez peur, c'est vous qui êtes responsable.

Si vous commencez à sortir avec des partenaires qui ont la phobie de l'engagement et que vous demeurez avec eux, c'est encore vous qui êtes responsable.

Vous voyez où je veux en venir ? La première étape, sur la voie de l'amour, consiste à avoir le courage de comprendre votre comportement et vos antécédents sentimentaux. Ne cherchez pas à l'extérieur quelque chose qui naît en vous. Bon, d'accord, peut-être aurez-vous eu quelques partenaires terriblement difficiles à vivre. Mais dès cet instant, posez-vous des questions : « Pourquoi est-ce que j'agis ainsi ? » « Quelles sont mes tendances ? » « Quelles sont mes excuses ? » « Qu'est-ce que je refuse de voir ? »

C'est uniquement en acceptant d'assumer la responsabilité de vos problèmes que vous parviendrez à vous ouvrir les yeux. C'est le « Sésame ouvre-toi », le mot de passe d'un nouveau commencement.

CROYEZ-MOI, TOUT LE MONDE SE TROUVE EN SITUATION DÉLICATE LORSQU'IL S'AGIT DE S'ENGAGER

Le fait est que nous connaissons tous ce genre de conflit. Certains le résolvent mieux que d'autres, c'est tout. Je ne connais personne qui refuserait de se laisser séduire par l'idée d'une relation stable et aimante, d'un partenaire avec qui partager des moments romantiques. Mais nous sommes tous également attirés par les nouvelles passions, le plaisir léger qu'une vraie vie de célibataire pourrait nous apporter. Au fur et à mesure que nous mûrissons, nous comprenons que dans la vie, il est impossible de se trouver à la fois en vacances en famille et dans le plus somptueux hôtel de villégiature des Caraïbes en compagnie de la femme la plus séduisante ou de l'homme le plus séduisant du monde.

Il est normal d'avoir peur de l'engagement. Même les relations les plus réussies exigent du travail. La vie à deux nous oblige à renoncer à certaines libertés (liberté personnelle, financière, sexuelle) en échange d'un lien amoureux. Si vous vivez ce conflit, ne vous étonnez pas. C'est la preuve de votre condition humaine. Ce qui compte ici, ce n'est pas le conflit, mais les moyens que vous employez pour le résoudre.

Si vous êtes incapable d'admettre l'existence des conflits et des craintes, quels qu'ils soient, que suscite en vous l'idée de vous engager dans une relation, vous ne parviendrez jamais à trouver les moyens de les résoudre. Il n'y a rien de plus inquiétant qu'un homme ou une femme qui affirme inébranlablement ne pas avoir peur de l'engagement. En général, il s'agit d'hommes qui m'assurent que s'ils trouvaient l'âme sœur, ils n'auraient aucun mal à s'engager, ou de femmes qui souffrent encore d'avoir été abandonnées par leurs partenaires. Ni les uns ni les autres ne comprennent ce qui se passe en eux.

Je suis fermement convaincu que c'est justement lorsque le conflit est si profondément occulté que son influence est la plus pénétrante. Je sais de quoi je parle. Pendant des années, j'ai refusé de regarder mes propres conflits en face. Ils suscitaient une telle honte en moi que je faisais fausse route chaque fois que j'essayais de les résoudre. Je me jugeais défavorablement, je tâchais de m'isoler de la réalité et, régulièrement, je me retrouvais dans un déplorable pétrin. J'étais incapable de résoudre sainement mes conflits, au point qu'un beau jour, c'est eux qui ont pris le pas sur moi. Ils se sont mis à dicter mon comportement, mes choix et mes sentiments.

Que vous soyez un célibataire libertin ou un mari fidèle, père affectueux de trois enfants, le simple fait d'être humain signifie que vous avez dû, à un moment ou à un autre, vous heurter au problème de l'engagement. Car s'engager est effectivement quelque chose de terrifiant. Même si vous adorez votre partenaire, il est normal de ressentir une certaine crainte, une certaine anxiété. Mais si vous parvenez à atténuer ces craintes dans le contexte d'une relation stable avec un partenaire bien intentionné, c'est un signe de maturité affective.

J'ai constaté qu'à l'époque où mes craintes avaient atteint leur paroxysme, j'avais deux types d'amis, qui personnifiaient les deux modes de vie possibles. Le premier me ressemblait, c'était un groupe de célibataires endurcis avec lesquels je pouvais m'entretenir de mes phantasmes et de mes échecs amoureux. L'autre était composé de personnes entièrement différentes, qui jouaient le rôle d'ancres

dans ma vie, car elles avaient les pieds sur terre, un prêt hypothécaire à rembourser, des enfants à élever et des animaux domestiques à nourrir. Ces amis-là étaient assez gentils pour me permettre
de m'installer dans leur salon et me laisser leur raconter la triste histoire de ma vie. Eux trouvaient cela très drôle. Quant à moi, je me
sentais soudain beaucoup plus stable. Mais il m'était impossible de
demeurer trop longtemps en leur compagnie. L'atmosphère me semblait presque trop lénifiante. Je sais que certains me considéraient
comme un extraterrestre à l'esprit dérangé. Aucun être normal ne
pouvait en effet apprécier une vie aussi stressante, aussi fragmen-
tée. Et pourtant, c'était la seule que j'avais connue jusque-là.

J'aimais beaucoup rendre visite aux amis confortablement
installés dans leur relation conjugale, mais je ne les enviais pas. En
réalité, je ne pouvais m'empêcher d'éprouver un sentiment de supériorité, en dépit de mes tribulations amoureuses. Leur relation semblait douillette, certes, mais aussi très limitée. Je cherchais quelque
chose de plus grandiose, une avalanche de sentiments, la puissance
d'un lien unique en son genre. Après tout, me demandais-je, que
savent donc ces gens de l'amour ? Leurs problèmes me paraissaient
si terre-à-terre, si prosaïques.

Il y a des années que je m'entretiens avec des hommes et des
femmes à qui l'engagement fait peur. Je suis toujours frappé par le
mépris avec lequel ils considèrent les mariages réussis. Ils regardent leurs amis et leurs connaissances et tout ce qu'ils semblent
voir, ce sont des gens qui, pensent-ils, se contentent d'un amour qui
n'est en définitive rien moins que parfait. Je les comprends, car ils
ont l'impression d'être en quête de quelque chose de spécial, que
les autres n'ont pas trouvé.

Il est exaspérant d'essayer de parler avec des personnes qui
tiennent ce genre de raisonnement. Tout ce qu'elles font, c'est fuir
l'amour, mais elles sont incapables de s'en rendre compte. Tous ces
gens présentent un point commun : ils sont persuadés qu'un jour,
l'amour s'emparera brutalement d'eux. Ils croient que l'engagement commence par la découverte de l'âme sœur, de la personne
qui leur donnera l'impression d'être aimés, enlacés, invités dans

un univers spécial. Certaines personnes font le tour du monde à la recherche de ce partenaire. D'autres restent chez elles et rêvent que l'âme sœur viendra les chercher. Elles risquent d'attendre long-temps.

Je n'écris pas ces lignes afin de vous culpabiliser. Au contraire, je veux que vous cessiez de vous culpabiliser… et de culpabiliser les autres. Plus vite vous extérioriserez vos conflits, plus vite vous parviendrez à les démanteler. Nous pouvons tous changer.

DU BLÂME À LA RESPONSABILITÉ

La voie de l'amour et de l'engagement s'ouvre à nous lorsque nous cessons de fuir nos propres conflits et non lorsque nous rencon-trons le partenaire idéal. Pas lorsque nous devenons monogames. Pas lorsque nous nous fiançons. Pas lorsque nous nous marions. Pas lorsque nous avons notre premier enfant. Pas lorsque nous fêtons nos noces d'argent. Elle s'ouvre à nous lorsque nous cessons de blâmer les partenaires qui ne se sont pas montrés à la hauteur de nos attentes, lorsque nous assumons la responsabilité de la manière dont *nous* avons vécu *nos* relations.

COMMENCEZ PAR EXAMINER COMMENT VOUS VOUS Y PRENEZ POUR NOUER UNE RELATION

À ce stade, posez-vous trois questions importantes :
- Que fais-je pour m'exposer à la déception ?
- Que fais-je pour exposer les autres à la déception ?
- Comment m'y prendre pour faire changer tout cela ?

Ces questions s'appliquent à presque toutes les situations. J'ai récemment reçu un appel, au cours d'une émission, d'une femme qui souhaitait m'entretenir de sa vie amoureuse. Voici un extrait de son récit :

« Mes trois derniers partenaires avaient peur. Le dernier était le pire des trois. J'ai cru que nous allions nous engager pour la vie, jusqu'au moment où il a fait une abrupte volte-face de 180° pour rompre avec moi. J'aimerais savoir pourquoi j'attire ce genre d'hommes. Qu'est-ce qu'ils me trouvent ? »

On me pose régulièrement cette question, sous des formes parfois différentes. Mais je crois qu'en fait, cette femme et les autres, qui vivent la même situation, ne posent pas la bonne question. Si des gens qui ont peur de l'engagement continuent de croiser vos pas, souvenez-vous que c'est simplement une question de probabilité. Dès que vous posez le pied hors de chez vous, vous avez de très fortes chances de rencontrer d'éventuels partenaires incapables de s'engager dans une relation durable. La question n'est pas de savoir pourquoi vous les attirez, mais *pourquoi vous acceptez de nouer une relation avec eux*. Au lieu de vous lamenter sur les problèmes des autres, il est temps de commencer à réfléchir à ce que vous pourriez faire pour changer vos propres habitudes.

QUESTION N° 1 :
Que fais-je pour m'exposer à la déception ?

Passer sa vie à jouer les victimes éplorées n'a rien de drôle. En outre, il vous sera presque impossible de nouer une relation durable si vous commettez régulièrement les mêmes erreurs de jugement. Voulez-vous comprendre en quoi votre comportement vous expose à la déception ? En général, nous commettons l'une ou plusieurs – voire la totalité – des erreurs suivantes :

1. *Nous n'accordons pas suffisamment d'attention à nos propres antécédents et besoins amoureux*

C'est vous qui êtes la personne la mieux placée pour comprendre votre comportement. C'est vous, et seulement vous, qui savez à quel point vous êtes sensible à un certain type de cour ou de manœuvre de séduction. Oubliez-vous de vous protéger ? Laissez-vous la relation progresser à trop vive allure, devenir intime trop vite ? Lorsque vous rencontrez un éventuel partenaire, prenez-vous le temps d'écouter la petite voix qui, en votre for intérieur, vous suggère la prudence ? Ou plongez-vous tête la première en espérant que tout ira bien ? Êtes-vous fidèle à une série de principes boiteux qui vous ont fait commettre des erreurs par le passé, du genre : « Comment savoir si je puis lui faire confiance tant que je ne lui fais pas confiance ? »

Accordez une attention méticuleuse aux leçons de votre vie. Si, par exemple, vous avez vécu une relation forcément distante parce que votre partenaire se montrait d'une infidélité chronique, qu'il était déjà marié ou éloigné de vous par la distance ou par son comportement émotionnel, regardez les choses en face: peut-être choisissez-vous exprès des relations qui vous permettront de garder vos distances.

Nous devrions tous nous protéger davantage, prendre garde de ne pas abaisser nos barrières – tant physiques qu'affectives – tant que nous ne serons pas *certains* que tout ira bien. Évitons surtout de les abaisser *en espérant* que tout ira bien.

2. Nous ignorons ou nous ne prêtons pas suffisamment d'attention aux antécédents amoureux de notre partenaire éventuel

Quiconque a eu peur de s'engager par le passé, continuera d'avoir peur à l'avenir. Il faut absolument connaître les antécédents amoureux de votre partenaire avant de lui donner votre cœur. Il n'est pas nécessaire de le cribler de questions dès le premier rendez-vous. Laissez les liens se nouer normalement et vous finirez par découvrir à quel genre de personne vous avez affaire. Les gens parlent, leurs amis et parents parlent. Vous n'aurez pas à faire preuve d'indiscrétion, vous n'aurez ni à juger ni à accuser. Tout ce que vous avez à faire, c'est écouter, poser quelques questions *discrètes* et vous apprendrez ce que vous voulez savoir. Et si vous découvrez l'indice d'un comportement susceptible de vous causer des problèmes, prenez garde, protégez-vous.

Donna, avec qui je me suis entretenu un jour, déclara que son partenaire avait tellement peur de l'engagement qu'il avait fini par rompre leurs fiançailles par courriel. Pourtant, affirmait-elle, rien dans son comportement au début de leur relation ne laissait prévoir une telle issue. «Il doit bien y avoir eu quelque chose», insistai-je. «Eh bien, je me souviens qu'à notre premier rendez-vous, dans un restaurant très cher, une jolie femme était assise à une autre table. Lorsque Gérald l'aperçut, il fit la moue. À ce moment-là, la femme vint s'asseoir à notre table et dit à Gérald:

« Voilà cinq mois que tu ne m'as pas donné signe de vie. Je croyais que nous sortions ensemble. Me donneras-tu un jour quelque explication ? »

« Mais alors, demandai-je à Donna, n'avez-vous pas commencé à vous demander s'il ne risquait pas de se comporter avec vous aussi cavalièrement qu'avec cette autre femme ? »

Donna finit par convenir que Gérald avait à plusieurs reprises mentionné qu'il était coutumier de ce genre de fuite. Elle avait simplement refusé d'y prêter attention.

3. *Nous estimons a) que nous sommes différents des autres et b) que notre relation sera si différente des autres que le simple bon sens ne suffira pas pour la comprendre*

Certaines personnes consacrent leur vie à attendre le Prince charmant ou la belle Princesse. Ce qui se passe en réalité, c'est que ces incurables romantiques tombent amoureux de l'amour, persuadés que leurs relations diffèrent des autres au point d'être véritablement magiques. Lorsque nous voyons autour de nous des gens qui manquent de réalisme, il nous est très facile de comprendre à quel point ils sont en train de gâcher leur vie. Mais nous avons l'impression que les règles habituelles ne s'appliquent pas à nous.

Donna, par exemple, était parfaitement consciente de la muflerie de Gérald envers la femme qu'ils avaient rencontrée au restaurant, mais elle-même se trouvait prisonnière de la dynamique romantique qu'elle partageait avec lui. Elle ne pouvait imaginer qu'il pût un jour se comporter à son égard comme il s'était comporté à l'égard de son ancienne compagne. J'admets qu'une attitude cynique et totalement négative n'est pas non plus à recommander. Car il arrive effectivement que les gens changent. Même Gérald pourrait changer un jour. Mais, en général, nous changeons parce qu'un événement majeur a modifié notre conception de la vie ou parce que nous sommes fermement résolus à changer.

4. *Nous ne prêtons pas attention dès le départ aux messages ambigus qui émanent de notre partenaire*

Je répète souvent que les gens qui ont la phobie de l'engagement sont aussi très portés à rejeter toute responsabilité. En général, ils font ou disent quelque chose qui devrait absolument nous mettre la puce à l'oreille. Par exemple, ils vont affirmer à qui veut les entendre : « Mon ex (ou ma famille) est persuadé que je suis incapable d'avoir une relation durable. » Ou bien : « Il faut me surveiller… », « on ne peut pas vraiment me faire confiance », « je suis incapable de m'intéresser longtemps à la même femme », voire « j'ai raté mon mariage ».

Il est facile de ne prêter qu'une oreille distraite à ces messages, surtout à un moment où notre éventuel partenaire nous comble d'affection et d'attention. Nous avons tous tendance à concentrer notre attention sur le comportement positif, persuadés que les aspects négatifs ne sont que de passage ou qu'ils finiront par disparaître avec le temps. C'est une grave erreur.

Les messages ambigus sont l'un des éléments inhérents à toutes les relations que nouent les gens incapables de s'engager. De fait, ce que le partenaire dit, c'est oui et non en même temps. Tout en vous comblant de témoignages d'affection, il érige des barrières trop élevées pour que vous puissiez les franchir. Le problème que posent ces messages ambigus, c'est que dans la plupart des cas, ils sont sincères.

Il est fréquent que les gens qui fuient l'engagement ne sachent pas ce qu'ils veulent. D'un côté, ils souhaitent, parfois désespérément, nouer une relation stable. De l'autre, ils veulent retrouver leur liberté, tout aussi désespérément. Par conséquent, l'autre partenaire doit faire en sorte d'écouter les deux types de messages, les messages négatifs qui dressent des obstacles, tout autant que les messages positifs, qui alimentent la passion. C'est le meilleur moyen de se protéger.

5. *Nous ignorons la réalité et nous ne prêtons pas suffisamment attention au moment présent*

Il est important de déterminer si nos relations sont bien ancrées dans la réalité. Demandez-vous si elles ont toujours été satisfaisantes.

Vous ont-elles fait connaître le bonheur jour après jour? Se sont-elles révélées stimulantes et enrichissantes? Ou avez-vous tendance à les envelopper dans un mythe qui dérobe la réalité à vos yeux?

Il est toujours dangereux de laisser les rêves, les phantasmes ou les promesses d'un avenir scintillant vous jeter de la poudre aux yeux. En outre, vivre dans le passé n'est pas non plus le moyen idéal de découvrir l'amour que vous cherchez, cela va sans dire.

Il faut beaucoup de courage pour examiner la relation sous tous ses angles. Mais le jeu en vaut la chandelle.

6. *Nous nous laissons emporter par les intentions amoureuses de notre partenaire, même lorsque nous savons pertinemment qu'elles ne sont pas réalistes*

«Elle m'a dit que dès notre premier rendez-vous, elle avait eu l'impression de tomber amoureuse de moi.»

«Il avait été marié trois fois, mais il se comportait comme s'il n'avait jamais été amoureux avant de me rencontrer.»

«Le lendemain de notre rencontre, elle m'a envoyé cinq ou six télécopies amusantes pour me dire à quel point elle me trouvait formidable.»

«Il ne me plaisait pas tant que ça. Il m'a eue à l'usure.»

Je l'ai déjà dit et je le répète: les personnes dotées du courage nécessaire pour faire connaître sans honte leurs intentions amoureuses sont en général celles qui ont une grande expérience de ce genre de situation. Je n'ai rien contre le côté romantique d'une relation amoureuse. Au contraire. Mais je me méfie des intentions dépourvues de réalisme.

Si vous passez votre vie à attendre le «grand» amour, vous risquez fort d'être dupe de la première personne qui saura employer des mots grandiloquents, avec le comportement assorti. Vous croirez que vos rêves sont enfin sur le point de se réaliser, même si ces mots et ce comportement sont vides, même s'il manque à votre relation des éléments réels, essentiels.

On conseille fréquemment de «suivre son cœur» plutôt que sa tête. À mon avis, c'est l'un des conseils les plus ineptes qui soient.

Sans passer pour un cynique – après tout, le cœur est pour quelque chose dans la réussite d'une relation amoureuse – j'aimerais préciser que pour la majorité des gens, «suivre son cœur» signifie plutôt suivre ses phantasmes ou ses hormones. Car le cœur est un organe subtil, qui prend son temps. Nos phantasmes et nos hormones, en revanche, sont d'une subtilité comparable à celle de King-Kong.

7. Nous refusons de garder notre espace vital

Certaines personnes ont tellement soif d'amour qu'elles donnent trop, trop vite. Elles craignent qu'à moins de tout accepter, de tout donner, d'aimer sans contrainte, elles soient rejetées. Nous ouvrons notre cœur, notre porte, celle de notre réfrigérateur et, parfois, notre chéquier. Nous nous refusons à imposer des limites à notre relation. Nous ne gardons rien pour nous.

Comment? Voici une liste non exhaustive: nous laissons des étrangers pénétrer trop vite dans notre vie; nous omettons de nous protéger; nous donnons plus que ce qu'on nous demande… ou qu'on nous donne; nous courons trop de risques au nom de l'amour; nous changeons de religion ou de profession; nous déménageons; nous redécorons la maison et nous achetons de nouveaux meubles pour faire plaisir à notre partenaire; nous partageons nos ressources; nous donnons la priorité aux besoins de l'autre; nous allons jusqu'à abandonner nos amis, nous débarrasser de nos animaux domestiques et modifier les rapports que nous entretenons avec nos enfants.

Au départ, nous sommes des hommes et des femmes dotés d'une existence propre. Mais en un clin d'œil, nous abdiquons cette existence pour satisfaire les besoins de l'autre. Le plus décourageant, dans cette attitude, c'est que le bénéficiaire sait parfaitement qu'il n'a rien fait pour mériter ces sacrifices. Par conséquent, il ou elle aura tendance à s'interroger sur notre motivation, à douter de notre sincérité.

Souvenez-vous que si vous vous donnez à fond avant de vous assurer que la relation en vaut la peine, tout ce que vous pourrez faire désormais, c'est marche arrière.

QUESTION N° 2 :
Que fais-je pour exposer les autres à la déception ?

Certaines personnes se blessent en blessant les autres. Ce n'est pas drôle de se sentir à la fois coupable et perdu. Aimeriez-vous savoir ce que vous faites pour exposer les autres à la déception ? En général, cela se passe ainsi :

1. Nous ne prêtons pas suffisamment attention à nos propres antécédents et besoins amoureux

C'est vous et seulement vous qui savez combien de fois vous avez réussi à pénétrer, à force de persévérance, dans l'espace vital d'un partenaire éventuel en l'écrasant sous les paroles et les gestes passionnés... Pour décider un peu plus tard que vous préféreriez en rester là. Avez-vous déjà persévéré dans votre poursuite tandis qu'un millier de petites voix chuchotaient que cette personne n'était pas pour vous ?

Si l'idée de vous engager dans une relation durable vous fait peur, vous le savez probablement. Si vous êtes capable de sortir avec plus d'une personne à la fois en leur faisant croire qu'elles sont uniques au monde, vous le savez mieux que quiconque. Vous ne pouvez tenir pour acquis que vos partenaires sont capables de retomber sur leurs pieds. Un jour ou l'autre, vous paierez la note.

2. Nous ne prêtons pas suffisamment attention aux antécédents amoureux de notre partenaire, pas plus qu'à son profil affectif

Regardez de près la personne que vous essayez d'impressionner. Sera-t-elle gravement déçue – plus que vous – si la relation que vous essayez de nouer se termine en queue de poisson ? Cette personne est-elle visiblement vulnérable ? Y a-t-il quelque chose, dans sa vie, qui exacerbe sa vulnérabilité, par exemple des difficultés d'ordre affectif, un récent chagrin d'amour, de jeunes enfants, d'autres problèmes existentiels ?

J'ai rencontré un jour un homme qui m'a avoué se sentir particulièrement coupable d'avoir récemment rompu avec sa partenaire. Dès le départ, elle lui avait demandé de lui promettre une seule chose : ne pas lui mentir. Et lui, en harmonie avec l'émotion intense du moment, lui avait fait cette promesse. « Et ensuite ? » m'enquis-je. « Eh bien, je lui ai menti. C'est terrible, mais au moment où je lui ai fait cette promesse, je lui mentais probablement déjà. »

3. *Nous avons parfois l'impression que nous devons nous «vendre», convaincre l'autre que nous sommes effectivement quelqu'un d'unique en son genre*

Peut-être considérez-vous les éventuels partenaires comme des « acheteurs », auxquels vous essayez de « vendre » votre marchandise. Vous oubliez que vous n'êtes pas une voiture, neuve ou d'occasion. Une fois la vente conclue, vous n'êtes peut-être pas disposé à remettre les clés. Pourtant, l'intensité des charmes déployés et la promesse implicite que contient votre boniment sont justement conçus pour convaincre votre partenaire que vous allez lui remettre les clés, dès qu'il ou elle aura donné son assentiment.

Certains vendeurs s'intéressent davantage à leur boniment et à la marchandise en vente qu'à leurs clients. Au point de dépersonnaliser ces derniers. Malheureusement, en amour, cette attitude risque d'engendrer de graves difficultés. La personne à qui vous avez débité votre boniment a reçu trois messages :

1. C'est quelqu'un de formidable !
2. Comme il/elle m'aime ! Je dois être moi aussi formidable !
3. Ensemble, nous allons avoir une relation fantastique.

Ne soyez pas surpris si la personne à laquelle vous vous êtes « vendu » réagit défavorablement lorsque vous refusez de lui livrer la marchandise. Elle aura l'impression qu'un important contrat vient d'être rompu. Il est fort possible que ce soit votre propre insécurité qui vous incite à poursuivre votre boniment ou à assurer tout partenaire éventuel de votre « valeur ». Malheureusement pour vous, l'autre prend conscience de cette insécurité qui ne fait souvent qu'accroître votre séduction, en donnant de vous l'impression d'un être sensible et attirant.

4. Nous ne comprenons pas que nous transmettons deux messages distincts et contradictoires à notre partenaire

Récemment, l'un des hommes avec lesquels je me suis entretenu à la radio m'a affirmé ne pas comprendre pourquoi les femmes exigeaient toujours plus de lui qu'il n'était prêt à donner. « Les femmes sont folles de moi. Et pourtant, je les avertis constamment de ne pas prendre notre relation au sérieux. »

« Je veux bien croire que vous les avertissiez, ai-je répondu, et je conçois que beaucoup de gens n'écoutent pas les avertissements ou, au contraire, les considèrent comme des défis à relever. Mais j'ai une question à vous poser : Faites-vous autre chose pour semer la confusion dans leur esprit ? Vous mettez-vous en quatre pour les séduire ? »

Il reconnut qu'effectivement il était prêt à tout pour plaire à une femme. Il offrait des cadeaux à des femmes qu'il connaissait à peine, il les emmenait dans d'excellents restaurants, c'était un amant à la fois passionné et plein de considération. Il adorait séduire. Et il y réussissait.

La morale de cette histoire est que si vous déployez tous vos charmes pour plaire, attendez-vous à ce que votre partenaire se sente merveilleusement choyée. Ce n'est pas là le comportement de quelqu'un qui souhaite simplement se divertir. Par conséquent, vous semez la confusion dans l'esprit de l'autre.

J'ai effectivement connu beaucoup de gens, des deux sexes, qui s'étaient un jour ou l'autre trouvés dans la même fâcheuse situation que mon correspondant à la radio. Je me souviendrai toujours de Donald, un comptable de trente-cinq ans, qui s'était installé chez son amie et consacrait toutes ses fins de semaine à jouer avec les deux enfants de celle-ci. Il les adorait sincèrement et son comportement incitait la jeune femme à penser que la relation serait durable. Donald, en revanche, croyait s'être fait comprendre, car il lui avait répété à maintes reprises : « Je ne sais pas exactement ce que je veux. »

Certaines personnes, naturellement, prennent soin de ne rien *faire* pour donner l'impression que la relation pourrait se prolonger.

Malheureusement, elles font fi de cette prudence dans leurs paroles. Une femme m'a un jour raconté que son ami lui téléphonait en moyenne trois fois par jour pour lui dire qu'il l'aimait. Pourtant, il se refusait à la présenter à ses propres amis de peur que cela n'indique un engagement pour lequel il n'était pas prêt.

Si vous envoyez des messages contradictoires parce que la confusion règne dans votre esprit, souvenez-vous que vos partenaires sont des êtres humains. Ils entendront ce qu'ils désirent entendre et laisseront le reste de côté. Pendant ce temps-là, votre relation demeurera coincée aux deux extrémités de chaque type de message, dépourvue de tout point d'équilibre.

5. Nous ignorons la réalité et nous essayons de nous persuader que nos actes n'auront aucune conséquence

Si vous vivez avec quelqu'un, c'est pour de bon ; vous avez une relation avec cette personne.

Si vous sortez avec quelqu'un deux ou trois fois par semaine, depuis six mois ou plus, c'est pour de bon ; vous avez une relation avec cette personne.

Si vous avez encouragé l'intimité et la confiance, c'est pour de bon ; vous avez une relation avec cette personne.

Avez-vous jamais essayé de vous convaincre que vous n'aviez aucune relation avec cette personne ? Vous êtes-vous répété que votre partenaire comprenait parfaitement que ce n'était pas sérieux ?

Regardez la situation en face : vous ne pouvez pas entrer dans la vie de quelqu'un, puis en ressortir, sans laisser de trace. Si vous le croyez, vous n'êtes pas réaliste, vous vivez dans le monde du phantasme. En réalité, vous allez souffrir et votre partenaire aussi, sans doute plus que vous.

6. Nous prononçons des paroles qui placent notre partenaire dans l'expectative, mais nous omettons de tenir nos promesses

Je comprends très bien à quel point il est facile de se laisser emporter par une aventure amoureuse. Il est facile de laisser les choses aller trop loin. Et je comprends parfaitement que, pendant que cela dure, vous soyez tout à fait sincère. Mais je sais aussi que nous nous réveillons le lendemain matin, une fois l'adrénaline diluée, pour nous demander : « Mon Dieu, qu'ai-je donc fait ? »

Si votre comportement et ses conséquences possibles vous ont parfois terrifié, prenez du recul et analysez votre attitude. Songez à tout ce que vous avez fait pour encourager l'intimité et la confiance. Pensez à toutes les fois où vous avez tenté d'imposer votre volonté... jusqu'à ce que l'autre dise « oui ». En toute honnêteté, personne ne vous demandait d'aller aussi loin. Mais votre partenaire risque de croire que vous êtes sincère. C'est pourquoi vous devez absolument ralentir, faire preuve d'une plus grande prudence.

7. Nos « frontières » se déplacent au gré des circonstances

Lorsque nous essayons de gagner la confiance de quelqu'un, nous sommes capables de tisser un cocon si hermétique autour de nous et de notre partenaire que nous finissons par avoir l'impression que plus rien ne compte, que nous deux. Et puis soudain nos besoins changent et nous élevons des barrières si opaques que notre partenaire se sent complètement laissé pour compte. Êtes-vous capable de vous montrer passionné, chaleureux et intime à un moment précis puis introverti, distant, voire glacial le moment suivant ?

Récemment, un homme m'a raconté que sa petite amie passait au moins quatre nuits par semaine chez lui, des nuits de passion débridée. Pourtant, elle se refusait à l'inviter chez elle ou à se montrer avec lui en public – par exemple aller au cinéma – de peur qu'il ne se mette des idées en tête. Autrement dit, à certains moments, elle les enfermait tous deux dans le cocon, de telle sorte que rien ne puisse les séparer. Mais à d'autres moments, elle élevait entre eux des barrières totalement infranchissables.

Il est fréquent que les hommes ou les femmes à qui les relations stables font peur essaient de jouir du meilleur des deux mondes. Parfois, l'intimité de la relation les attire. Mais le lendemain, c'est cette intimité qui les terrifie et ils font tout pour la gommer. Ces désirs contradictoires les incitent à ériger des barrières qu'ils abattront l'instant d'après.

QUESTION N° 3 :
Comment m'y prendre pour changer tout cela?

La réponse est bien sûr évidente : prenez conscience de ce que vous avez fait par le passé et ne réitérez pas vos erreurs. Si vous améliorez votre comportement, vos relations ne s'en porteront que mieux.

Toutefois, je comprends parfaitement que certaines personnes n'aient pas véritablement envie de changer quoi que ce soit à la manière dont elles s'y prennent pour nouer des relations. « Je veux modifier cet aspect de ma vie », dit l'un. « Je suis prêt pour une relation plus saine », affirme l'autre. « Je suis prêt pour l'amour », déclare le troisième. Mais ce ne sont que des paroles qui s'envolent dès qu'elles ont été prononcées. Elles ne tombent pas en terrain fertile, elles ne prennent pas racine, elles ne suscitent pas de nouveau comportement. Les mots sont là, mais ils ne contiennent aucun véritable engagement. Étant donné que l'incapacité de s'engager est à l'origine de notre problème, il n'y a là rien de très surprenant.

Si vous êtes sincère lorsque vous affirmez vouloir trouver et conserver l'amour véritable, vous devrez prendre ce travail au sérieux. C'est vous qui détenez cette volonté de changer. C'est vous qui devez changer. Il y a dix ans, j'avais envie d'apporter des changements à ma vie, mais j'étais persuadé que le temps et les circonstances feraient le travail à ma place, me feraient connaître de nouvelles partenaires, donneraient un tout autre dénouement à mes relations. Persuadé que le temps m'apporterait l'avenir que je désirais, j'attendais. Et j'attendais. Et rien ne se passait. Et j'attendais toujours.

Tout d'abord, je crois que vous devriez comprendre comment fonctionnent les véritables relations. Car elles ne sont pas le fruit de la magie ou d'une pensée chimérique. Il faut *dans tous les cas* que les deux partenaires y mettent du leur. Car, *dans tous les cas*, ils devront résoudre des dizaines de problèmes, gros et petits, *avant* de savoir s'ils devraient vivre ensemble. Et *dans tous les cas*, ils auront encore des dizaines de problèmes à résoudre *après* avoir décidé de vivre ensemble. Les relations durables ne se produisent pas par magie. Elles sont l'aboutissement d'un long travail en vous-même que vous vous engagerez à accomplir.

DEUXIÈME OBSTACLE

Le courage de nous débarrasser de nos fantômes

Avant de nouer une relation durable, nous devons fréquemment examiner le « matériel » personnel qui nous a créé des problèmes par le passé. L'une de mes amies, Angèle, parle volontiers de ce qu'elle appelle ses « antécédents amoureux ». Il y a un an, elle a rejeté son fiancé, avec qui elle vivait, pour un autre, qu'elle croyait être le « grand amour » de sa vie. Ce grand amour s'empressa de la laisser tomber pour une autre. Elle affirme qu'il lui faudra plus d'un an pour comprendre ce qui lui est réellement arrivé. Pourquoi donc, se demande-t-elle, a-t-elle rompu avec son fiancé ? Pourquoi est-elle tombée amoureuse de quelqu'un d'autre ? S'agissait-il simplement d'une folie momentanée, suscitée par la peur du mariage ? Mais pourquoi son nouvel amour l'a-t-il lui-même abandonnée une semaine après qu'elle eut rompu ses fiançailles ? Angèle, par les temps qui courent, se sent souvent déprimée et souffre de solitude. Elle est hantée par ses souvenirs, mais ne sait pas exactement quel est l'objet de sa mélancolie. Son fiancé et la vie stable qu'elle menait auprès de lui ? Le « grand amour » qui s'est révélé de type plutôt météorique ? Ou, comme son psychothérapeute le lui a suggéré, a-t-elle la nostalgie de la mère qui l'avait confiée aux bons soins d'une procession de gardiennes dès sa plus tendre enfance ?

Lorsque nous atteignons l'âge de la sagesse qui nous permet de nouer une relation sérieuse, nous traînons déjà derrière nous pas mal d'antécédents. Ces antécédents, ce sont ce que j'appelle des « fantômes ». Tous, nous en avons notre part.

Il est évident que si vous lisez ce livre, c'est pour en apprendre davantage sur vous-même. Vous voulez comprendre pourquoi vous n'avez pas bien choisi vos partenaires, pourquoi vous vous retrouvez toujours les mains vides. En déterminant qui sont vos fantômes et pourquoi ils existent, vous comprendrez mieux qui vous êtes, pourquoi vous vous comportez comme vous le faites. Il n'est pas nécessaire d'être prophète pour savoir si une relation réussira ou non. En revanche, il faut être perspicace.

POUR UN PRÉSENT SANS NUAGES, IL FAUT DÉBLAYER LE PASSÉ

Certaines personnes sont d'avis que nouer une relation est aussi simple que d'aller au restaurant ou au cinéma. Une conversation agréable, quelques rires, une promenade sur la plage, main dans la main, un baiser qui en entraîne un autre et le tour est joué : la relation existe. Pourquoi se compliquer la vie ? Pourquoi ? Mais parce que pour le meilleur et pour le pire, nous sommes beaucoup plus compliqués que cela.

Les psychologues affirment que la difficulté que nous éprouvons aujourd'hui à tisser des liens est entièrement inféodée aux écueils auxquels nous nous sommes heurtés hier. Alourdis par le fardeau du passé, nous sommes rarement «libres» d'avoir une relation avec notre partenaire. Notre liberté dépend entièrement du bon vouloir de nos difficultés passées.

En bref, pour que nous puissions nouer une relation durable, notre cœur et notre esprit doivent revoir toutes les relations passées. Automatiquement, lorsque nous rencontrons quelqu'un, nous entamons un retour en arrière. Que nous le voulions ou non, tandis que de nouvelles émotions s'agitent en nous, chaque relation passée, aimante ou douloureuse, remonte à la surface. Chaque amitié et chaque inimitié, chaque victoire et chaque sanglot, chaque échec et chaque phantasme remonte aussi à la surface.

Et si vous avez l'impression qu'il s'agit d'un désagréable méli-mélo sentimental, comprenez bien que ce retour en arrière ne se limite pas aux relations amoureuses que vous avez nouées depuis votre première passion adolescente. Vous réexaminerez vos relations avec vos parents, vos frères et sœurs, et toutes les autres personnes qui se sont occupées de vous depuis votre naissance (si nous en croyons les résultats des études sur les liens *in utero* entre les jumeaux, il vous faudrait remonter encore plus haut). Réfléchissez à votre relation avec votre mère, votre père, vos frères et sœurs, tantes et oncles, grands-mères et grands-pères, gouvernantes et gardiennes, voisins et amis, présents et absents, morts et vivants. Si quelqu'un a effleuré votre vie, peut-être sa présence influence-t-elle vos relations actuelles. Tant que vous ne parviendrez pas à faire la paix avec votre passé, cette présence reviendra vous hanter.

Le superordinateur affectif qui vit en chacun de nous extrait ces données de notre mémoire si rapidement et si efficacement que les résultats en sont foudroyants. L'inventaire affectif auquel nous nous livrons dès qu'une nouvelle situation apparaît n'est pas un choix. Il est automatique, inévitable. Pour compliquer encore la situation, il se fait en grande partie sur le plan de l'inconscient. Ce retour en arrière est généralement indépendant de notre volonté à moins que nous prenions des mesures nettes et concrètes. En nous familiarisant avec les divers fantômes qui encombrent notre passé, nous pourrons nous libérer de ceux qui nous empêchent de nouer des relations plus aimantes aujourd'hui et à l'avenir.

IL FAUT DU COURAGE POUR FAIRE FACE AUX FANTÔMES

Pratiquement tout ce que nous savons de l'amour et de l'engagement, nous l'avons appris de nos fantômes. Certaines personnes ont beaucoup de chance. Elles ont vécu une enfance merveilleuse, entourées de gens aimants. Lorsqu'elles parviennent à l'âge adulte, elles nouent successivement plusieurs relations superficielles avant de tomber amoureuses et de se marier. Le passé ne les hante pas. Au contraire, les souvenirs heureux leur viennent en aide. Mais pour beaucoup d'entre nous, malheureusement, le passé contient au moins quelques fantômes dont nous aimerions bien nous débarrasser, car ils reflètent des pertes, des expériences et des événements qui nous freinent, un lourd contentieux qui nous empêche d'aller de l'avant pour nouer des relations stables.

Ce n'est pas en ignorant ces fantômes que nous les ferons disparaître. Même si nous ne les sentons pas autour de nous vingt-quatre heures sur vingt-quatre, ils jaillissent au moment où nous nous y attendons le moins et court-circuitent toute possibilité de donner suite à une relation stable. Ils surgissent lorsque le téléphone sonne… ou ne sonne pas. Ils surgissent lorsque nous sollicitons un rendez-vous ou sommes sur le point de donner un baiser. Ils vont jusqu'à surgir pendant notre marche solennelle vers l'autel. Chaque fois que nous essayons de nouer une relation stable, nos fantômes se matérialisent. Le seul moyen de les exorciser à tout jamais consiste à les affronter, à les regarder en face. Examinons maintenant quelques-uns de ces spectres qui savent si bien nous gâcher la vie.

Le fantôme de nos amours d'hier

À l'époque actuelle, nous considérons comme normal d'avoir eu plusieurs, voire un grand nombre de relations avant le mariage. Pensez donc à tous les détails dont il vous a fallu vous souvenir chaque fois que vous avez changé de partenaire : son anniversaire, sa taille, combien de sucres il/elle met dans son café, etc. Rien d'étonnant que le jour où nous estimons avoir découvert l'âme sœur, les fantômes de tous ces gens, avec leurs préférences, leurs façons de faire l'amour et toutes leurs particularités soient encore présents dans notre vie.

Replacez vos fantômes dans leur contexte en effectuant un retour en arrière. Concentrez-vous sur vos propres antécédents amoureux. Pensez aux relations que vous avez eues, aux pertes que vous avez vécues. Qu'ils se bousculent ou non, ces souvenirs sont remplis d'émotions. Pensez à la première étreinte, à la cinquième étreinte, à la énième étreinte, aux aventures estivales, aux aventures hivernales, aux aventures automnales ou printanières. Souvenez-vous de votre premier rendez-vous, de votre premier baiser, de tous les rendez-vous et les baisers qui ont suivi. Peut-être avez-vous été fiancé, marié, peut-être avez-vous connu au moins une fois «l'amour de votre vie». Que ces relations se soient terminées dans le drame ou dans le consentement mutuel, n'avons-nous pas tous connu des ruptures et des pertes?

Nous considérons le passé comme quelque chose de disparu, mais en réalité, rien ne s'efface tant que nous ne l'avons pas analysé et exorcisé. Par exemple, si vous avez des antécédents complexes, remplis de pertes qui n'ont pas été correctement analysées, il est possible que vous éprouviez un malaise, de l'anxiété, voire de la peur chaque fois que vous essayez de nouer une nouvelle relation.

Lorsque nous perdons un être aimé à la suite d'une rupture, nous oublions à quel point le chagrin est important. Parfois, nous nous raccrochons avec nostalgie, pendant bien trop longtemps, au souvenir de ces liens brisés. Ou, au contraire, nous effaçons jusqu'au souvenir des gens que nous avons aimés, comme s'ils n'avaient jamais existé. La plupart des programmes de convalescence émotionnelle accordent une grande importance au pardon. Ce n'est pas pour rien. Les auteurs de ces programmes ne savent que trop bien à quel point il est difficile d'aller de l'avant tant que nous n'avons pas conclu la paix avec notre passé.

J'ai trouvé extrêmement apaisant de dessiner le graphique de toutes mes relations passées et de décrire sur papier les sentiments que j'éprouvais à l'issue de chacune d'elles, en prêtant particulièrement attention à la manière dont ces sentiments guidaient mes actes. Ma première petite histoire d'amour s'est déroulée lorsque j'étais en 7e année et ne m'a pas laissé une impression très favorable. À la récréation, une élève était venue me dire qu'une autre fille de ma classe – je ne me souviens pas de son nom, appelons-la Anne – me trouvait vraiment très à son goût. Je fus immédiatement flatté. Après le déjeuner, la même messagère revint me trouver. Anne voulait savoir si elle me plaisait. «Oui, bien sûr!» répondis-je sans trop savoir à quoi cela m'engageait.

Pendant les cours de l'après-midi, je reçus un court message, toujours de la même «entremetteuse»: «Anne veut savoir si tu es prêt à sortir avec elle. Si oui, envoie-lui ta gourmette.» Voilà qui paraissait très intéressant et faisait très «grande personne». Je me souviens d'avoir emballé ma gourmette dans une feuille de papier, placé le tout dans une enveloppe et fait suivre l'enveloppe jusqu'au pupitre d'Anne. Elle me regarda, sourit. Je lui rendis son sourire. Nous sortions ensemble !!!

Le lendemain, ma gourmette me revint, emballée dans la même enveloppe. Anne m'avait rejeté. Mon aventure s'était terminée aussi abruptement qu'elle avait commencé. Je n'avais jamais remarqué Anne avant qu'elle m'eût choisi, mais désormais, je pouvais difficilement ignorer sa présence. Je me sentais humilié, blessé. Je me souviens d'avoir pris la résolution de me montrer plus prudent à l'avenir.

Dès que j'eus commencé à dresser la liste de mes fantômes, en commençant par ce lamentable échec, je compris très vite combien mon état d'esprit à la fin de chaque relation avait contribué à modifier mon comportement et mon attitude et donc, à déterminer ce qui allait arriver ultérieurement. Dans certains cas, ce cheminement était extrêmement subtil. Dans d'autres, il était absolument flagrant. Quiconque, homme ou femme, a suivi ma suggestion, a vécu une expérience semblable.

- Julien affirme que l'issue désastreuse d'une aventure à l'université l'avait mortifié au point de l'inciter à épouser, immédiatement après, la première femme qui avait su flatter son ego.

- Après la rupture de ses fiançailles, Janine s'était sentie vulnérable et indésirable. Persuadée que seule la présence d'un autre homme pourrait l'aider à surmonter ces sentiments, elle s'était lancée dans de multiples aventures. Lors d'une réception entre collègues de travail, elle avait répondu aux avances d'un homme qui ne lui plaisait même pas. C'est seulement alors qu'elle avait compris qu'elle faisait fausse route.

Tout cela paraît très évident, d'une simplicité presque embarrassante. Pourtant, lorsque c'est à nous que ces mésaventures arrivent, nous ne sommes pas capables d'analyser pleinement notre expérience. Nous ne savons pas comment extérioriser nos sentiments. Pour échapper à la douleur, nous avons coutume de nous jeter sur le premier partenaire venu, lorsque nous n'essayons pas, par tous les moyens, de récupérer l'ancien. Nous n'apprenons pas. Et c'est ainsi que l'histoire se répète, à maintes reprises.

Le fantôme de l'amour inoubliable

Dans certains cas, nos amours passées revêtent des proportions tellement mythiques qu'elles méritent à elles seules un sous-titre dans le chapitre consacré aux fantômes. Bien des gens m'ont affirmé qu'il leur était très difficile de ne pas se complaire dans des souvenirs amoureux. Ils demeurent coincés à cette étape. Je connais personnellement au moins deux femmes et un homme qui ont pleuré des années durant la fin de relations désastreuses. L'une de ces femmes m'a récemment déclaré qu'elle était aujourd'hui véritablement gênée d'avouer qu'elle ne parvenait pas à éloigner son ex-mari de ses pensées... ex-mari qu'elle n'a pas vu depuis huit ans! Comment cela peut-il se produire? Pourquoi?

J'ai constaté que les gens qui se raccrochaient indéfiniment au souvenir d'un partenaire précis comprenaient mal la nature de l'amour même. Leur foi en l'amour est inextricablement liée à leur foi en un partenaire, ce qui les rend incapables de faire la part des choses.

Une femme m'a dit: « J'aime tellement Charles qu'il faut absolument que notre union réussisse. Sinon, je cesserai de croire à l'amour. » Pendant quelque temps, Charles lui avait manifesté un amour tel qu'elle se demandait si elle rêvait. Et bien que les sentiments dudit Charles se fussent ensuite révélés très superficiels en dépit de ses grandes déclarations, elle voulait absolument revivre les moments où elle se sentait adorée. En fait, elle se raccrochait à ce souvenir, comme un enfant s'accroche à ses parents pour se protéger.

Certaines personnes ressentent seulement un désir nostalgique à l'égard de leur ex-partenaire. D'autres sont la proie d'un effrayant amalgame d'amour et de haine, de dépression et de colère, de désir et de dégoût. Si vous essayez de vous guérir d'une relation, je suis bien placé pour savoir que vous souffrez terrible-ment. Peut-être trouveriez-vous un certain apaisement dans la lec-ture de l'un des nombreux livres qui traitent du chagrin, si toutefois vous êtes en état de commencer à réfléchir à votre perte de manière rationnelle. Il est encore plus utile – dans certains cas, cela se révèle absolument indispensable – de s'entretenir avec un thérapeute, un conseiller ou de faire partie d'un groupe de soutien. Peut-être pourriez-vous également consulter un médecin, soit un psychiatre, soit votre propre généraliste, pour savoir si vous devriez suivre un traitement par antidépresseurs.

C'est justement pour vivre l'un de ces moments difficiles que nous faisons appel à la thérapie. Je sais de quoi je parle. Mais j'ai aussi découvert, comme beaucoup d'autres, que c'est aussi l'occa-sion idéale pour faire remonter à la surface les souvenirs pénibles qui entretiennent la douleur et nous empêchent d'aller de l'avant.

Les fantômes plus envahissants de notre enfance

«Quelle horreur! s'écria mon amie Suzanne dans mon oreille, j'ai épousé ma mère. Oh! il est plus grand qu'elle et c'est avec moi qu'il se dispute, plutôt qu'avec mon père. Mais, cela mis à part, il pour-rait être ma mère.»

Les premières personnes que nous aimons, ce sont celles qui s'occupent de nous. C'est à elles que nous ouvrons notre cœur, à qui nous donnons notre confiance. Que se passe-t-il dans les yeux d'un enfant qui regarde sa mère? Si ce n'est pas de l'amour, qu'est-ce donc? Regardez cette petite fille de deux ans qui se blottit sans honte dans les bras de son père. Si ce n'est pas de l'amour, qu'est-ce donc? Regardez un petit garçon donner la main à sa petite sœur, un bébé jouer avec un grand-parent. Écoutez une fillette de six ans par-ler de son institutrice. La vulnérabilité de notre cœur, en ce jeune âge, est unique. Une fois que nous aurons appris à ériger nos défenses, elle ne sera plus jamais la même. Tout ce qui modifie notre capacité de nous rapprocher d'un autre être humain façonnera notre avenir. Et ce sont ces fantômes envahissants, les fantômes de nos premières années, qui exercent la plus puissante influence. Si notre enfance est jonchée d'une quantité excessive d'expériences négatives, nous perdrons une large part de notre courage d'aimer.

Aussi idyllique qu'ait été notre enfance, nos premières relations laissent presque toujours dans leur sillage quelques fantômes obstinés, irréductibles. Même si vous avez eu des parents amoureux, qui communiquaient facilement entre eux, que savez-vous de leur capacité de communiquer avec vous ? Aussi affectueux qu'ils se soient montrés envers vous, quel exemple de relations matrimoniales vous donnaient-ils ? Qu'en est-il de vos frères et de vos sœurs ? Vous entendiez-vous avec eux ?

Nous sommes nombreux à avoir grandi avec des parents émotionnellement – ou physiquement – absents, trop anxieux, trop exigeants, dominateurs, colériques, rancuniers, chargés de fardeaux trop lourds pour eux, financièrement gênés. Toutes ces situations sont propices à l'apparition de fantômes. Des années plus tard, nous nous retrouvons mariés avec quelqu'un qui poussera les mêmes boutons que nos parents. Nous retrouverons en nous-mêmes des caractéristiques qui ne ressemblent que trop aux caractéristiques parentales que nous n'aimions guère. Nous nous comporterons avec notre partenaire exactement comme nous nous comportions autrefois avec nos frères et nos sœurs.

Les fantômes d'un moment ou d'un endroit particulier

Louise avait cinquante et un ans lorsqu'elle comprit que plusieurs de ses choix trouvaient leurs origines dans les effets de la Deuxième Guerre mondiale. En effet, elle avait passé les cinq premières années de sa vie dans un petit village des prairies, à une époque où la plupart des hommes étaient sous les drapeaux. C'est ainsi qu'elle avait accumulé de puissants souvenirs de femmes qui passaient leur temps à attendre le retour d'un être aimé ou à se demander s'il reviendrait. Jusqu'à l'âge de trente-cinq ans, environ, Louise ne put nouer de relation qu'avec des hommes qui soit étaient mariés, soit vivaient très loin. À l'instar des femmes de sa famille pendant la guerre, les amours de Louise se caractérisaient par des retrouvailles passionnées et des séparations douloureuses.

Si vous avez grandi en banlieue, soit là où les parents – surtout les hommes – partent chaque matin pour aller travailler en ville, vous aurez une conception différente des relations humaines de celle de quelqu'un qui a grandi dans une ferme, par exemple, ou dont les parents travaillaient ensemble, dans une petite entreprise familiale.

Tous, tant que nous sommes, nous subissons l'influence des événements et des mentalités de l'époque au cours de laquelle nous avons grandi. Les problèmes sociaux, les guerres, le mouvement pacifiste, la musique – folklorique ou rock and roll –, la drogue, le mouvement féministe, la révolution sexuelle et la spiritualité Nouvel Âge, tous ont laissé leurs fantômes derrière eux, bons ou méchants, qui exercent une influence sur la manière dont nous tissons des liens. Il en va de même des films, des émissions, des livres et de tout ce qui contribue à façonner la morale et les idées d'une époque.

Les fantômes des Noëls passés

Dans le *Conte de Noël* de Charles Dickens, Ebenezer Scrooge est hanté par le fantôme des Noëls passés. Nous aussi, nous avons des fantômes qui surgissent seulement à certaines occasions. Ils se moquent des différences ethniques ou religieuses : Kwanza, Rosh Hashana, Ramadan, anniversaires de naissance ou de mariage, Saint-Valentin, jour de l'An, fête des Mères ou des Pères, fête nationale… Tout leur est bon.

Voilà plus de dix ans que je discute avec des gens de leurs relations. Un fil conducteur ressort de ces entretiens : l'intensité émotive de la célébration des fêtes. Vous trouverez, dans maints périodiques et journaux, de nombreux articles sur les espoirs peu réalistes, suivis de déceptions, qui caractérisent ces fêtes. Il y a toutefois un point que nous omettons en général de prendre en considération : nous utilisons ces fêtes pour évaluer le succès ou l'échec de notre relation et nous jugeons nos partenaires par la manière dont ils célèbrent les occasions spéciales. « Je lui donne jusqu'à Noël ou au jour de l'An », ai-je souvent entendu.

Parfois, nous en arrivons à rompre simplement à cause de quelque chose qui s'est passé ou ne s'est pas passé à l'une de ces occasions. À la Saint-Valentin, avons-nous ressenti tout ce que nous aurions dû ressentir? Notre anniversaire a-t-il été célébré comme nous l'espérions? Il arrive souvent, par exemple, que les personnes qui ont peur de s'engager quittent leur partenaire juste avant des fêtes familiales, telles que l'Action de grâces ou Noël. Elles affirment en général que c'est pour éviter que leur partenaire se méprenne sur leurs intentions. Il ne faudrait surtout pas que quelqu'un se mette en tête qu'il s'agit d'une relation permanente.

Les fantômes les plus traumatisants

La mère de Dorothée a perdu l'usage de ses membres à l'époque où Dorothée est entrée à la maternelle.

Le père de Jonathan était alcoolique et violent.

Le père de Rébecca a abandonné sa famille lorsque Rébecca était encore au berceau.

Carlos a été très malade pendant son enfance, ce qui l'a obligé à passer plusieurs mois à l'hôpital et à subir plusieurs opérations chirurgicales terrifiantes.

Hélène a perdu sa sœur lorsqu'elle avait six ans.

Certains d'entre nous ont vécu au moins un traumatisme ou une perte grave qui reviennent les hanter. Plus nous sommes jeunes, plus nous risquons d'enfouir au plus profond de nous-mêmes la détresse émotionnelle dont nous sommes témoins ou victimes. Les enfants n'ont ni les connaissances ni la compréhension nécessaires pour vivre les pertes. Ils ne possèdent pas les outils qui permettent aux adultes de vivre normalement leur chagrin. Les pertes de l'enfance sont rarement analysées. Au contraire, les enfants les emmagasinent au plus profond d'eux-mêmes. Les «fantômes» de parents brutaux, incestueux, ouvertement critiques, exigeants, prompts à susciter un sentiment de culpabilité, étouffants, indifférents ou absents – pour n'en nommer que quelques-uns – nous harcèleront toute notre vie.

Certaines personnes répugnent à chercher dans leur enfance la raison pour laquelle leurs relations personnelles se soldent si souvent par un échec. «Le passé, c'est le passé», affirment-elles. «Ce qui est fait est fait. Tout le monde a un problème, quel qu'il soit. Je veux aller de l'avant, je ne tiens pas à regarder en arrière.» Malheureusement, ce qui est fait n'est pas fait du tout et risque fort d'être la cause de tous nos ennuis. Adultes, nous continuons parfois à dissimuler le chagrin que nous avons éprouvé dans notre enfance, en évitant de nouer des relations qui exacerbent notre vulnérabilité. Nous recherchons des solutions «sans bavures», avec des partenaires qui n'exigent rien de nous ou qui sont trop occupés de leur côté pour demeurer trop longtemps à proximité. Si, par hasard, nous tombons sur une personne aimante, nous ressentons une anxiété généralisée que nous sommes incapables d'expliquer. Nous éprouvons un malaise lorsque tout va trop bien, trop longtemps.

Nous avons coutume d'amuser nos amis en leur racontant d'amères anecdotes tirées de notre passé familial, dysfonctionnel, traumatisant ou surchargé. Ou alors, nous contons des histoires d'horreur à partir de nos relations passées. Mais entre le fait de connaître par cœur toutes ces histoires et celui d'être émotivement relié à leur contenu et à leur sens, il y a une grosse différence.

Lorsqu'un enfant est mordu par un chien, nous comprenons tous la peur rétrospective de l'enfant. De même lorsque quelqu'un est piqué par une abeille. L'une de mes amies, en tournant un coin dans le bureau où elle travaille, a reçu l'extrémité d'un bâton de golf en pleine mâchoire… Un de ses collègues avait choisi cet endroit pour exercer son swing. Des années plus tard, tandis qu'elle marchait sur le trottoir d'une rue animée, dans une grande ville, elle se retrouva face à face avec deux mannequins armés de bâtons de golf, dans la vitrine d'un grand magasin. Elle fit un bond en arrière, comme s'ils venaient de la frapper.

C'est exactement ce qui se passe en amour. Si vous avez essayé, par le passé, de vous ouvrir à l'amour pour recevoir aussitôt un bâton de golf dans la mâchoire, vous porterez inconsciemment ce souvenir en vous. Nous avons tendance à emballer si soigneusement nos mauvais souvenirs que nous ne parvenons plus à y accéder et à reconnaître la douleur. Nous prenons nos distances par rapport à cette expérience. Mais cela ne veut pas dire que nous cessons de transporter nos souvenirs et le système de défense qui les accompagne. Certains de ces souvenirs ne sont accessibles que par l'intermédiaire de la psychothérapie. D'autres bouillonnent juste sous la surface. Nous savons qu'ils sont là, mais nous refusons de reconnaître leur pouvoir.

L'esprit humain est incroyablement résistant, capable de vivre la perte et la convalescence. Mais les enfants n'ont pas toujours le luxe d'analyser pleinement leur douleur. Ils sont trop jeunes. C'est pourquoi ils mettent en œuvre des stratégies primitives qui leur permettent de vivre leur chagrin, voire de le nier complètement en enfermant leur angoisse au plus profond d'eux-mêmes. En général, c'est le milieu familial qui nous enseigne ces stratégies : «sors-toi donc de là», «finissons-en avec cette histoire», «vois le bon côté des choses» (sans reconnaître le mauvais). Plus nous enfermons notre douleur, plus nous renforçons nos défenses contre des pertes futures.

Les fantômes de nos phantasmes

Vous souvenez-vous de vos premiers phantasmes amoureux ou sexuels? Depuis votre adolescence, leur genre et leur contenu ont-ils beaucoup changé? Probablement pas.

Benjamin se souvient que son père, qui avait un caractère abominable, rendait malheureux tous les membres de la famille, particulièrement sa mère. Dans ses phantasmes d'enfant, Benjamin était un super-héros, assez fort pour venir en aide à sa mère et tenir la dragée haute à son père. Depuis cette époque, Benjamin est attiré par les femmes qui se trouvent dans un pétrin quelconque.

Diane avait rencontré son premier amour dans un parc à jouer, lorsqu'elle était bébé. C'était le fils des voisins. Lorsque Diane avait cinq ans, la famille de son amoureux avait quitté le quartier. Diane en avait eu le cœur brisé. Pour compliquer encore la situation, la veille du déménagement, le petit garçon s'était brisé le bras droit en tombant. Chaque soir, avant de s'endormir, elle pensait à lui. Elle inventait des histoires : ils se retrouveraient, ils se marieraient, elle l'aiderait à se débrouiller avec son bras en écharpe. Dans ces phantasmes, le jeune garçon était très dépendant de Diane et reconnaissant des soins qu'elle lui prodiguait. C'étaient là les premiers phantasmes maternels de Diane, qui se poursuivirent à l'âge adulte. Comme il fallait s'y attendre, elle a ensuite noué la majorité de ses relations amoureuses avec des hommes qui n'étaient pas libres et, dans la plupart des cas, c'était elle qui « donnait » ou qui était la personne responsable du couple.

Dans notre enfance, si nous ne recevons pas la qualité d'amour que nous désirons, nous avons tendance à nous replier dans des phantasmes pour combler le vide et panser nos blessures. Ces phantasmes ou rêveries nous donnent le sentiment d'un pouvoir dont les enfants sont généralement démunis. Durant notre croissance, ces rêves demeurent ancrés en nous, évoluant avec nous. À l'heure actuelle, les personnages de nos phantasmes sont très souvent des gens qui existent réellement, mais à une importante différence près : dans nos phantasmes, *nous sommes toujours aux commandes*. Et c'est pourquoi ils sont si satisfaisants. Cependant, ils risquent de freiner notre croissance d'adultes parce qu'ils nous empêchent d'accepter les partenaires en chair et en os.

Contrairement à nos partenaires qui sont ou trop grands ou trop petits, ou trop gros ou trop maigres, ou trop bavards ou trop taciturnes, etc., les personnages de nos phantasmes nous donnent toujours ce que nous désirons, acceptent toujours de faire ce que nous leur demandons. ILS EXIGENT TOUJOURS DE NOUS EXACTEMENT CE QUE NOUS SOUHAITONS LEUR DONNER.

Ces personnages deviennent des présences fantomatiques dans notre vie. Ils voyagent avec nous pour nous réconforter et nous satisfaire, où que nous allions.

Avec un personnage de phantasme, nous pouvons connaître l'accord parfait. Au demeurant, nous avons souvent tendance à critiquer outre mesure nos partenaires parce que nous les évaluons à

l'aune de critères qu'ils sont incapables de satisfaire. Les mécanismes de l'hypercritique reposent sur la conviction que la perfection est de ce monde. Et ce sont les phantasmes qui engendrent
cette conviction.

IL ARRIVE QUE LES FANTÔMES DU PASSÉ SOIENT ENCHÂSSÉS EN NOUS

Vos fantômes influencent probablement votre choix de partenaires
et votre comportement, vis-à-vis de ces partenaires. Ils vont jusqu'à décider où vous passerez vos vacances. Commencez-vous à
vous transformer peu à peu en maison hantée le soir de l'Halloween? Voyez-vous des fantômes à tous les coins de rue? Pouvez-
vous remédier à cette situation? Voyez-vous, c'est par la
psychothérapie que vous résoudrez le plus facilement votre problème de fantômes. En ce qui me concerne, le traitement psychothérapeutique a été une étape importante de ma croissance
affective. Mais cette expérience, ainsi que celle de tant d'autres,
m'a permis de constater que même les séances les plus approfondies d'«exorcisme» ne suffisaient pas à garantir un nouveau
départ. Nous avons tendance à commettre toujours les mêmes
erreurs, à faire des choix erronés. Même si nous sommes sûrs de
ne plus avoir peur de l'amour, nous risquons de continuer à tourner en rond, à nous débattre dans le piège des relations autodestructrices.

Pourquoi? Je suis convaincu que les fantômes de notre passé
ont programmé notre comportement futur. Ces «programmes»
jouent le rôle de logiciels complexes, de logiciels fantomatiques si
vous préférez, qui continuent de «fonctionner» dans notre système, même si les fantômes ont disparu depuis longtemps.
Certains d'entre nous sont programmés pour être difficiles ou
lunatiques, d'autres pour être «superficiels», d'autres pour aimer
flirter, d'autres pour être caustiques et critiques, d'autres pour être
infidèles. D'autres sont programmés pour être plus tolérants ou,
au contraire, pour mépriser l'autre sexe. Certains d'entre nous sont
même programmés pour mépriser leur propre sexe.

Tous ces programmes représentent d'énormes obstacles qui nous empêchent d'avancer sur la route de l'amour. Ils nous éloignent de nos sentiments véritables, de notre vrai soi, des gens que nous choisissons comme partenaires. Mais vous devez absolument comprendre que tous ces programmes ne sont plus que des fantômes. Ils ne vous représentent pas, ils ne reflètent pas ce que vous avez appris. Car ce que nous apprenons, nous pouvons le désapprendre en utilisant de meilleurs programmes. Commencez donc par prendre conscience de vous-même et de la manière dont vous vous comportez dans une relation. Sans activer les voix fantomatiques qui vous encouragent à vous blâmer ou à vous culpabiliser, peut-être pourriez-vous commencer par vous poser régulièrement certaines questions : « Pourquoi donc est-ce que je recherche ceci ou cela ? Pourquoi donc ai-je dit ceci ou cela ? Pourquoi donc ai-je fait ceci ou cela ? » C'est à votre propre programmation qu'il vous est le plus facile d'apporter des changements, aujourd'hui même. En comprenant comment vos programmes vous empêchent d'agir ou, au contraire, vous viennent en aide, vous deviendrez votre propre spécialiste en informatique.

Les fantômes programment non seulement nos choix, mais aussi notre comportement. Examinons maintenant certains des programmes les plus courants pour cerner les caractéristiques qui nous empêchent de connaître l'amour.

Nous sommes programmés pour être difficiles et hypercritiques

Êtes-vous né dans une famille qui « cherche la petite bête » ? Si tel est le cas, vous risquez d'entendre régulièrement les voix fantomatiques de l'un de vos parents, voire des deux : « Que fait-il/elle donc dans la vie ? C'est un emploi, ça ? » Ou : « Il/elle a un bon coup de fourchette ! Il/elle sera probablement obèse dans quinze ans. » Ou encore : « Cette personne que tu fréquentes est bien trop petite/grande/grosse/maigre/conservatrice/libérale/carriériste/dépourvue d'ambition. » Parfois, les voix approuvent : « Voilà quelqu'un qui a bien réussi dans la vie/qui est riche/qui est futé. » Ou : « Quel magnifique appartement! Quelle belle maison! Quelle superbe voiture! Quelle élégante coiffure!» Ou encore: «Ton ami/e a un goût très sûr/des amis bien intéressants/prend ses vacances dans des endroits très chics.» Mais qu'est-ce donc que ces voix approuvent? Sont-ce bien les aspects de la personnalité que nous avons coutume d'apprécier?

Naturellement, les voix fantomatiques nous rappellent parfois de fonder notre jugement sur les caractéristiques positives. Si votre famille accordait une grande valeur à l'affection et à la considération, peut-être avez-vous été programmé pour rechercher ces qualités chez autrui. Mais en général, notre programmation est purement superficielle.

La plupart de mes proches, par exemple, sont grands. Je me souviens d'avoir entendu, dans mon enfance, maintes réflexions sur les avantages qu'il y a à être grand et les inconvénients qu'il y a à être petit. J'ai toujours été attiré par les femmes de haute taille. Cela pourrait sembler logique, compte tenu de ma propre taille. Néanmoins, lorsque ma relation avec ma future femme commença à devenir plus sérieuse, je constatai que ces messages de jadis brouillaient ma réflexion. Mon épouse, en effet, est très menue. J'étais terriblement amoureux et, malgré cela, sa petite taille m'incitait à me poser des questions sur l'avenir de notre relation. C'était absolument ridicule.

Nous sommes programmés pour faire le contraire de ce qu'ont fait nos parents

Ils vivaient en banlieue, alors je vivrai au centre-ville.
Ils veulent que je rencontre un catholique/protestant/juif/musulman/ bouddhiste, alors je me sauverai à toutes jambes dès qu'il y en aura un à proximité.

À première vue, vous donnez l'impression d'avoir échappé aux voix fantomatiques de votre enfance. Pourtant, en faisant le contraire de ce que désiraient vos parents, vous ne réussissez qu'à limiter vos choix. Une fois de plus, ce type de programmation fait de nous des êtres superficiels. Il est contraire à nos intérêts.

Nous sommes programmés pour éviter d'avoir à communiquer

Mon ami Samuel explique que personne, dans sa famille, ne savait comment exprimer ses sentiments. Lorsque sa mère était irritée, elle s'enfermait dans sa coquille et se taisait ; ce mutisme durait parfois plusieurs jours. Quant à son père, il vociférait avant de quitter la maison en claquant la porte. Encore aujourd'hui, Samuel avoue être terrifié par les disputes. Le plus petit désaccord lui paraît être la fin du monde.

Chaque famille communique à sa façon. Certaines, par exemple, ne parlent jamais de sexualité ; d'autres ne parlent que de cela. Certaines parlent de politique, d'autres de sentiments. Certaines encouragent constamment leurs enfants, d'autres se spécialisent en critiques et en douches froides. Certaines parlent et d'autres hurlent.

Mon amie Catherine a deux frères. Dans sa famille, elle-même, l'un de ses frères et leur père sont des bavards invétérés. Leur mère et l'autre frère sont taciturnes. Le premier groupe parlait constamment, l'autre ne faisait que l'écouter. Des années plus tard, son frère taciturne lui dit avoir éprouvé de la rancœur de ne pas pouvoir placer un mot. Il avait épousé une femme qui parlait encore moins que lui. Aujourd'hui, elle le menace de divorcer parce que leur couple ne parvient pas à communiquer.

Il nous est difficile de nous débarrasser des programmes de communication qui ont été enchâssés en nous durant notre enfance. Mais ce n'est pas impossible. Prenons conscience de la manière dont nous communiquons, apprenons à écouter, apprenons à imprégner d'affection nos paroles et le ton de notre voix. Encourageons nos proches à nous imiter. Il faut commencer par comprendre que nous avons été programmés.

Nous sommes programmés pour nous complaire dans les situations conflictuelles

Madeleine sort avec un homme qu'elle décrit comme sensible, gentil, coopératif et plein de considération. Qu'est-ce qui ne va pas ?

Madeleine s'ennuie. Bien qu'ils aient beaucoup d'intérêts en communs et une vie sexuelle réussie, Madeleine manque de stimulation. Elle cherche fréquemment noise à son ami dans le seul but de provoquer des querelles. Et pourtant, elle craint qu'il ne se lasse de ses cris, de ses pleurs et de ses grincements de dents.

C'est pourquoi Madeleine a décidé de suivre un traitement psychothérapeutique. Quelques séances ont suffi au thérapeute pour éclaircir la situation. Madeleine, en effet, est l'enfant du milieu. Elle a deux frères plus âgés et deux plus jeunes. Pendant leur enfance, les cinq enfants n'ont cessé de se disputer. Madeleine, qui se sentait souvent persécutée par ses frères, avait beau détester cette situation, la relation combative qu'elle partageait avec eux est devenue son modèle. Elle a coutume de vivre dans un milieu où l'on communique par des affrontements. Le premier dit : « C'est toi qui as laissé les tomates pourrir dans le réfrigérateur. » L'autre répond : « C'est faux. » Réplique : « Tu n'es qu'une idiote. » « Non, l'idiot, c'est toi. » Et ainsi de suite. Où que Madeleine se trouve, ses quatre frères ne sont jamais bien loin… par la pensée.

Nous sommes programmés pour susciter les crises

Certains d'entre nous ont bel et bien été programmés pour le drame. S'il fait défaut, nous nous ennuyons, nous avons l'impression que notre vie est dépourvue d'intérêt, nous nous énervons pour des broutilles. Le drame est le moyen de revivre nos premières expériences familiales, de mettre du piment dans notre vie, de faire des projets, d'éviter de faire ce que nous devrions faire, d'attirer l'attention et de mettre nos partenaires à l'épreuve. C'est aussi le moyen d'éviter de regarder la vie en face, celle qui commence lorsque le rideau tombe.

Il existe des dizaines de moyens de chercher les ennuis. Peut-être créez-vous vos propres scénarios dramatiques. Peut-être préférez-vous adopter ceux de quelqu'un d'autre. Comment ce genre de programmation se répercute-t-il sur vos relations ?

- Vous avez tendance à jeter votre dévolu sur des gens « à problèmes ». Par exemple, des personnes qui souffrent de toxicomanie, qui se débattent dans des difficultés financières ou émotives, qui doivent se battre en permanence, qui vous entraînent avec elles dans leur maelström.

- Peut-être effrayez-vous les gens qui n'aiment pas le drame.
- Il est possible que vous utilisiez les situations de crise comme substitut de l'intimité.

On dit, à juste titre, que l'adversité rapproche les gens. Mais sachez toutefois que la crise ne devrait jamais servir de fondement à une relation.

Nous sommes programmés pour choisir des partenaires inaccessibles

« Pourquoi suis-je toujours victime d'hommes/de femmes qui ont peur de s'engager ? Pourquoi suis-je attiré/e par ce genre de personne ? » Un nombre incalculable de gens m'ont posé cette question. Mais je leur donne toujours une réponse identique. Nous choisissons les partenaires inaccessibles – qui vivent loin ou à l'étranger, qui sont déjà mariés ou qui ont une peur flagrante de s'engager – parce que nous sommes à l'aise dans ce genre de relation. Dans une certaine mesure, elles nous sont familières. Quelque chose, dans notre vie, nous a programmés pour nous méfier de la proximité et, inversement, nous a habitués à des relations forcément distantes.

Lors des ateliers que j'ai animés sur la phobie de l'engagement, maintes participantes ont décrit des pères distants – qui travaillaient tard le soir, qui communiquaient par grognements ou par gestes, qui passaient de la gentillesse à l'indifférence, qui ne vivaient pas à la maison, voire des pères qui éprouvaient de l'affection envers leurs enfants mais ne savaient pas communiquer. Ces relations paternelles avaient suscité, chez ces femmes, le sentiment d'une affection inassouvie qu'elles avaient involontairement reportée, plus tard, sur d'autres aspects de leur vie d'adultes.

Vous pouvez naturellement remédier à cette situation en essayant de trouver des partenaires présents, accessibles. Mais vous n'y parviendrez que si vous prenez conscience de vos tendances et si vous faites preuve de vigilance dans vos relations. Tout commence, bien sûr, par le choix du partenaire. C'est pourquoi je conseille aux gens dont les partenaires ont en général peur de l'engagement d'en apprendre le plus possible sur les antécédents de cette personne *avant* de nouer une relation en bonne et due forme. Je sais, je vous fais l'effet d'un disque rayé, mais c'est justement parce qu'il s'agit d'un point crucial que je me répète.

Nous sommes programmés pour faire un pas en arrière lorsque l'autre fait un pas en avant

Avez-vous été programmé pour croire que tout amour est « étouffant » ou culpabilisant ? Avez-vous été élevé par des gens dominateurs ou, au contraire, qui vous ont couvé ? L'amour de vos parents était-il inféodé à tant d'exigences ou d'actes de violence que vous vous êtes retiré dans votre coquille, bien décidé à ne jamais tomber dans ce piège ?

Mon ami Jacques, par exemple, se crispe dès que quelqu'un lui rend gentiment service. Il refuse que son amie lui fasse des cadeaux, lui mitonne des petits plats, l'aide à faire quoi que ce soit. Au lieu d'interpréter ces gestes comme des signes de son amour, il les considère comme des moyens de pression future. Il m'a expliqué que l'amour de sa mère était assorti d'une multitude de conditions plus emberlificotées les unes que les autres. Oui, il veut bien vivre avec une femme, mais sous réserve que ce soit lui qui décide des conditions. Il ne veut rien accepter et il n'accepte de donner que tant qu'il ne se sent pas englouti dans les besoins de l'autre. Jacques doit absolument apprendre à se reprogrammer, une étape à la fois. Depuis quelque temps, il consulte, avec son amie, un conseiller matrimonial. Tous deux se disent très satisfaits des résultats.

Nous sommes programmés pour rester alors que nous devrions partir

« *Pourquoi donc est-ce que je supporte tout cela ?* » J'ai eu bien trop de conversations sérieuses avec des hommes et des femmes qui se posent cette question. En général, elles ont toutes le même fil conducteur : que les mauvais traitements soient physiques ou émotifs, chacun de ces hommes et de ces femmes a l'impression d'être capable de les supporter. En effet, ils estiment avoir survécu à pire et, donc, sont persuadés de pouvoir survivre à nouveau. En bref, une autre expérience traumatisante les a programmés pour tolérer un comportement intolérable. Ces personnes, d'ailleurs, réagiront très différemment face à quelqu'un qui subit les mêmes traitements qu'elles. Si votre partenaire vous maltraite, demandez-vous comment vous réagiriez en voyant quelqu'un que vous aimez subir ce que vous subissez. Quels conseils donneriez-vous à cette personne ?

Nous sommes programmés pour partir alors que nous devrions rester

Avez-vous déjà vécu cette situation : vous aimez quelqu'un, vous lui faites confiance, vous ressentez de l'attirance pour cette personne mais, malgré tout, quelque chose vous pousse à partir ? Certains d'entre nous, en effet, sont programmés pour éviter de se mouiller les pieds. Nous nous assurons d'avoir toujours une porte de sortie par laquelle nous pourrons, le cas échéant, nous enfuir. Nous croyons toujours qu'il existe quelqu'un d'autre, plus séduisant, plus mince, plus intelligent, plus sexy, moins exigeant, plus communicatif.

COLLISION DE FANTÔMES

J'ai constaté que les problèmes les plus graves étaient provoqués par la collision de deux programmes distincts et contradictoires. Laissez-moi vous donner quelques exemples, car il s'agit d'une situation qui peut paraître compliquée.

L'enfance de Tania ne lui a fourni aucun modèle sain de relation réussie. Sa famille était dysfonctionnelle, au point que Tania s'était toujours sentie « différente » des autres. Elle ne voulait pas sortir avec son voisin, car elle était persuadée qu'un garçon comme lui ne l'apprécierait pas. Elle ne voulait pas se marier et vivre en banlieue, car elle considérait ce mode de vie comme une façade hypocrite. Mais son imagination débordante lui avait permis de contrebalancer ses premières déceptions en l'aidant à créer un puissant programme de phantasmes, qu'elle substituait aux relations introuvables. Dans ces phantasmes, Tania rencontrait un homme brillant, sensible, qui la «comprenait» tout comme elle le «comprenait». La vie de tous les jours ne lui suffisait pas, un partenaire ordinaire ne lui suffisait pas. Son programme de phantasmes lui disait qu'elle méritait mieux, une vie hors du commun, avec un partenaire hors du commun qui lui confirmerait qu'elle était différente des autres.

Lorsque Tania rencontre un homme, ses deux programmes entrent en collision. D'une part, elle rejette immédiatement tout homme qui paraît trop «normal», soit tout homme avec qui elle aurait de réelles chances de nouer une relation réussie. D'autre part, elle s'accroche aux messages qu'elle reçoit de séducteurs chevronnés, sans prêter attention à la réalité de ce qu'ils affirment. Elle ne se demande pas si ces hommes sont stables, sincères, fidèles. Parfois, elle ne se rend même pas compte qu'ils ont d'autres amies, voire qu'ils sont déjà mariés. Elle ne remarque pas que ces hommes sont incapables de s'engager. Et bien entendu, son cœur se brise lorsqu'elle constate qu'ils ne souhaitent pas nouer de relation durable avec elle.

Les programmes d'Alex sont également en collision perpétuelle. Ses premières années ont creusé chez lui un vide affectif énorme, qu'il essaie désespérément de combler. En quelque sorte, Alex a été programmé pour être «dans le besoin». C'est ce qui l'a incité à concevoir un autre programme, afin de compenser ce qui manquait à sa vie, le programme du parfait célibataire. Alex, en effet, veut vivre libre de toute entrave, afin de pouvoir se lancer à tout moment dans une nouvelle vie, plus passionnante que la précédente.

Lorsqu'il rencontre une femme qui lui plaît, le premier programme s'active : celui du besoin. Par conséquent, au début d'une relation, Alex fait son possible pour éveiller des sentiments profonds chez sa partenaire. Mais très vite, son besoin d'affection entre en conflit avec l'autre programme, celui du célibataire libre comme l'air. Et bien entendu, la collision produit des effets totalement incompréhensibles pour la malheureuse femme qui essaie de se rapprocher de lui. Alex commence par se comporter comme un bon gros nounours assoiffé d'amour. Mais au fur et à mesure que le temps passe, il se met à songer à la distance qui le sépare du plus proche aéroport. Il s'imagine partir en voyage, *seul*. Dr Jekyll à un moment précis, Mr Hyde la seconde d'après. Ce n'est pas une vie facile pour Alex. Mais laissez-moi vous dire qu'elle l'est encore moins pour ses partenaires.

Comme le montrent ces exemples, les programmes antagonistes peuvent avoir leur origine dans le même concours de circonstances. Mais quelle que soit cette origine, les retombées sont toujours catastrophiques. Les dégâts sont inévitables, il y a forcément quelqu'un qui souffre. Et en général, tout le monde souffre.

DEUX ANTAGONISTES : PHANTASMES ET ENGAGEMENT

Nos rêves nous offrent une inspiration, des buts et des espoirs. Ils nous aident, parfois, à panser nos blessures. Les phantasmes et rêves sentimentaux ne font pas exception. Mais il faut aussi les maintenir à leur place, en leur injectant régulièrement une saine dose de réalité. Sans cet équilibre, les phantasmes sèment la confusion en nous, suscitent un profond désir nostalgique et nous éloignent peu à peu des possibilités réelles. C'est là que les ennuis commencent.

Lorsqu'une personne qui a été privée de modèles de relations équilibrées dans son enfance se tourne vers les phantasmes pour répondre à ses besoins, elle a tendance à rejeter les relations réelles, leur préférant les amours imaginaires. Nombreux sont les hommes et les femmes qui n'acceptent rien d'autre que l'amour idéalisé, qu'ils attendent indéfiniment. Trop souvent, ce qu'ils trouvent, c'est un partenaire particulièrement doué pour fabriquer des contes de fées qui s'insèrent parfaitement dans la trame de leurs phantasmes.

Lorsqu'un homme ou une femme qui n'a aucune idée de ce que devrait être une véritable relation rencontre un éventuel partenaire capable de lui « vendre » des phantasmes amoureux bien tassés, le programme de relations dysfonctionnelles entre en collision avec celui des phantasmes. Les effets peuvent se révéler incroyablement douloureux. Notre cœur s'ouvre instantanément, sans se poser de questions, sans prendre de précautions, persuadé que sa longue quête est enfin terminée. Malheureusement, notre partenaire n'a aucunement l'intention de nous faire connaître la réalité et il se rebiffera si nous rassemblons tout notre courage pour l'interroger sur ses intentions réelles. Car lui aussi vit dans le monde des phantasmes. Il n'a pas la moindre intention de se ranger, de se bâtir une vie. Il n'a pas la moindre intention d'en discuter avec vous, encore moins de suivre un traitement psychothérapeutique avec vous. Tout ce qui l'intéresse, c'est la poursuite de ses phantasmes.

Il y aura toujours des colporteurs de phantasmes, des gens qui s'efforceront de vous vendre des rêves sans vouloir préciser une date de livraison. Par conséquent, tout acheteur doit se méfier. Votre meilleure défense contre les points faibles de votre logiciel personnel consiste à analyser l'alchimie défectueuse des programmes de phantasmes. Cette compréhension vous protégera d'abord des dommages que provoquent les phantasmes des autres, certes, mais aussi de ceux que provoquent les vôtres.

VOUS DEVEZ ABSOLUMENT DÉCOUVRIR VOS PROGRAMMES

Nous connaissons tous des victimes de leurs propres programmes. Il suffit de regarder autour de nous. Par exemple, Charles a besoin d'une femme à laquelle il peut donner des ordres, mais qu'il rejettera un jour ou l'autre parce qu'elle ne se rebelle pas. Richard a épousé une toxicomane, une alcoolique et une femme dont la famille était alcoolique. Bobbie, quant à elle, sort avec des *curriculum vitæ* plutôt qu'avec des hommes en chair et en os. Vos programmes à vous, quels sont-ils ?

Ce qu'il nous faut comprendre, c'est que tous ces programmes nous entraînent vers la même destination : bien loin de la relation intime, confiante, durable que nous recherchons. Que nous ayons été programmés pour a) jouir de la distance – en demeurant à la maison en compagnie de notre ordinateur, de nos romans à l'eau de rose ou de notre télévision – ou b) accepter la distance – en tolérant des partenaires qui refusent l'intimité –, le résultat est toujours le même : la distance, soit l'antithèse de toute relation véritable. C'est uniquement lorsque deux personnes se retrouvent dans une atmosphère de confiance, d'ouverture et de vulnérabilité, en l'absence de phantasmes, de crise ou de violence, qu'elles peuvent nouer une relation véritable.

Nous nous sentons tous à l'aise en compagnie de nos fantômes. Nous sommes habitués à l'héritage affectif qu'ils nous ont légué. Que nous le voulions ou non, c'est par eux que nous nous définissons. Et il est bien difficile de nous imaginer différemment. Il est plus facile d'accepter notre programmation et de nous apitoyer sur notre sort, sur notre malchance. Les fantômes prennent le dessus, rendant le changement de plus en plus difficile.

Il nous faut un courage immense pour regarder nos fantômes en face et analyser notre programmation. Il nous faut du courage pour nous attaquer aux programmes fantomatiques qui régissent nos relations… et qui les gâchent, par la même occasion. Pour entamer notre libération, nous devrons nous engager à nous reprogrammer, un programme à la fois.

Je sais à quel point c'est difficile. Je connaissais ma future épouse depuis six mois lorsque nous sortîmes ensemble pour la première fois. J'estimais qu'elle n'était pas mon genre. Après notre deuxième rendez-vous, tous les programmes négatifs imbriqués dans mon cerveau commencèrent à se battre contre l'éventualité d'une relation sérieuse. J'étais terrifié. Elle n'est pas pour moi, hurlais-je en mon for intérieur. Elle est trop petite. Je suis trop grand. Je ne sais pas si je suis prêt à me comporter en adulte. Je savais fort bien que j'avais rencontré quelqu'un qui offrait toutes les possibilités d'une relation fructueuse, qui méritait de bénéficier des durs efforts qu'entraîne toute véritable relation. Mais, bien que je fusse parfaitement conscient de tout ce que je viens de vous expliquer, je laissais encore libre cours à tous mes programmes négatifs. Lors de notre troisième rendez-vous, la crise éclata, provoquée par une sérieuse méprise. J'y vis aussitôt ma porte de sortie, vers laquelle je m'empressai de courir. Je me lançai dans un discours interminable sur mon incapacité d'aller de l'avant. Je n'étais pas sitôt rentré chez moi que je compris quelle erreur énorme je venais de commettre. J'appelai mon psychothérapeute, j'appelai plusieurs amis, j'appelai Jill elle-même. Tout s'arrangea. Mais la lutte contre mes peurs-fantômes et mes programmes négatifs exigea de terribles efforts.

J'ai appris – vous l'apprendrez aussi – que ces programmes ne sont pas immuables, à moins que ce soit vous qui ne souhaitiez pas les modifier. Vous pouvez effectivement passer le reste de votre vie à obéir à vos fantômes et à vous apitoyer sur votre sort. Les fantômes et leurs programmes s'implanteront encore plus profondément en vous, rendant le changement de plus en plus difficile, voire impossible. Ou vous pouvez vous engager dès maintenant à faire tout pour vous émanciper, étape par étape, en vous débarrassant d'un fantôme à la fois.

Peut-être la tâche vous paraît-elle insurmontable. Mais les résultats en valent vraiment la peine. Vous parviendrez à nouer des relations authentiques, de plus en plus durables. Vous sentirez-vous perdu, dépouillé de vos compagnons fantomatiques? Au contraire, vous vous *trouverez,* parce que au fur et à mesure que les fantômes et leurs programmes s'estomperont, vous verrez apparaître ce que vous êtes véritablement. Et cette personne sera bien plus capable d'aimer que n'importe quel fantôme, n'importe quel programme pourrait le faire.

TROISIÈME OBSTACLE

Le courage de trouver notre Soi et de lutter pour lui

Bien avant d'avoir l'expérience ou les outils nécessaires pour comprendre ce que cela signifiait, j'entendais des gens affirmer qu'il fallait d'abord s'engager envers soi-même avant de s'engager envers quelqu'un d'autre. Qu'il fallait s'aimer soi-même avant d'aimer quelqu'un d'autre. Qu'il fallait être capable de vivre seul avant de nouer une relation amoureuse. Qu'il fallait faire sa propre vie avant d'essayer de partager celle de quelqu'un d'autre. Vous aussi, vous avez probablement entendu ces conseils des dizaines de fois. Peut-être même les avez-vous prodigués à vos amis.

Je sais ce que beaucoup de mes lecteurs pensent à ce moment précis : « Je suis seul/e tout le temps. C'est trop. Je sais parfaitement ce qu'est la solitude. » Ou vous pensez : « Mais j'ai déjà une vie, tout ce que je désire c'est trouver quelqu'un qui acceptera de la partager. » Ou bien : « J'ai une relation avec moi-même, ce que je veux, c'est une relation avec quelqu'un d'autre. » Pourtant, je sais aussi que toutes ces personnes attendent la « vraie » vie, la vie qui se caractérise par une relation stable. Il n'y a rien de mal à espérer rencontrer un amour durable. Malheureusement, cet espoir porte aussi en lui les germes de sa propre destruction.

Pour vous « préparer » à nouer une relation stable avec quelqu'un d'autre, vous devez commencer par nouer une relation stable avec vous-même, vous bâtir une vie stimulante. Non pas une vie temporaire, qui fera l'affaire jusqu'à ce que le Prince charmant ou la belle Princesse croise vos pas. Une vie dans laquelle vous vous engagerez, au point qu'il vous sera difficile d'y apporter des changements radicaux. Réfléchissez à ce que cela signifierait d'avoir une vie équilibrée, à laquelle vous accorderiez de la valeur, qui vous ferait sentir bien dans votre peau, avec ou sans partenaire.

Je me souviens d'avoir dit à mon psychothérapeute, *trois jours* avant de rencontrer ma future épouse : « J'aime ma vie actuelle. Je ne sais pas si je parviendrais à y introduire une relation stable. Je serais obligé de faire beaucoup de compromis. Je ne suis pas certain de le vouloir. Peut-être suis-je fait pour le célibat. » Aussi étrange que cela puisse paraître (j'avoue avoir moi-même trouvé cela bizarre), c'est ce sentiment même de satisfaction qui fit pencher la balance en ma faveur, qui me permit de m'ouvrir à la vie, de trouver une partenaire authentique. En effet, lorsque vous vivez une existence qui vous convient, dans laquelle vous vous êtes engagé pleinement, vous avez trouvé l'ingrédient secret d'une vie partagée, qui vous conviendra et qui vous satisfera tout autant.

Voici quelques questions qui devraient vous donner à réfléchir :

- Si vous n'entretenez pas une relation aimante avec vous-même, si vous manquez de respect envers vous-même et votre valeur d'être humain, comment pourriez-vous commencer à aimer quelqu'un d'autre ?
- Si vous perdez votre relation avec vous-même – à savoir si vous perdez de vue vos besoins, vos valeurs, vos priorités, vos buts –, comment pourriez-vous entretenir une relation stable avec quelqu'un d'autre ?
- Si vous ne savez même pas qui vous êtes – si votre Soi le plus vrai demeure pour vous un mystère –, comment pourriez-vous tisser des liens et entretenir votre relation avec quelqu'un d'autre ?

Voici quelques-unes des questions les plus fondamentales à propos du « Soi ». Car c'est lui qui déterminera si vous possédez ou non la capacité de nouer une relation durable avec quelqu'un d'autre.

Nous ne parlons pas ici uniquement de l'importance de l'amour-propre. Ne vous méprenez pas. Ce n'est pas moi qui contesterai l'idée que l'amour-propre est l'une des armes les plus importantes de la bataille contre la phobie de l'engagement. Mais il ne représente que l'un des nombreux aspects du Soi susceptibles d'exercer une influence prépondérante sur nos peurs et nos phantasmes. Il s'inscrit dans un panorama plus large qu'il ne faut surtout pas omettre d'examiner.

PARLER DU SOI, C'EST PARLER DE LA RELATION

Lorsque nous parlons du «Soi» et de son influence sur notre capacité de nouer une relation durable, nous faisons allusion à trois zones de vulnérabilité:

FAIBLESSE DE L'AMOUR-PROPRE

PERTE DU SOI

ABSENCE DU SOI

Commençons par les résumer l'une après l'autre:

Faiblesse de l'amour-propre: Nous avons tendance, pour la plupart, à lutter pour nous valoriser. Des voix négatives tourbillonnent dans notre tête, nous incitant à adopter une kyrielle de comportements destructeurs. Dans le domaine des relations, ces voix sont assourdissantes. Avez-vous des problèmes d'amour-propre? Placez-vous vos partenaires sur un piédestal, quitte à vous dévaloriser? Lorsque rien ne va plus, avez-vous tendance à vous culpabiliser? Vous attendez-vous en permanence à l'issue négative que vous «méritez»? Êtes-vous votre critique le plus virulent? Avez-vous tendance à critiquer les autres à outrance pour contrebalancer vos propres doutes? Remettez-vous toujours en question votre jugement, vos décisions, vos choix? Avez-vous tendance à vous contenter de la portion congrue parce que vous êtes persuadé que vous ne méritez guère plus? Donnez-vous trop, parce que vous croyez que c'est votre seul moyen d'obtenir ce que vous désirez? Vous vantez-vous pour essayer de séduire? Tous ces comportements trahissent la faiblesse de l'amour-propre.

Perte du soi: Êtes-vous l'une de ces personnes qui perdent leur SOI dans une relation? Perdez-vous de vue vos frontières? Vos priorités? Vos besoins? Vos valeurs? Si c'est là votre problème, vous comprendrez très facilement où je veux en venir, car la lutte que vous menez pour sauver votre relation est particulièrement douloureuse. Avez-vous toutes les difficultés du monde à vous faire respecter d'un partenaire plus fort? Devenez-vous «quelqu'un d'autre», quelqu'un que vous ne connaissez pas ou n'aimez pas vraiment? Vos frontières se sont-elles estompées? Vous sentez-vous dévoré par votre partenaire? Donnez-vous plus que vous ne pouvez vous le permettre pour être aimé? Dans une relation, vous luttez principalement pour conserver votre personnalité. Et c'est une bataille que vous perdez constamment.

Absence du soi: Qui êtes-vous? Qu'est-ce qui est important pour vous? Quelles sont vos valeurs? Quelles sont vos forces? Qu'apportez-vous à une relation? De quoi avez-vous besoin dans une relation? Certaines personnes ne parviennent jamais à trouver une réponse claire et nette à ces questions. Beaucoup d'entre nous, bien qu'ils soient adultes, n'ont toujours pas d'idée bien définie de qui ils sont. Très souvent, ils adoptent une fausse personnalité, un «visage» qui leur permet de faire face au monde, certes, mais qui n'a aucun lien avec leur âme. Essayez-vous de vous définir par vos relations? Vous irritez-vous lorsqu'elles ne remplissent pas cette fonction? Vous sentez-vous perdu lorsque vous n'avez pas de relation amoureuse dans votre vie? Êtes-vous déçu lorsque votre partenaire ne parvient pas à préserver l'aspect «magique» de votre relation? Dans l'ensemble, votre vie vous semble-t-elle dépourvue de fil conducteur? Ces diverses manifestations du vide intérieur traduisent l'absence d'un soi bien défini.

Regardons maintenant de plus près chacun de ces trois problèmes distincts. Il faut absolument que vous compreniez comment chacun influence vos choix, votre comportement, vos peurs et votre capacité de nouer une relation durable.

PROBLÈMES DU SOI
1. Faiblesse de l'amour-propre
«La peur de s'engager n'est-elle pas simplement le reflet de problèmes sous-jacents d'amour-propre?» Chaque fois que j'ai donné une conférence sur l'engagement et la phobie de l'engagement, au

moins une personne dans la salle – se faisant indubitablement la porte-parole de maints auditeurs – a posé cette question. Parfois, elle fait allusion à son partenaire : « La peur de mon partenaire n'est-elle pas le symptôme de son problème d'amour-propre ? » À d'autres occasions, il s'agit carrément d'un problème personnel : « Si je suis attiré par des personnes qui ont peur de s'engager, n'est-ce pas à cause de la faiblesse de mon amour-propre ? »

Le mot « amour-propre » est l'un des mots les plus ressassés de notre époque. Nous avons tendance à l'invoquer pour diagnostiquer la majorité, voire la totalité de nos problèmes de relations. Rien de surprenant, par conséquent, si les gens se plaisent à l'utiliser pour expliquer le phénomène que nous appelons la peur de l'engagement. Ce serait merveilleux de pouvoir cataloguer sous cette rubrique chaque problème de relation et transformer un phénomène aussi complexe en quelque chose d'aussi clair, d'aussi simple. Malheureusement, la peur de l'engagement n'est pas un problème simple. Vous avez déjà vu de nombreux exemples qui contredisent clairement cette conception simpliste. Le fait même que les gens *utilisent* le mot « amour-propre » pour *échapper* à la responsabilité de leur conflit, tout comme ils l'utilisent aussi facilement pour *assumer* la responsabilité du même conflit, illustre à quel point la relation entre la faiblesse de l'amour-propre et la peur de l'engagement demeure encore incomprise.

Malgré tout, ces gens n'ont pas tout à fait tort. Il peut arriver que la faiblesse de l'amour-propre soit à l'origine de la lutte que nous menons pour nouer des relations. Parfois, c'est cette faiblesse qui régit notre peur. Parfois, cette faiblesse est aussi la force qui nous pousse à faire des choix erronés. C'est ce que nous allons voir avec les exemples qui suivent.

Alice : le problème classique d'un faible amour-propre

Chaque fois que j'anime un atelier ou que je donne une conférence, je rencontre au moins deux ou trois femmes comme Alice. En effet, elle a l'impression d'avoir été la victime de pratiquement tous ses partenaires. Le contexte est toujours le même. Chaque relation démarre en porte-à-faux et Alice, même si elle hésite au départ, est reconnaissante à son partenaire de l'avoir choisie. Ces hommes semblent la « découvrir », car elle ne fait rien pour aller les chercher. Ils semblent également être très épris d'elle... au début tout au moins.

Une fois qu'elle a été « choisie », Alice est facilement convaincue par l'apparente sincérité de son soupirant. Elle est alors la proie d'un sentiment d'incrédulité : « Je n'arrive pas à croire que c'est moi qu'il désire. » Puis, à un moment donné, l'homme fait inexplicablement volte-face, selon toute évidence pris de panique. Alice, irritée et perplexe, ne comprend plus. « Après tout, se dit-elle, c'est lui qui a tout fait pour nous rapprocher. »

Alice est persuadée qu'en amour, ses choix sont limités. Elle n'a pas d'autre possibilité qu'attendre et se contenter de ce que la vie lui offre. Elle estime qu'elle aurait tort de se montrer difficile ou capricieuse. Elle n'a pas l'impression de pouvoir choisir les gens qui l'intéressent. Lorsqu'un homme la « découvre », elle le considère comme sa dernière chance. Et elle accepte ce sentiment d'impuissance totale.

En réalité, Alice a connu cinq « dernières chances » au cours des trois années passées. Mais ses convictions demeurent immuables, de même que son comportement. Elle est toujours « reconnaissante » envers les hommes qui la « choisissent ». La faiblesse de son amour-propre est telle qu'elle parvient à gommer tous les autres éléments de la personnalité d'Alice.

Anna : une femme qui a peur de trop exiger

Anna est l'une des femmes les plus intelligentes, les plus intéressantes et les plus talentueuses que l'on peut rencontrer dans la ville de Los Angeles. Ce n'est pas peu dire. C'est une actrice douée, une écrivain accomplie, une activiste sincère et un cordon bleu qui, à chaque dîner qu'elle organise, donne l'impression d'avoir caché Martha Stewart dans sa cuisine.

Son carnet d'adresses est un véritable bottin mondain. Mais la liste de ses ex-compagnons est un autre type de bottin, celui des ratés, des inadaptés, des bons à rien. S'il est au chômage, Anna est

probablement sortie avec lui. S'il n'a pas un sou, Anna est probablement sortie avec lui. Et s'il a un casier judiciaire, Anna a probablement été sur le point de l'épouser.

Tous les amis d'Anna, qui l'adorent, se demandent pourquoi.
Anna aussi. Elle sait parfaitement qu'elle mérite mieux, qu'elle a
autre chose à offrir. Mais elle se retrouve toujours avec un homme
qui, croit-elle, est «sûr». Pour Anna, un homme «sûr» se définit
comme un homme qui l'admire, qui la place sur un piédestal, qui
se sent inférieur. Elle est persuadée que ces hommes seront moins
tentés de la rejeter. Elle se trompe souvent.

Anna n'est jamais heureuse avec les hommes qu'elle choisit.
Elle sait que ses divers soupirants ne sont pas le type d'homme
qu'elle aimerait fréquenter. Elle est toujours déçue de constater
que ses relations manquent de profondeur, ne lui procurent pas ce
qu'elle recherche. En son for intérieur, ainsi qu'à quelques-uns de
ses amis intimes, Anna admet que ses partenaires laissent à désirer... Ce qui ne l'empêche pas de choisir diverses variations sur le
même thème. Anna a peur d'exiger davantage, mais s'irrite de
constater qu'elle se contente de trop peu. C'est un cercle vicieux
qui la maintient en dehors des relations durables et qui est entretenu par la faiblesse de son amour-propre.

Maria : histoire différente, même dénouement

Maria sait exactement qui elle est. Sa personnalité est bien définie.
Son tempérament est bien défini. Ses valeurs sont bien définies.
Ses besoins sont bien définis. Elle sait ce qu'elle aime et ce qu'elle
n'aime pas. Lorsqu'elle est chez elle, seule, ou parmi ses meilleurs
amis, Maria est intelligente et dotée d'un humour cinglant, elle a
des idées peut-être un peu trop arrêtées, mais elle est excentrique
et de bonne compagnie. Toutefois, il y a un hic : ce n'est pas l'image
qu'elle présente au reste du monde.

Une fois à l'extérieur – au travail, à l'école, lors de rendez-vous
galants –, Maria s'efforce de paraître «parfaite». Elle s'évertue à
présenter au monde la Maria que, selon elle, le monde souhaite
voir : douce, charmante, compréhensive, toujours de bonne

humeur. Comme on peut le supposer, ses amitiés sont souvent superficielles. Naturellement, elles ne mènent nulle part.

Pourquoi Maria se comporte-t-elle ainsi ? Parce que son amour-propre est trop faible. Elle est toujours « en représentation », parce qu'elle est persuadée que la véritable Maria ne serait guère appréciée, que personne ne l'aimerait. Il s'agit ici, de toute évidence, d'un conflit d'amour-propre. Craignant d'être rejetée, peu désireuse de courir des risques, convaincue que son véritable Soi ne vaut rien, Maria n'extériorise qu'une version édulcorée d'elle-même.

Dans les relations intimes, elle court droit au désastre, refusant de laisser son partenaire la voir telle qu'elle est. Soit elle fuit les hommes qui aimeraient la connaître mieux, soit elle gravite autour d'hommes qui ne s'intéressent absolument pas à ce qu'elle est vraiment. Dans les deux cas, elle finit par se retrouver seule. Bien qu'une partie d'elle-même rêve de nouer une relation durable, l'autre, plus puissante, appelle la solitude. Car Maria est terrifiée à l'idée de se révéler telle qu'elle est, persuadée qu'elle serait automatiquement rejetée.

Édouard : quatrième variation, même dénouement

Depuis toujours, les relations d'Édouard se soldent par de douloureux échecs. Sa première femme l'a abandonné pour un autre homme. Sa deuxième femme lui a préféré une femme. Il attend seulement le jour où sa troisième femme lui annoncera qu'elle le quitte. Chaque fois qu'il parle d'elle, il commence par une phrase du genre « de toute façon, je ne sais pas ce qu'elle me trouve » ou « je n'ai pas encore compris pourquoi elle m'a épousé ». Son dialogue intérieur est encore plus alarmant : « Elle m'a épousé pour mon argent », « elle m'a épousé parce qu'elle avait peur de rester seule » ou « elle m'a épousé parce qu'elle était enceinte ».

Édouard n'a jamais été capable de faire confiance à une seule de ses partenaires. En grande partie, c'est sa faute, parce qu'il se dévalorise. Édouard fait tout ce qu'il peut pour « se vendre ». Il a toujours possédé des voitures incroyablement luxueuses qui le font remarquer, il dépense des sommes excessives lors de ses rendez-vous amoureux. S'il rencontre une femme qui lui plaît, il ne tarde pas à lui offrir une aide financière. En moins de temps qu'il faut pour le dire, il l'a installée chez lui, sans jamais lui demander de contribuer aux frais du ménage.

Édouard n'essaie pas de commencer par tisser des liens affectifs. Ses relations, il les noue par l'argent. Il achète l'attention et l'affection bien avant de chercher à savoir s'il ne serait pas capable de les obtenir simplement parce qu'il possède des qualités humaines. Par conséquent, il se montre méfiant et introverti, il passe son temps à se demander si sa compagne l'aime vraiment. Peu de ses relations se prolongent bien longtemps. Mais même celles qui semblent être plus durables sont dépourvues d'une intimité et d'un amour authentiques.

Naturellement, l'attitude d'Édouard l'expose à des dénouements prévisibles. Sa première femme, en le quittant, ne lui a guère laissé que la chemise qu'il portait sur le dos. La deuxième n'a pas non plus raté son coup. Lorsque la troisième a refusé de signer un contrat de mariage, Édouard en a conclu qu'elle prévoyait elle aussi prendre la poudre d'escampette un jour ou l'autre. Il vit dans la crainte de ce jour.

Édouard ne peut se permettre de vivre ce genre de relation, que ce soit financièrement ou affectivement. Chaque échec accroît son amertume, son cynisme, sa méfiance. Il a atteint un stade où il se refuse désormais de mener ainsi ses relations. Malheureusement, il est bien trop effrayé pour modifier son attitude.

Alice, Maria, Anna et Édouard sont tous très différents les uns des autres. Mais ils présentent deux points communs importants : leur amour-propre est faible et ils finissent tous par se retrouver seuls, victimes d'un mécanisme alimenté par cette faiblesse.

Dans quelle mesure la faiblesse de votre amour-propre vous empêche-t-elle de nouer des relations durables ? Vous reconnaissez-vous dans l'un de ces personnages ?

Comment rompre le cycle infernal engendré par la faiblesse de l'amour-propre

Bien que tous, nous méritions de connaître l'amour, certains ont beaucoup de mal à accepter l'idée que cela s'applique aussi à eux. La faiblesse de l'amour-propre est un terrible fardeau, qui nous écrase, nous réduit à moins que rien, nous convainc que quoi que nous soyons, cela ne suffit pas. Et pourtant, ce n'est pas une maladie incurable. Tous les jours, nous entendons, voyons, lisons des histoires de « réussite ». Un seul inconvénient, cependant : la seule et unique personne capable de prendre les mesures nécessaires pour rompre ce cycle infernal, c'est VOUS.

Dans notre jeunesse, les remarques négatives de nos parents, des autres membres de la famille, de nos pairs, de nos professeurs, etc. nous ont incités à penser que nous n'étions pas dignes d'amour. Ou que l'amour est assorti de conditions. Ces réflexions sont souvent aggravées par des expériences désagréables. Mais tout au long de notre croissance, ces voix extérieures deviennent les nôtres. Qu'importe que les critiques de notre enfance aient depuis longtemps disparu de notre vie ! Nous les remplaçons. C'est pourquoi vous devez comprendre que c'est par vous que doit arriver le changement.

C'est pour cette raison également que vous entreprendrez votre œuvre de restauration de l'amour-propre en vous examinant dans un miroir, en apprenant à vous parler gentiment, à vous complimenter. Il faut faire surgir une nouvelle voix intérieure, plus forte et plus claire que les vieilles voix destructrices. C'est simple, me direz-vous. Mais c'est aussi très efficace.

Vous devrez également vous entourer de gens qui vous parleront avec affection et vous offriront leur appui. Par conséquent, il faudra vous éloigner de ceux qui vous blessent avec leurs remarques négatives. Vous avez certainement encore des amis, des collègues ou des parents qui ne se gênent pas pour vous rebattre les oreilles de ce genre de remarques et que vous continuez à tolérer. S'ils ne sont pas capables de modifier leur attitude, c'est à vous de modifier la nature de vos relations. Prendre sagement ses distances est parfois très salutaire lorsque la proximité est trop douloureuse pour l'amour-propre.

La restauration de l'amour-propre comporte des risques, le risque d'être acceptés ou rejetés pour ce que nous sommes véritablement et non pour ce que nous pouvons faire ou donner. Acceptez-vous de courir ces risques ? Peut-être vous sentez-vous prêt aujourd'hui, plus prêt que vous ne l'avez jamais été, car vous avez compris que vous n'aviez presque rien à perdre.

La faiblesse de notre amour-propre diminue nos chances de nouer une relation durable

Ce que vous pouvez faire de plus important pour vous, en ce moment, c'est sans doute de déterminer à quel point un manque d'amour-propre peut dicter votre vie et saboter toute possibilité de nouer une relation durable.

La faiblesse de l'amour-propre...
... vous fait faire de mauvais choix

Au lieu de rechercher activement des partenaires dotés des qualités qui vous attirent tout en rejetant ceux qui ne se montrent pas à la hauteur d'attentes raisonnables, vous exultez, littéralement, lorsque quelqu'un vous choisit. Malheureusement, il est bien peu probable que ce « quelqu'un » vous offre une relation durable.

... vous incite à faire preuve d'une reconnaissance inutile

Au lieu de lutter pour rendre votre relation plus enrichissante, vous vous contentez de l'idée d'*avoir* une relation. Vous aimeriez que votre partenaire s'engage, que votre relation s'approfondisse, mais vous ne faites rien pour cela.

... vous empêche de poser les questions cruciales

Si vous avez tendance à vous dévaloriser, vous aurez bien du mal à poser à un partenaire éventuel les questions cruciales sur la fidélité, l'amour, les enfants, la violence, la drogue, la personne à laquelle il est peut-être encore marié ! Parce que vous manquez d'amour-propre, vous évitez de faire des vagues. Et pourtant, ce sont des questions nécessaires pour déblayer le terrain qui conduit à l'engagement.

... vous empêche de défendre vos besoins

Vous avez la conviction que vos besoins ne sont pas importants, que ceux d'autrui sont prioritaires. Par conséquent, votre partenaire vous dévalorise, ne vous prend pas au sérieux. Naturellement, vous en éprouvez de l'amertume. Et pourtant, c'est vous qui sabotez toute possibilité de nouer une relation durable.

... vous incite à placer les autres sur un piédestal

Les autres sont tout, vous n'êtes rien. C'est du moins le message que transmet votre attitude. Les gens, par conséquent, vous considèrent comme moins que rien, n'apprécient guère votre personnalité qui, pourtant, existe. Pour un partenaire éventuel, vous n'êtes pas digne d'un véritable engagement.

... vous empêche de courir des risques en amour

Si vous voulez que votre relation ait un sens profond, vous êtes dans l'obligation de courir des risques en vous révélant à votre partenaire. Vous devrez partager les sentiments, les craintes, les secrets, votre véritable personnalité. En refusant ces risques, vous refusez aussi toute possibilité de nouer une relation durable.

... vous incite à jouer la carte de la sécurité à tout prix

Mais n'avez-vous pas encore appris qu'en amour, la sécurité n'existe pas? Que vous fassiez des choix «sûrs», que vous n'ayez que des comportements «sûrs», si vous ne réussissez pas à obtenir ce que vous méritez, vous ne connaîtrez que l'insatisfaction et la frustration. Même si vous rencontrez une personne susceptible de s'engager, vous êtes incapable soit d'apprécier à sa juste valeur ce qu'elle vous offre, soit de lui faire confiance.

... vous incite à critiquer outre mesure le comportement d'autrui

Nous avons tendance à compenser notre manque d'amour-propre par une critique exagérée des autres, de manière à les rabaisser jusqu'à nous. «Elle n'est pas assez jolie», «il n'est pas assez intelligent», «elle n'a pas un emploi assez intéressant». En trouvant un défaut à tout le monde, nous avons l'impression de rehausser nos qualités. Malheureusement, cette attitude hypercritique se retourne contre nous dès que nous essayons de nouer des liens affectifs, car elle éloigne les personnes dignes d'intérêt. Et c'est ainsi que nous nous retrouvons avec un partenaire qui nous intimide ou qui souffre d'un dangereux narcissisme, parce que ce sont les seuls qui répondent à nos rigoureux critères d'évaluation. Il reste bien peu de place pour un engagement sain, bien intentionné.

*... vous incite à compenser en présentant de vous-même
une image exagérée*

Tout ce que vous faites, c'est pérorer sur vos qualités incomparables. Ou peut-être essayez-vous d'impressionner les autres en les assommant avec les noms des gens célèbres que vous connaissez personnellement. Vous croyez que cela incitera les autres à vous aimer. En réalité, c'est tout le contraire. Votre comportement les encourage à garder leurs distances. Vous n'aurez comme compagnie que les personnes qui sont dupes de vos histoires. Malheureusement, vous méprisez leur crédulité et, donc, vous ne les jugez pas dignes d'un engagement sérieux.

2. Perte du Soi

Que perdons-nous exactement, lorsque nous «perdons» notre Soi dans une relation? Tout dépend de qui nous sommes. Certains perdent leur confiance, leur force et leur indépendance ainsi que leur maîtrise de soi. D'autres perdent leur faculté de discernement et leur sens de l'équilibre. Mais beaucoup de gens perdent leur lien avec le plus profond d'eux-mêmes. Ces pertes nous coûtent cher en amour. Certaines des variations suivantes vous paraissent-elles familières?

Dans une relation...

... perdez-vous vos «frontières»?

Corinne est une femme de notre époque. Elle est forte et coriace, elle a des idées bien arrêtées, elle tient farouchement à son indépendance. Jusqu'au jour où elle rencontre un homme qui lui plaît. En un tournemain, tout change. Son «chez-elle» devient son «chez-lui», ce qui est à elle est à lui et, espérons-le, vice-versa. Le téléphone, le contenu du réfrigérateur, le compte en banque... Il a accès à tout. Et nous ne parlons pas ici seulement de frontières matérielles. Pour Corinne, toutes les frontières s'estompent. Les victoires de son partenaire deviennent les siennes, ses joies deviennent les siennes. Et ses échecs deviennent les échecs de Corinne. Les problèmes de son partenaire deviennent ses problèmes. Corinne est incapable de préserver ses frontières. Naturellement, ce don total d'elle-même effraie les hommes qu'elle aime. Votre incapacité de préserver vos frontières effraie-t-elle l'homme ou la femme que vous aimez?

... perdez-vous vos priorités de vue?

Tout ce qui n'est pas votre relation – amis, famille, travail, projets – se retrouve-t-il au second plan? La relation engloutit-elle toute votre vie? Abandonnez-vous l'existence que vous meniez avant de vous immerger dans cette nouvelle vie possible? Cela signifie que vous demandez à votre partenaire d'aller vous décrocher la Lune. Parlons d'une tâche impossible! Et pour couronner le tout, lorsque cette stratégie se retourne contre vous, vous n'arrivez même pas à sauvegarder le peu que vous possédiez auparavant.

... perdez-vous vos besoins de vue?

C'est ce qui arrive aux gens qui abandonnent trop d'eux-mêmes dans une relation. Au lieu d'essayer de répondre à un ensemble bien défini de besoins, cette personne adopte une attitude dont le message est: «Je te prendrai tout ce que tu as.» «J'ai besoin d'un partenaire monogame» devient «j'ai hâte qu'il/elle change». «J'ai besoin d'un partenaire qui accepte de parler de sentiments» devient «je trouverai bien quelqu'un d'autre pour cela». «J'ai besoin d'un partenaire qui partage les frais du ménage» devient «je gagne suffisamment pour deux». Mais le fait que vous soyez résigné à obtenir moins ne signifie pas que vous êtes satisfait. Et tout sentiment d'insatisfaction risque de créer un fossé entre vous et votre partenaire.

... perdez-vous vos valeurs de vue?

Daniel a des idées bien arrêtées sur l'égalité dans une relation. Il a toujours été décidé à partager les corvées tout comme les frais. Il n'a jamais cherché à se faire entretenir et n'a jamais non plus cherché à entretenir quelqu'un d'autre. Il a toujours été capable d'exprimer ses sentiments face à ses amis, ouvertement et sans se trouver sur la défensive. Mais chaque fois qu'il rencontre une femme qui lui plaît, il perd toute faculté de mettre ses beaux principes en pratique. Prenons comme exemple sa relation avec Janine, jeune femme très gâtée, qui jouait les princesses. Dès leur première rencontre, Daniel a ouvert son portefeuille. Cela a commencé par les repas au restaurant, le cinéma et autres petites dépenses, pour passer à l'entretien de la voiture et de la garde-robe et, finalement, au loyer. Daniel paie tout cela parce qu'il a l'impression que c'est son «devoir». Il en est extrêmement irrité et se sent coincé dans une situation intolérable, qu'il a lui-même encouragée. En outre, il perd le respect de sa partenaire. La morale de cette histoire? En perdant de vue nos valeurs, nous sommes conduits à nouer des relations totalement dépourvues de sens.

Alain, un ami de Daniel, a quant à lui des idées bien arrêtées sur les dangers de l'alcoolisme et de la toxicomanie. Il se montre aussi très virulent à l'égard des alcooliques et des toxicomanes. Pourtant, lorsque son amie Louise est arrivée ivre morte à leur troisième rendez-vous, Alain a perdu les pédales. Lorsqu'elle lui a narré les effets de la consommation de méthaqualone, il s'est senti étourdi. Divers signaux d'alerte vrombissaient dans sa tête. Mais Louise était une femme superbe, le genre de femme auquel Alain s'était préalablement contenté de rêver. Il a décidé de «s'accommoder» de ses excentricités, de tenter de la comprendre, en dépit de tous les avatars qui n'ont pas tardé à s'accumuler. Il est allé jusqu'à remplir son congélateur de bouteilles de vodka. Malheureusement, Alain ne parvient pas à «s'accommoder» de cette vie. Il sait aujourd'hui qu'il doit rompre.

… perdez-vous vos objectifs de vue?

Diane est une artiste douée, qui fait lentement mais sûrement son chemin à New York. L'art est sa passion, son plus grand amour. Sa réputation croît et elle se donne à fond à son travail. Jusqu'au moment où elle rencontre un homme. Alors, ce sont ses objectifs à lui qui deviennent les plus importants. Diane est prête à consacrer tout son temps au succès de son partenaire, après avoir fait passer le sien au second plan. Malheureusement, les objectifs importants que nous délaissons ont tendance à revenir nous hanter. Diane est constamment irritée, sans vraiment savoir pourquoi. Elle en veut aux hommes de sa vie, elle s'en veut. Peut-être parce que ses partenaires ne l'aident pas à atteindre ses objectifs… si tant est qu'ils reconnaissent son droit d'en avoir. Ou peut-être est-ce parce qu'elle ne supporte pas ses propres objectifs et se sent constamment dupée.

… perdez-vous complètement de vue qui vous êtes?

Vous affirmez détester le froid, mais vous apprenez à skier pour faire plaisir à votre partenaire. Vous affirmez être strictement végétarien, mais vous acceptez de manger du rôti de porc pour faire plaisir à votre partenaire. Vous possédez un talent musical, mais vous acceptez un travail d'administration pour faire plaisir à votre partenaire. Vous vous dites libéral convaincu mais vous organisez un gala de bienfaisance au profit des conservateurs pour faire plaisir à votre partenaire. Pendant quelque temps, ces abdications ne vous dérangent guère. Mais un sentiment de malaise, de déception, voire de rancœur progresse en vous. Au début, vous parvenez à le maîtriser. Mais il grandit et votre frustration perpétuelle se transforme en dépression ou en rage.

Pendant ce temps, votre partenaire tient votre malléabilité pour acquise et profite de vous. Avec le temps, les liens qui vous unissaient se désintègrent.

En perdant notre Soi, nous perdons nos liens

Lorsque nous nous perdons dans une relation, le dénouement est rarement positif. En général, il en résulte un mélange d'amertume, de frustration, d'aliénation, de colère et de dépression. Nous en venons à fréquenter des gens qui ne nous apprécient pas à notre juste valeur, des gens qui nous tiennent pour acquis, qui se moquent pas mal du sens de l'intimité. Ce ne sont pas exactement là les secrets d'une relation durable. Dans le meilleur des cas, nous sommes désorientés. En général, c'est une relation douloureuse, coûteuse et autodestructrice. Dans tous les cas, les liens finissent par se rompre.

Lorsque nous nous perdons dans une relation, nous finissons par avoir peur de nous engager, ce qui est très compréhensible. L'expérience nous a appris que nous perdons trop, chaque fois que nous aimons. Nous sommes usés par ces pertes. Ce qu'il faut comprendre ici, c'est que notre premier engagement doit être d'honorer notre Soi, de le défendre, de nous battre bec et ongles pour sa plus infime parcelle. Quoi qu'en disent ou en pensent les autres, aussi pénible que soit la lutte, c'est la seule voie possible. Elle n'est ni égoïste ni autodestructrice. Au contraire, elle est saine et nécessaire pour vous permettre de nouer une relation stable et enrichissante.

3. Absence de Soi

Nous sommes tous dotés à notre naissance des germes d'un Soi, qui ont le potentiel de croître pour former un Soi unique, entier et puissant. Mais les traumatismes de notre enfance freinent parfois cette «renaissance», écrasant ou fracturant les germes, les empêchant de s'épanouir pleinement. Au lieu d'être nourris et sustentés par un amour inconditionnel afin de devenir l'expression la plus épanouie d'un individu, nous sommes contraints, dès notre plus jeune âge, de nous insérer dans des moules. Nous subissons la coercition, l'intimidation, voire la violence, qui nous obligent à suivre des pas qui ne sont pas les nôtres. Douloureusement, nous apprenons très tôt que l'amour est entièrement assujetti à des conditions. Désireux de plaire, terrifiés à l'idée d'être abandonnés, nous obéissons. Nous renonçons à notre Soi en échange de l'amour. C'est pourquoi le lien interne qui nous unit à notre potentiel demeure enfoui pour toujours.

Cette lutte pour le Soi est la plus difficile à comprendre pour la majorité des gens. Quiconque ne la vit pas aura beaucoup de mal à l'imaginer. Et si c'est la vôtre, vous aurez encore plus de mal à l'imaginer, car vous avez été trop bien programmé pour pouvoir envisager ne serait-ce que l'idée que la personne que vous présentez au monde n'est pas véritablement vous.

C'est ici que le bât blesse : les personnes dont le sentiment du Soi est très flou possèdent en général un «faux» Soi très clairement défini. Ce faux Soi est un imposteur, qui leur dicte qui elles sont, comment elles doivent vivre. Au lieu d'un centre bien défini vers lequel nous pouvons nous tourner pour trouver des réponses ou obtenir des conseils, nous avons la tête farcie de règles et de stipulations auxquelles nous devons obéir à tout prix. Ce faux Soi a réponse à tout : comment marcher ou comment parler, à quel moment sourire et à quel moment froncer le sourcil, que ressentir et quand le ressentir, le bien et le mal, le juste et le faux, nos attitudes et nos opinions. Ces règles et stipulations sont indispensables à quiconque ne peut accéder aux sentiments authentiques du Soi. Elles rendent la survie possible. Et pourtant, au plus profond de nous-mêmes, se cache le sentiment d'un vide lancinant, un vide qui remonte à la surface lorsque nous sommes seuls trop longtemps.

Pourquoi l'amour n'est-il jamais assez ?
(Ou pourquoi est-il toujours trop ?)

Qu'a donc à voir cette question avec les relations ? Et, tant que nous y sommes, avec l'engagement ? La réponse, en réalité, est très simple. L'absence de liens internes est catastrophique pour les liens externes (soit ce que nous appelons des relations). En l'absence d'un solide fondement interne, les relations amoureuses sont douloureusement vitales, douloureusement vulnérables. Nous avons besoin d'amour pour combler le vide, mais nous n'y parvenons jamais, car à l'intérieur de nous-mêmes se trouve une fuite, provoquée par l'absence de Soi. Par conséquent, nous avons toujours besoin d'amour, nous essayons désespérément de nouer des liens, mais nous ne pouvons nous empêcher de critiquer cette relation. Quoi que puisse nous offrir notre partenaire, ce n'est jamais assez. Seuls les phantasmes sont en mesure de nous épanouir. Les autres êtres humains semblent tous présenter des carences. Mais si beaucoup de gens sont capables de nous offrir l'amour, personne ne peut nous offrir un Soi.

Et ce n'est pas fini.

En l'absence d'un Soi sainement développé, il est très facile de tout donner – c'est ce que nous avons fait toute votre vie, après tout – mais ensuite, nous avons tendance à nous retourner contre la personne à qui nous avons fait ce cadeau. Car nous ignorons l'importance de ce que nous offrons avant de l'avoir offert. Nous ne comprenons pas que nous donnons trop jusqu'au moment où la colère nous envahit. Peut-être avons-nous été un partenaire incroyablement compréhensif, coopératif, obéissant, altruiste, un partenaire de rêve, jusqu'au moment où, au plus profond de nous-mêmes, nous constatons que cette personne-là, ce n'est pas nous. Pendant un certain temps, nous avons joué une multitude de rôles en tous genres. Malheureusement, aucun d'eux ne peut se perpétuer bien longtemps, car le seul «rôle» authentique, c'est celui de notre vrai Soi.

Les gens qui souffrent de l'absence d'un véritable Soi sont comme des acteurs perpétuellement sur scène. Ils ont l'impression que pour être le partenaire de quelqu'un d'autre, il faut se comporter d'une certaine façon. Ils assument ce rôle. Pendant un certain temps, ils jouent merveilleusement la comédie. Mais au fur et à mesure qu'ils s'éloignent de ce qu'ils sont vraiment, leur malaise intérieur grandit. Une petite voix, venue des tréfonds de leur être, le dernier vestige de leur véritable Soi, appelle à l'aide. Peut-être l'avez-vous déjà entendue. Elle crie: «Je ne peux pas continuer à vivre avec lui – ou avec elle ! » Vous avez beau essayer de changer, de vous comporter différemment à l'égard de votre partenaire, de devenir quelqu'un d'autre, la petite voix de votre véritable Soi, qui vit toujours au fond de vous-même, vous rappellera exactement qui vous êtes et quel genre de relation vous permettra de survivre et de vous épanouir.

De la gelée à la recherche d'un moule

Les personnes dont le Soi est encore amorphe ressemblent à de la gelée pas encore prise, que l'on peut verser dans n'importe quel type de moule. Mais leur moule favori, leur « rôle » favori, est celui de partenaire « parfait ». Pour quelqu'un de « normal », devenir le partenaire parfait n'est pas une mince affaire. Mais c'est toutefois le rôle idéal de l'homme ou de la femme dépourvus d'un Soi claire-ment défini. En effet, afin d'atteindre et de maintenir cet idéal de « perfection », ils seront contraints d'abandonner leur Soi, tâche qui ne présente guère de difficulté pour quelqu'un dont le Soi est déjà quasi inexistant. La capacité de fusionner avec leur partenaire est déjà le symptôme de l'existence d'un faux Soi. Ces personnes ont également le don troublant de lire dans les pensées d'autrui, ce qui leur permet de donner à leur partenaire exactement ce qu'il désire. Elles entendent et voient absolument tout, chaque détail, chaque nuance du dialogue avec leur partenaire. Étant à l'écoute, elles parviennent à devancer les besoins de l'autre. Et s'occupent de tout, sans heurts, de la façon la plus altruiste possible.

Le partenaire qui bénéficie de toute cette attention se sent mer-veilleusement compris. Par conséquent, le lien qui les unit est sans pareil. Si vous avez déjà vécu ce genre de relation, vous ne l'avez sans doute jamais oublié. C'est comme si vous aviez noué un lien « karmique », comme si vous aviez enfin découvert l'âme sœur. Naturellement, c'est un lien d'une puissance extraordinaire, qui débouche facilement sur l'amour. Mais du jour au lendemain, l'euphorie se métamorphose en horreur, lorsque votre partenaire « karmique » se rebelle soudain. La personne qui semblait parfaite-ment satisfaite de son existence à vos côtés vous rejette brutalement, véritable mouton enragé dépourvu de remords ou du moindre sentiment de culpabilité. La douleur est étourdissante. Plus rien n'a de sens. Votre univers explose. Vous recherchez désespérément une explication, qui est d'ailleurs fort simple : cet être qui vous donnait absolument tout de lui a décidé de tarir la source de toutes ces offrandes. Votre partenaire « idéal » vient de vivre une rébellion intérieure, a finalement entendu le cri de son vrai « Soi ». Il lui est impossible de continuer à jouer la comédie, à être ce qu'il n'est pas. Il a besoin de faire éclater son moule.

En l'absence du Soi, l'idée de s'engager devient terrifiante

Peut-être comprenez-vous mieux maintenant à quel point l'engagement devient improbable, sinon impossible, en l'absence du Soi. Vous avez également constaté que l'attrait du faux Soi n'était qu'un piège douloureux qui vous faisait miroiter un engagement auquel vous ne parviendrez jamais. Je suis persuadé que cette lutte caractérise les histoires d'amour les plus douloureuses. Des commencements parfaits se métamorphosent en fins brutales, les partenaires « parfaits » sont réduits en poussière. La perspective de l'engagement, qui dominait notre vie, s'évanouit dans l'air, ne nous laissant que des souvenirs. Aussi fou que cela paraisse, l'explication est pourtant simple. L'amour véritable ne peut s'épanouir en l'absence d'une fondation essentielle, le Soi.

Un rôle impossible à tenir

Comment quelqu'un comme moi, qui ne suis pas psychothérapeute, en sait-il autant sur ce pénible combat ? La réponse est tout aussi pénible : c'est que je l'ai vécu. Moi aussi, j'ai un jour été le partenaire obéissant, le partenaire de rêve, exagérément attentif, ridiculement compréhensif, altruiste et coopératif, le partenaire « parfait ». J'ai donné et donné et donné et donné jusqu'au jour où je n'ai plus pu tenir ce rôle. Et alors, en moins de temps qu'il n'en faut pour le dire, j'ai tout repris.

C'est pourquoi je dois absolument faire comprendre que la principale difficulté que j'ai rencontrée sur la voie de la guérison et de l'engagement a consisté à découvrir et à sustenter mon véritable Soi. Par conséquent, si vous êtes vous aussi engagé dans cette lutte, dites-vous bien que la santé et l'amour vous attendent au bout du chemin. Qu'il s'agisse de passer plus de temps dans la solitude, en méditation, en psychothérapie ou en compagnie d'un groupe d'entraide, le jeu en vaut vraiment la chandelle. Je vous encourage à faire tout ce qui est humainement possible pour entreprendre ce voyage.

Comment renforcer le Soi : quelques règles de vie

- **Abandonnez vos phantasmes de «fusion».** Le désir de fusionner est aussi le moyen d'éviter le travail nécessaire pour découvrir, bâtir et renforcer votre Soi. L'amour vous donnera maintes occasions de fusionner, mais vous devrez toujours retourner ensuite vers votre Soi.
- **Prenez le temps de vous trouver.** C'est l'étape cruciale avant de pouvoir renforcer et accueillir le Soi. Pour certaines personnes, ce travail de découverte est trop difficile à accomplir dans le contexte d'une relation. Peut-être ont-elles besoin de passer plus de temps seules ou de prendre sainement congé de leur vie quotidienne.
- **Accordez plus de valeur à vous-même et à votre caractère distinctif.** Toutes les formes d'amour commencent par l'amour-propre. Votre caractère distinctif est aussi votre force.
- **Comprenez que l'abandon du Soi est une décision que vous avez dû prendre autrefois. Le retrouver est aussi une décision que vous pouvez prendre dès aujourd'hui.** Vous pouvez soit vous apitoyer sur votre sort, soit canaliser toute cette énergie émotive vers votre croissance personnelle. Le choix vous appartient.
- **Abandonnez l'espoir que quelqu'un fera pour vous ce que vous êtes incapable de faire pour vous-même.** Attendre que quelqu'un d'autre change, d'un coup de baguette magique, l'opinion que vous avez de vous-même vous empêche de prendre votre destinée en main. Pourtant, vous n'êtes pas

une victime passive. En réalité, nul autre que vous n'est en mesure de vous faire découvrir votre Soi.

- **Abandonnez la crainte de ne pas être aimé.** Vous ne pouvez être aimé de tout le monde. Vous n'avez pas besoin d'être aimé de tout le monde. Vous ne *désirez* même pas être aimé de tout le monde. Et plus vous vous aimerez, plus cela deviendra évident à vos yeux.

- **Apprenez à aimer la solitude.** Le meilleur moyen d'apprendre à vivre avec quelqu'un, c'est d'apprendre à vivre seul. Si votre relation a déraillé à cause de problèmes liés à une carence du Soi, le meilleur service que vous pouvez vous rendre – et rendre à vos futurs partenaires –, c'est de vous consacrer plus de temps.

- **Comprenez que si votre relation – ou l'absence de relation – vous définit, cela signifie que vous êtes mal défini.** Les relations doivent venir enrichir votre vie et non la remplacer. C'est trop demander à une relation, c'est trop demander à votre partenaire. Cherchez à vous définir en vous-même avant d'essayer de nouer des liens extérieurs.

- **Cessez de blâmer les autres pour vos malheurs.** L'insatisfaction nous incite fréquemment à blâmer et à accuser les autres. Au contraire, apprenez à assumer la responsabilité de vos propres combats.

- **N'ayez pas peur d'être égoïste.** L'égoïsme n'a rien de répréhensible s'il vous permet de prendre mieux soin de vous.

- **Ayez le courage d'être vous-même.** Ce n'est pas un risque, c'est une obligation. N'ayez pas peur de vous exprimer, de vous extérioriser ainsi que vos valeurs. Être accepté ou rejeté pour ce que vous êtes devrait être l'un de vos objectifs dans la vie. C'est ce que la majorité d'entre nous peut espérer de mieux.

- **Devenez votre plus ardent sympathisant.** Commencez par être votre meilleur ami, défenseur et partisan. Il ne s'agit pas de vous illusionner sur votre compte, mais au contraire de vous aimer et d'accepter l'idée que vous êtes digne d'amour.

QUATRIÈME OBSTACLE

Le courage de garder les pieds sur terre

La capacité de se laisser emporter par les phantasmes est sans doute la principale raison pour laquelle beaucoup de gens sont incapables de nouer une relation fondée sur l'engagement. Trop souvent, nous utilisons les phantasmes pour réécrire l'histoire ou idéaliser des partenaires disparus de notre vie. Nous consacrons des heures à appeler de nos vœux un partenaire idéal, qui ne s'est encore jamais présenté à nous. Parfois, nous sommes prisonniers de ces phantasmes, au point d'ignorer de véritables occasions de nouer des relations durables.

Naturellement, longtemps avant qu'un partenaire se présente, nous imaginons son apparence, son comportement, ses actes. Nous allons jusqu'à vivre en rêve le genre de vie que nous aimerions vivre avec les partenaires qui peuplent nos phantasmes.

C'est à ce moment-là qu'un être en chair et en os apparaît devant nos yeux éblouis. *Enfin !*

Nous sourions. L'autre sourit. Voilà une personne *très* séduisante. L'attrait semble mutuel. Les dieux nous auraient-ils écoutés ? Et les deux partenaires font connaissance.

Lorsque cela vous arrive, que faites-vous ? Demeurez-vous perdu au royaume du phantasme, la tête dans les nuages ? Ou au contraire, plantez-vous solidement vos pieds sur terre afin de ne pas perdre contact avec la réalité ?

RÉFLÉCHISSEZ À VOTRE CAPACITÉ
DE VIVRE VOS PHANTASMES

Parfois, lorsque deux personnes se rencontrent, rien ne se passe. Les atomes crochus ne sont pas assez nombreux pour faire décoller la relation. Mais à d'autres moments, quelque chose de beaucoup plus troublant a lieu lorsque la relation n'a aucune difficulté à décoller : elle ne parvient plus à redescendre sur terre. Cela se produit lorsque l'un des partenaires, voire le couple, continue de flotter, retenu dans les airs par les énormes bulles de ses phantasmes. Par conséquent, la relation ne retourne jamais sur terre, là où, après tout, nous passons notre vie. Si vous regardez de près les couples dont la relation a survécu à l'épreuve du temps, vous constaterez que leur amour est bien réel, solidement implanté dans la terre ferme.

Pouvez-vous affirmer, en toute sincérité, que vous êtes capable d'examiner froidement vos relations et vos partenaires ? Possédez-vous le courage nécessaire pour vous demander ce que votre partenaire attend de la relation ? Et pour recevoir une réponse sincère ? Reconnaissez-vous un comportement ou un langage négatifs lorsqu'ils se présentent à vous ? Ou préférez-vous interpréter les faits de manière à les harmoniser avec vos nombreux phantasmes (du genre : « il ne me rejette pas, c'est simplement qu'il manque de confiance en lui ») ? Confondez-vous le désir nostalgique ou sexuel avec l'amour ? Êtes-vous capable de dire la vérité – agréable ou non – sur ce que vous ressentez ou ne ressentez pas ? Pouvez-vous regarder la réalité – agréable ou non – des faits, au moment où ils se produisent ?

Même lorsque vous vivez les affres d'un nouvel amour, lorsque vos hormones se livrent à une danse frénétique, êtes-vous capable de garder sereinement les pieds sur terre, tout en vous immergeant dans votre relation ? Pouvez-vous voir la réalité ? C'est une tâche redoutable, que chaque relation nous impose.

Afin de la mener à bien, hommes et femmes devraient, à mon avis, garder au moins un pied fermement vissé au sol jusqu'à ce qu'ils soient *absolument certains* que la relation est réelle et que c'est bien celle qu'ils désirent. Aussi peu romantique que soit ce conseil, il vous permettra de diminuer les risques de commettre une erreur grave. Acceptons l'idée qu'il est impossible de flotter au cœur des nuages dans l'espoir que l'univers et les autres nous protégeront de la chute. Nous avons trop souvent vécu cela. Nous ne pouvons pas continuellement retourner en arrière.

Visualisez-vous, un pied fermement vissé au sol, plein de bon sens et légèrement détaché de votre relation. Le voyez-vous ? Le sentez-vous ? Ou continuez-vous à flotter dans une confiance et une irresponsabilité infantiles ? Les enfants, eux, peuvent se permettre d'avoir aveuglément confiance en l'avenir, car ils ont des parents qui, espérons-le, assument leurs responsabilités. Vous avez affaire à des gens dont les besoins ne sont pas toujours identiques aux vôtres, à des gens qui a) ne sont pas responsables de vous et b) sont eux-mêmes vulnérables.

Comment redescendre des nuages

Pendant les nombreuses années que j'ai vécues en célibataire, sans connaître de relation durable, j'avais coutume d'imaginer ce que m'apporterait, justement, ce genre de relation. Je me souviens d'avoir pensé à l'amour, à la forme qu'il revêtirait. J'étais séduit par l'idée d'avoir une vie sexuelle régulière, sans désir indéfini, une vie plus épanouie en somme. Comme la plupart de mes semblables, j'avais probablement absorbé une dose excessive de films et d'émissions de télévision. Dans mes phantasmes, j'imaginais toutes sortes de sentiments «magiques».

Ces phantasmes m'empêchaient d'apprécier les occasions, à l'échelle humaine, qui se présentaient devant moi. J'avais souvent la tête dans les nuages. Lorsqu'une partenaire éventuelle traversait mon champ de vision déformé, les nuages demeuraient tout aussi épais. Je refusais de descendre sur terre. Qu'est-ce que cela signifiait pour moi ? Au lieu de vivre pleinement des relations avec des femmes qui semblaient accessibles, approchables et réellement sympathiques, je concoctais des phantasmes de femmes difficiles, distantes ou indifférentes.

À quelques reprises, je réussis tout de même à nouer une relation dotée d'un intéressant potentiel. Malheureusement, j'étais incapable d'interpréter les événements, au moment où ils se produisaient. Parce que je désirais une relation magique, avec une partenaire parfaite, je n'avais jamais appris à résoudre les problèmes mineurs qui se présentent dans une relation réelle. Par exemple, dans le cas d'un désaccord, ma solution préférée consistait à me retirer dans ma coquille ou à songer à d'autres partenaires.

Parfois, au lieu de demeurer au présent, en compagnie de ma partenaire du moment, je me mettais à rêver à celles que j'avais connues par le passé. Je m'efforçais de trouver le sens d'une soirée mémorable, au lieu d'analyser les événements au moment où ils se déroulaient. Je retournais dans le passé, j'en devenais mélancolique. Lorsque je songeais au futur, ce n'était pas sans panique. Mais j'étais totalement incapable de vivre le moment présent.

C'est pourquoi je me retrouvais régulièrement dans de fâcheuses situations. Je nouais des relations sans poser les vraies questions, je poursuivais une relation problématique en espérant que les problèmes se résoudraient d'eux-mêmes, par magie, et j'évitais à tout prix de faire face aux difficultés.

L'une des caractéristiques de mon épouse, Jill, m'avait particulièrement impressionné, dès les premiers jours de notre rencontre. En effet, elle n'avait jamais eu peur de poser les questions importantes. Aussi romantique qu'elle soit, elle a toujours eu le courage de garder les pieds sur terre et de regarder la réalité en face. Lorsque je lui demandai de m'épouser, elle m'étourdit de quelques questions cruciales. « Pourquoi veux-tu m'épouser ? » Facile, pensai-je. « Mais parce que je t'aime et que je veux vivre avec toi jusqu'à la fin de mes jours. » Cela ne lui suffit pas : « D'accord, mais nous n'avons pas besoin de nous marier pour cela… Qu'est-ce que le mariage signifie donc, pour toi ? Qu'est-ce qui serait différent ? Qu'est-ce qui serait semblable ? Comment partagerions-nous les responsabilités ? Comment réglerions-nous les questions financières ? Désires-tu m'épouser parce que tu as envie de t'occuper de moi ? Parce que tu veux fonder une famille ? Qu'est-ce que cela signifie vraiment pour toi?» J'en demeurai muet de stupeur. Elle attendait mes réponses, alors que je n'avais encore jamais dépassé le stade de l'amour romantique, du genre «je veux vivre avec toi parce que je t'aime». Je ne savais pas vraiment où je voulais en venir. J'ignorais ce qui allait changer dans nos vies. Plus que tout, j'avais besoin d'un symbole concret de notre amour. Mais cela ne lui suffisait pas. Elle voulait des informations fiables. Elle voulait savoir dans quoi elle s'engageait. Elle n'avait pas l'intention de vivre d'espoir. Elle voulait que notre relation repose sur la réalité.

Jill avait démontré un grand courage en posant ces questions. Elle avait accepté le risque de me voir détaler à toutes jambes. Au lieu de me faire miroiter un amour de conte de fées, elle m'avait contraint à réfléchir à des aspects prosaïques de la vie, tels que les corvées domestiques et les finances. Son attitude courageuse était également autoprotectrice et bien ancrée dans la réalité. Il faut en effet beaucoup de courage pour vivre au présent, pour garder les yeux grands ouverts et pour examiner nos relations le plus froidement possible, au fil de leur évolution.

Investir dans les phantasmes en ignorant la réalité

J'ai récemment eu une longue conversation avec une femme, Thérèse, que j'avais déjà eu l'occasion d'interroger il y a quelques années alors que j'écrivais un autre livre. Âgée de trente-six ans, elle est divorcée depuis trois ans. Il y a environ un an et demi, elle avait aperçu, dans la bibliothèque municipale où elle travaillait, un homme séduisant, lui aussi dans la trentaine, qui venait tous les matins lire le journal.

En sortant, il échangeait quelques mots avec elle. Ces brèves conversations firent comprendre à Thérèse qu'il possédait une petite compagnie de vente et d'entretien de matériel informatique. Les collègues de Thérèse lui révélèrent que cet homme était l'un des meilleurs partis de la ville mais un coureur de jupons notoire. Thérèse commença immédiatement à imaginer plusieurs histoires dans lesquelles Patrick tenait le rôle principal.

Deux mois plus tard, il se présenta au bureau de Thérèse un jeudi vers midi pour l'inviter à déjeuner. Le jeudi suivant, il reparut.

Et ainsi de suite. Leurs rendez-vous du jeudi devinrent tradition-
nels. Patrick semblait intelligent et d'agréable compagnie. Thérèse,
qui s'y connaissait bien en informatique, passait presque autant de
temps devant son ordinateur que Patrick devant le sien. Elle adorait bavarder avec lui mais ne savait rien de ses sentiments. Était-il
amoureux d'elle ou la considérait-il simplement comme une amie
avec laquelle il pouvait discuter de ses affaires?

En dépit de l'attirance qu'elle éprouvait à son égard, elle avait
peur de lui poser des questions trop personnelles, de paraître
indiscrète. Patrick faisait preuve, à propos de sa vie privée, d'un
laconisme tel que Thérèse ne savait toujours rien de lui. En outre,
elle avait appris de l'une de ses collègues, à la bibliothèque, que
Patrick, bien qu'il sortît avec bon nombre de femmes en ville, avait
une amie particulière, à laquelle il tenait beaucoup, dans une autre
région du pays. Thérèse n'avait pas envie de l'entendre parler de
cette amie. Elle avait peur qu'il ne lise son chagrin sur son visage
lorsqu'il mentionnerait le nom d'une autre femme.

Thérèse, en effet, était sûre de ses propres sentiments. Aucun
autre homme ne l'intéressait. Avec son amie la plus intime, elle
passait des heures à imaginer divers moyens d'inciter Patrick à se
déclarer. Elle finit par se demander si, en dépit de sa réputation,
Patrick n'était pas tout simplement timide. Finalement, au bout de
plusieurs mois de déjeuners hebdomadaires et de conversation,
Patrick déclara qu'il était sur le point d'ouvrir un autre magasin à
une quinzaine de kilomètres et en offrit la direction à Thérèse.
Celle-ci ne se tint plus de joie. Son emploi à la bibliothèque était
fort mal rémunéré et cela faisait plusieurs mois qu'elle en cherchait
un autre. En outre, elle sauta sur l'occasion de mieux connaître
Patrick.

La date d'ouverture du nouveau magasin approchant, Thérèse
et Patrick passaient de plus en plus de temps ensemble. Il l'encou-
ragea à suivre des cours d'informatique et à s'informer sur cette
industrie. Mais en dépit de tous les moments passés ensemble,
rien de concret ne se produisait entre eux. Patrick avait beau donner l'impression de s'intéresser à elle, il ne faisait rien pour faire

progresser leur relation. Bien qu'elle fût, au fond d'elle-même, persuadée des sentiments non platoniques de Patrick à son égard, du lien intense, bien que tacite, qui les unissait, Thérèse ne disposait d'aucun indice concret. Elle croyait le lire dans les yeux de Patrick lorsque leurs regards se croisaient.

Patrick, quant à lui, se montrait particulièrement gentil envers la fille de Thérèse, Jennie, âgée de huit ans, que sa mère amenait souvent avec elle au magasin. Il alla jusqu'à offrir à l'enfant un ordinateur d'un modèle déjà ancien, après l'avoir retapé afin qu'elle pût l'utiliser pour faire ses devoirs. Thérèse lisait cela comme le signe évident de l'intérêt de Patrick.

À l'occasion de l'inauguration du magasin, Patrick organisa une petite réception, à laquelle il invita son amie, Margot. Thérèse, naturellement, en fut catastrophée. Elle s'était convaincue que sa relation avec Patrick n'était pas purement professionnelle. Elle en pleura toute la nuit.

Deux semaines plus tard, Patrick l'appela un soir, après l'heure du coucher de Jennie, pour demander la permission de lui rendre visite. Thérèse, sans poser de questions, l'invita aussitôt. Il avait des confidences à faire : il annonça tout de go que son amie était jalouse de Thérèse et qu'ils s'étaient disputés à ce propos. Thérèse, ne sachant comment réagir, ne pipa mot. Patrick s'appesantit sur les carences de sa relation avec Margot qui, semblait-il, ne le satisfaisait pas pleinement. Thérèse en conclut qu'elle-même était en mesure de le faire. Patrick finit par inviter Thérèse à dîner le samedi suivant. Elle accepta, car Jennie passait les fins de semaine avec son père.

Le samedi soir, Patrick n'eut pas plus tôt passé le seuil de la porte que tous deux se retrouvaient sur le canapé, dans les bras l'un de l'autre. Ils se passèrent de dîner ce soir-là. Ils s'abstinrent également de parler de ce qui leur arrivait. Plus tard, dans la soirée, Patrick parla de ses antécédents amoureux, Thérèse raconta l'échec de son mariage. Mais, de ce qui s'était passé entre eux, ils ne dirent mot.

Leur vie ne tarda pas à devenir routinière. Ils sortaient ensemble le samedi soir et Patrick passait le reste de la fin de semaine chez

Thérèse, jusqu'au dimanche soir. Lorsque Jennie revenait de chez son père, Patrick suggérait fréquemment de commander une pizza ou un repas chinois pour tous les trois. Jennie et lui regardaient la télévision tandis que Thérèse mettait la table et s'affairait dans la cuisine. Puis il s'en allait, avant que Jennie aille se coucher. Un soir par semaine, Thérèse avait l'impression d'avoir de nouveau une famille.

Au travail, cependant, bien que Patrick ne fît rien pour dissimuler sa liaison avec Thérèse, il ne faisait rien non plus pour la traiter différemment des autres employés. Il ne prononçait jamais un mot, il ne faisait jamais un geste qui pût trahir leur relation. Au demeurant, il semblait faire un effort pour éviter de croiser le regard de Thérèse. Quant à Thérèse, le lien dont elle pressentait l'existence avant la première nuit passée ensemble lui paraissait s'être considérablement distendu.

La fin de semaine, Patrick et Thérèse allaient au cinéma, danser, dîner avec des amis. Ils parlaient de tout et de rien, sauf de ce qui se passait entre eux. Plusieurs mois s'étant écoulés ainsi, Thérèse commençait à s'inquiéter de l'absence de tout engagement, de toute parole d'affection. Un soir, elle dit à Patrick qu'elle l'aimait. À quoi il répondit : « Je sais. » En dépit de son inquiétude croissante, elle ne lui demanda aucune explication. Elle reconnaît aujourd'hui avoir eu peur d'interroger Patrick, peur de recevoir des réponses qu'elle ne désirait pas entendre. Persuadée que Patrick l'aimait, bien qu'il ne le lui eût jamais dit, elle se doutait cependant qu'avec lui, il ne fallait rien tenir pour acquis.

La saison des Fêtes arriva. Patrick se présenta chez Thérèse, une semaine avant Noël, les bras chargés d'un cadeau pour elle et d'une autre boîte, beaucoup plus grosse, pour Jennie. Thérèse en fut surprise. Patrick n'avait encore jamais mentionné la possibilité de passer les Fêtes ensemble. Depuis quelque temps, elle essayait de mobiliser son courage pour l'inviter à passer soit Noël, soit le réveillon, en compagnie de sa propre famille. Elle rêvait de vacances en amoureux. Mais Patrick s'était empressé de lui remettre les cadeaux à l'avance car, expliqua-t-il, il avait prévu de passer les Fêtes dans un décor tropical, en compagnie de l'un de ses amis.

Thérèse, éberluée, en perdit la parole. Elle n'osa même pas lui demander ce que cela signifiait pour l'avenir de leur relation. Lorsqu'il rentra de vacances, elle remarqua immédiatement que l'atmosphère entre eux avait changé. Au lieu de l'inviter à sortir avec lui le samedi, il lui offrit de l'emmener à une soirée le vendredi. Les moments d'intimité furent très rares ce soir-là. La semaine suivante, Patrick proposa une sortie pour le dimanche, mais Jennie était à la maison ce jour-là. Les moments d'intimité furent inexistants. Au travail, rien n'avait changé.

Thérèse finit par rassembler le courage nécessaire pour entrer dans le bureau de Patrick, refermer la porte derrière elle et lui demander ce qui se passait. Il répondit : « Mais... rien... Pourquoi ? »

Au bord des larmes, Thérèse continua de l'interroger : « Tu fais comme si je n'existais pas. Que se passe-t-il entre nous ? »

Il répliqua : « Je ne veux pas parler de cela ici. » Mais Thérèse n'en démordit pas : « Eh bien ! moi, je veux en parler. »

Patrick essaya alors de l'apaiser : « Voyons, Thérèse, ne commence pas à faire un drame inutile. Il me semble que nous avons tous les deux besoin d'un peu d'air. J'ai simplement besoin de réfléchir. »

Thérèse posa alors la question cruciale : « N'éprouves-tu rien pour moi ? »

« Bien sûr que si », répondit Patrick. « Mais je n'éprouve peut-être pas le genre de sentiments que tu recherches en moi. »

Un peu plus tard dans la journée, après s'être assuré qu'il n'y avait personne dans les parages, Patrick s'arrêta devant le bureau de Thérèse : « Écoute, dit-il, ça n'a rien à voir avec toi. C'est moi. Je ne m'imagine pas marié ou tout comme, du moins avant un bon bout de temps. »

Cela se passait il y a deux semaines. Au travail, Patrick est courtois, agréable mais indifférent. Bien que Thérèse fasse bonne figure, elle passe ses soirées à pleurer. Elle ne comprend pas comment on peut être si indifférent. Elle a entendu dire, par le téléphone arabe, que Patrick sort avec une femme qui vit dans une autre ville. Elle se prépare moralement pour le jour où Patrick recevra au bureau un coup de téléphone de sa nouvelle amie et ce sera elle, Thérèse, qui répondra.

Lorsque je demandai à Thérèse si le comportement de Patrick l'avait étonnée, elle répondit : « Pas étonnée, non… mais déçue. » Elle avait toujours su que Patrick n'était pas prêt à s'engager. Mais lui avait-elle fait comprendre qu'elle-même désirait autre chose qu'une relation sans lendemain ? Non, répondit-elle. Elle avait bien trop peur que Patrick la quitte s'il se sentait harcelé. L'avait-elle interrogé sur ce qu'il attendait de leur relation ? Non, répondit-elle, « parce que j'avais peur de sa réponse ».

Quelle leçon tirer de l'expérience de Thérèse et de Patrick ?

Au premier coup d'œil, tout ce que nous voyons c'est une relation qui n'a pas suivi le cours désiré par Thérèse. Une situation bien ordinaire : un homme et une femme se rencontrent et ont une liaison. Mais en y regardant de plus près, nous constatons qu'en dépit d'une amitié authentique entre les deux membres du couple, la relation amoureuse n'avait jamais décollé. Thérèse et Patrick parlaient de tout, *excepté* de ce qui se passait entre eux. Aucun des deux ne voulait exprimer ses espoirs ou ses intentions, pour des raisons différentes, certes, mais dans les deux cas, le résultat a été identique.

Qu'aurait pu faire Thérèse ?

Dressons la liste de ce que Thérèse aurait pu faire :

- D'abord, elle aurait pu prêter une oreille plus attentive aux rumeurs qui couraient sur la réputation de Patrick. Compte tenu des sentiments qu'elle ressentait pour lui, n'aurait-il pas été plus sage de se protéger contre cette attirance avant de recueillir des informations plus fiables que les inévitables commérages ? Elle aurait pu se répéter régulièrement : *Ne te laisse pas aller à tes phantasmes.*
- Thérèse aurait facilement pu poser quelques questions à Patrick à l'occasion de leurs premiers déjeuners ensemble. Par exemple, elle aurait pu lui demander s'il avait une rela-

tion stable, si le fait de s'engager était important pour lui. Au lieu de craindre des réponses franches, Thérèse aurait pu ainsi recueillir des informations fiables.

- Thérèse aurait également pu essayer de cerner ses propres sentiments. Patrick s'insérait-il facilement dans l'image qu'elle se faisait de sa propre vie? Allait-il se réformer, se transformer en fidèle époux et en bon père de famille, comme le souhaitait Thérèse? Ou, contrairement à Thérèse, donnait-il l'impression de jouir pleinement de sa liberté et de ses nombreuses conquêtes?

- Elle aurait pu s'avouer franchement ce qu'elle attendait d'une relation et se montrer franche envers Patrick. Elle savait fort bien que c'était le mariage qui l'attirait, ainsi que la perspective d'avoir d'autres enfants. Mais elle n'avait soufflé mot à Patrick de ce désir, car elle avait peur de le faire fuir. Cette crainte, à elle seule, aurait dû être un indice.

- Lorsque Patrick lui avait demandé de travailler pour lui, elle aurait pu prendre son courage à deux mains et entamer une conversation sérieuse. «Qu'est-ce cela veut dire? Parfois, j'ai l'impression que je te plais. Ai-je raison? Parfois, je crois que tu me plais. Peut-être nous dirigeons-nous vers des problèmes, à moins que nous ne fassions preuve d'honnêteté. Discutons-en.»

- Lorsque Patrick était venu lui annoncer sa rupture, Thérèse aurait dû éviter d'abaisser entièrement ses défenses. Elle aurait pu l'interroger: «Qu'est-ce que cela signifie pour nous? Ne nous précipitons pas tête la première dans une relation que nous pourrions regretter avant d'en avoir discuté à fond.» Ou: «Mettons nos hormones en veilleuse jusqu'à ce que nous soyons sûrs d'être sur la même longueur d'onde.»

Pour Thérèse, sa liaison avec Patrick était constituée de trois relations entièrement distinctes: l'amitié fondée sur des intérêts communs, la relation amoureuse dépourvue de toute communication et de tout réalisme, la relation qui n'existait que dans ses phantasmes.

Thérèse était victime de ses phantasmes, dans lesquels Patrick était l'homme idéal. En réalité, il ne lui offrait pas ce dont elle avait besoin. Au lieu de vivre dans la relation, elle vivait dans l'espoir. Dès l'instant où elle avait découvert quelqu'un qui possédait quelques-unes des qualités importantes qu'elle recherchait chez un homme, elle s'était convaincue que tout le reste suivrait. Elle s'était éloignée de la réalité, accrochée à ses phantasmes comme à une bulle. Un simple contact avec la réalité aurait fait redescendre la bulle sur terre, mais Thérèse ne voulait pas être responsable de son éclatement.

Qu'aurait pu faire Patrick?

Reconnaissons tout d'abord que si Patrick n'a pas agi différemment, c'est parce qu'il n'y a pas été encouragé. Thérèse acceptait tout. Elle était si enthousiasmée par les points forts de son partenaire qu'elle refusait de voir les points faibles.

Imaginons cependant Patrick comme un homme responsable de ses actes et plein de considération pour Thérèse, bien que sachant parfaitement qu'il ne l'épouserait jamais. Qu'aurait-il pu faire pour se comporter de manière plus intègre?

- Patrick, tout comme Thérèse, aurait pu garder les pieds sur terre. Il aurait pu examiner froidement les besoins de Thérèse, mère célibataire, et agir en conséquence.
- Il aurait pu rendre leur «amitié» plus authentique en parlant davantage de lui-même et de sa vie privée. Mais selon toute probabilité, sa réserve était causée par la crainte que Thérèse ne soit refroidie par le récit des tribulations psycho-sexuelles de son compagnon.
- Patrick aurait dû savoir qu'on ne peut papillonner d'une femme à l'autre sans éprouver une certaine confusion d'esprit et de sentiments.
- Patrick aurait pu jouer «à la vérité» avec lui-même, ainsi qu'avec Thérèse. Il aurait pu faire davantage d'efforts pour analyser son propre comportement volage vis-à-vis des femmes.

Somme toute, les deux partenaires vivaient une relation idéale, non pas l'un avec l'autre, mais avec eux-mêmes. Thérèse se comportait comme si elle venait de trouver le grand amour et que tous ses problèmes étaient transcendés. Patrick se comportait comme un célibataire volage, qui ne savait pas ce qu'il voulait. Il n'avait ni le courage ni le désir de s'établir. Ni Thérèse ni Patrick n'avaient pris la peine d'examiner avec réalisme le tempérament ou les besoins de l'autre. Tous deux se racontaient des histoires.

COMMENT ÉVITER LE PIÈGE DE LA FAUSSE ÂME SŒUR?

Il y a plus de cent cinquante ans, Elizabeth Barrett Browning, poétesse anglaise, écrivit un poème à son bien-aimé, Robert Browning: «Comme je t'aime... Laisse-moi compter toutes les façons...» Bien des gens considéraient Elizabeth Barrett et Robert Browning comme des âmes sœurs, deux poètes qui avaient tout risqué pour s'enfuir en Italie, en dépit de la santé précaire d'Elizabeth et de l'opposition de son père tyrannique.

L'idée de rencontrer une âme sœur, un amour profond et passionné nous séduit tous. Beaucoup d'entre nous passent leur vie à rechercher cet être sans pareil. Malheureusement, cette quête s'embourbe généralement dans les difficultés, car nous avons tendance à suivre deux voies aussi extrêmes l'une que l'autre:

- Nous avons tellement hâte de trouver une âme sœur que nous affublons dès le premier instant nos éventuels partenaires de toutes les qualités que nous aimerions trouver chez cette âme sœur, même lorsque ces partenaires ne se révèlent guère à la hauteur de nos rêves. Si c'est votre cas, tâchez de garder les yeux ouverts et d'examiner de manière plus réaliste vos relations et vos partenaires.
- Nous sommes si perfectionnistes dans nos phantasmes que nous rejetons des partenaires aimants, affectueux, parce qu'ils ne correspondent pas tout à fait à l'être parfait que nous imaginons. Par conséquent, nos relations sont incapables de mûrir. Si c'est votre cas, tâchez d'injecter une saine dose

de réalité dans vos relations. Soyez plus réaliste, admettez une fois pour toutes que la perfection n'est pas de ce monde.

Ces deux groupes, tout comme le reste d'entre nous, parviendront, en adoptant une attitude réaliste, à éviter le piège des «fausses» âmes sœurs, qui absorbent notre temps et nous empêchent de découvrir l'amour véritable que nous souhaitons.

AVOIR LE COURAGE D'AIMER SIGNIFIE AVOIR LE COURAGE DE NOUER UNE RELATION FONDÉE SUR LA RÉALITÉ

Beaucoup de gens pensent qu'avoir le courage d'aimer signifie fermer les yeux et avoir la foi. Ce n'est pas le cas. Nous n'aidons ni nous-mêmes ni notre partenaire en refusant de garder les pieds sur terre. D'ailleurs, une relation n'a de chance de s'épanouir que si elle repose solidement sur la réalité.

Comment s'assurer qu'une nouvelle relation repose sur la réalité?

Lorsque deux personnes se rencontrent, elles posent un fondement, créent un protocole qui déterminera comment elles se comporteront l'une à l'égard de l'autre pendant la durée de la relation. Par conséquent, si vous voulez vivre une relation affectueuse et franche, vous devrez commencer par faire preuve d'affection et de franchise. Voici quelques questions que vous pourriez vous poser.

Dis-je la vérité? Suis-je franc envers moi-même, mes besoins et mes espoirs?

Il est essentiel d'entamer une relation en gardant les pieds sur terre. Nous sommes parfois si désireux d'impressionner notre nouveau partenaire que nous nous comportons de manière invraisemblable. Peut-être utilisons-nous des méthodes de séduction démodées, promettons-nous la lune pour parvenir à nos fins. Peut-être avons-nous un tel besoin d'amour que nous omettons d'exprimer nos besoins et acceptons ce qu'en nous-mêmes, nous jugeons inacceptable.

Au contraire, il faut absolument laisser votre partenaire apprendre à vous connaître, sans dissimuler vos goûts. Il est inutile d'affirmer : « Je suis un salaud irresponsable qui n'a jamais pris d'engagement envers quiconque, encore moins envers lui-même. » Il serait plus judicieux de dire : « Je ne crois pas être prêt pour une relation aussi sérieuse et j'aimerais connaître d'autres personnes avant de m'établir pour de bon. »

Ne dites pas : « Je suis bien décidé à me marier et si je n'obtiens pas de toi ce que je désire, je serai terriblement malheureux et tu te sentiras horriblement coupable. » Il serait préférable d'expliquer, par exemple, que le mariage et la famille sont très importants pour vous, que vous espérez rencontrer bientôt quelqu'un qui vous aidera à atteindre ces objectifs.

Parfois, nous avons peur de trop révéler de nous-mêmes. Nous craignons que ces informations n'éloignent notre nouveau partenaire. Je suis d'accord avec vous jusqu'à un certain point. Il n'est pas nécessaire d'assommer l'autre sous une montagne de détails. En revanche, je crois qu'en exprimant vos intentions, vos attitudes et votre perspective, très simplement, vous vous rendrez service. Si vos intentions sont sérieuses, il est évident que vous effraierez les personnes qui ne recherchent qu'une aventure sans lendemain. Mais peut-être cela vaut-il mieux, après tout. Ainsi, vous serez libre de trouver quelqu'un qui poursuit le même but que vous.

Mes questions me permettront-elles d'apprendre ce que je dois savoir ?

Je ne vous suggère pas de vous pointer à votre premier rendez-vous armé d'une seringue de penthotal de sodium et d'une liste de 3000 questions indiscrètes. Mais il y a tout de même certaines choses sur lesquelles vous pourriez vous informer. Par exemple, lors d'une première rencontre, essayez de savoir si l'autre est marié ou fiancé, ou s'il vit avec quelqu'un. Aussi ridicule que cela paraisse, vous seriez étonné d'apprendre le nombre de gens qui ont vécu une amère déception parce qu'ils avaient omis de s'enquérir de la situation de leur éventuel partenaire… ou parce qu'ils n'avaient pas pris ses révélations au sérieux. Vous devriez également vous assurer que cette personne est inoffensive et raisonnable, que ses antécédents amoureux peuvent être vérifiés. Une fois de plus, je vous rappelle que trop de gens apparemment intelligents m'ont écrit pour me raconter qu'ils avaient été dupés par des étrangers, au nom de l'amour. Par conséquent, prenez vos renseignements avant de placer votre sécurité personnelle entre les mains de quelqu'un d'autre.

Au tout début d'une relation, vous devriez vous assurer que ce partenaire éventuel est capable d'être présent et réel. Vous voulez savoir à quoi ressemblera votre relation, quel est l'état émotif et spirituel de cette personne. Vous voulez vous assurer qu'elle est franche et honnête.

Avant de livrer votre cœur, de faire l'amour ou quoi que ce soit pour cimenter la relation, informez-vous d'autres aspects importants de la personnalité de votre partenaire. Par exemple, si vous êtes féministe, peut-être serait-il utile de savoir ce que l'autre pense du partage des corvées et des responsabilités domestiques. Au contraire, si vous êtes un macho irréductible, tâchez de savoir si la femme qui vous plaît est également prête à vous langer sans se plaindre. Vous avez plus de chances d'obtenir ce que vous voulez si vous faites l'effort de poser les questions cruciales avant de tout révéler de vous-même.

Parlons-nous vraiment?

Dès le départ, vous instaurez un modèle de communication qui sera probablement le même pendant tout le temps que durera votre relation. Au fur et à mesure que vous commencerez à révéler des aspects de votre personnalité, tâchez de déterminer si votre partenaire a véritablement envie d'entendre ce que vous avez à dire. Vous incite-t-il à vous exprimer? Avez-vous envie d'entendre ce qu'il a à dire? Vos conversations sont-elles un échange ou se résument-elles à un monologue?

La conversation entre deux personnes n'est assujettie à aucune règle précise. Mais il est extrêmement utile de déterminer le plus tôt possible si vous avez ou non des points communs avec l'autre. Rien ne vous oblige à être d'accord sur tout, mais votre relation n'en sera que plus harmonieuse si chacun est capable de respecter et d'accepter le point de vue de l'autre. L'échange d'opinions, d'idées, de pensées et de sentiments peut se révéler très utile. Il faut absolument que chacun des deux partenaires « entende » ce que l'autre dit et y réponde. C'est un aspect réel et important de la relation.

Suis-je capable de faire la différence entre l'appel du cœur et celui des hormones?

Qui, parmi nous, peut se vanter de n'avoir jamais été encouragé à « suivre son cœur »? Même les amateurs de philosophie Nouvel Âge reprennent ce vieux leitmotiv. Traduction: si vous n'êtes pas capable de suivre votre cœur, vous resterez embourbé dans l'âge des ténèbres. Mais attention! La plupart du temps, nous croyons répondre à l'appel du cœur alors qu'en réalité, le cœur n'a rien à voir là-dedans. À certains moments, nous suivons des phantasmes malavisés, à d'autres, c'est notre peur qui nous mène. Et, parfois, nous sommes consumés par un feu hormonal totalement irréductible. L'intensité de notre désir nous donne l'impression qu'il vient tout droit du cœur. Mais rien n'est aussi simple ou aussi pur.

En réalité, au début d'une nouvelle relation, les liens du cœur n'ont pas encore été tissés. C'est bien trop tôt. Ces liens sont très complexes et prennent du temps à se former. En revanche, les phantasmes, les craintes et les hormones manquent totalement de subtilité. Ils dissimulent la réalité et l'emportent sur la sagesse, le jugement et les sentiments de simple *tendresse* venus du cœur. Peut-être avez-vous l'impression, dans votre confusion, de répondre à un appel du cœur, peut-être invoquez-vous des sentiments. Mais vous savez fort bien qu'il n'en est rien.

Il y a quelque temps, j'ai eu un entretien avec une femme qui avait été reconduite chez elle par un homme dont elle avait fait la connaissance pendant la soirée. Ils avaient ensuite passé une heure à s'embrasser dans la voiture. Elle voulait savoir si, à mon avis, cet homme lui téléphonerait, comme il l'avait promis. «Que pouvez-vous me dire d'autre de lui?» interrogeai-je. «Quel âge a-t-il? Est-il marié? Que fait-il dans la vie? Quels sont ses goûts?» Elle fut bien incapable de me répondre. Pourquoi? Son manque apparent de curiosité, m'expliqua-t-elle, avait trois raisons: elle ne voulait pas paraître trop intéressée, elle ne voulait pas gâcher le moment, elle ne voulait pas poser à cet homme des questions qu'il ne lui avait pas posées. C'était une femme très sensible. Néanmoins, elle était éblouie d'avoir rencontré quelqu'un qui lui plaisait, au point de passer une heure dans sa voiture avec lui sans pouvoir mobiliser le courage nécessaire pour lui demander où il habitait.

Je ne compte plus le nombre d'hommes qui, au cours des années, m'ont raconté ce genre de mésaventure: après avoir rencontré une femme vers laquelle ils se sentent extraordinairement attirés, ils lui rendent une première visite pour découvrir que tout, chez elle, les agace. Il est mélomane, elle n'écoute que du *heavy metal*. Il ne lit que les pages du journal consacrées aux sports, son appartement à elle croule sous les livres. Il ne sait pas s'il a ou non envie d'avoir des enfants, elle en a adopté trois. Et pourtant, l'attirance est si forte que l'homme va de l'avant et, avant même de s'en rendre compte, le couple est pris dans la spirale infernale de la relation la plus désastreuse qui soit.

Admettons-le tout de suite, deux forces majeures, qui parfois s'allient l'une à l'autre, nous entraînent dans des directions que nous regrettons par la suite: a) nous souhaitons sincèrement trouver l'amour et nous espérons que le lien sexuel nous placera sur la bonne voie; b) nous sommes la proie d'un désir intense, suscité par les produits chimiques qui inondent notre petit cerveau, nos organes génitaux et tout ce qu'il y a entre les deux.

Être prisonniers de notre besoin d'être aimés et de nos hormones peut s'expliquer et se justifier à dix-sept ans, à vingt-deux, voire à vingt-sept. Mais en être victimes à perpétuité et en faire souffrir les autres à perpétuité est une tout autre affaire.

Il n'est pas facile de combattre nos désirs. Et ce n'est pas un mode de vie que je recommanderais sans scrupules. Mais si vos désirs sexuels vous ont entraîné dans des relations autodestructrices, demandez-vous si le moment n'est pas venu pour vous de reconnaître la réalité lorsqu'elle vous saute aux yeux. Il y a une énorme différence entre une relation destinée à durer et une agréable aventure passagère. Nous savons, dès le départ, quelles sont les possibilités que notre relation nous offre réellement. Bien que nous sachions souvent à quoi nous attendre, du point de vue de la durée de la relation, nous sommes aveuglés par l'intensité de notre désir et nous refusons de respecter cette intuition ou d'agir en conséquence. L'intensité de notre besoin imprègne tous nos actes. Nous sommes pleins d'ardeur, aveugles à tout ce qui n'est pas notre désir, intense et puissant. Désorientés, nous désorientons les autres.

Si vous avez connu ce genre d'échec à répétition, peut-être devriez-vous ralentir le rythme de vos conquêtes afin de commencer à prendre des décisions d'un autre genre. Les décisions sont dépendantes de votre volonté. Souvenez-vous que les hormones sont simplement des produits chimiques. Difficiles à maîtriser, certes, mais pas en permanence. Tout ce qu'elles font, c'est vous donner l'occasion de perdre la tête à un moment précis. L'amour et le désir sexuel ne sont pas synonymes, ne l'oubliez pas. Ne vous laissez pas emporter par vos phantasmes sans tenir compte de la réalité. Peut-être avez-vous l'impression d'entendre un prêcheur ? Un instituteur ? Laissez-moi vous dire que dans ce cas, je n'ai guère mis en pratique ce que je prêche.

Cependant, environ deux ans avant de rencontrer ma femme, j'avais décidé de ne plus laisser mes hormones, mes phantasmes ou mes besoins affectifs guider ma vie. Pour moi, ce fut une décision extraordinaire, car le jour où je fis sa connaissance, je n'étais pas embourbé dans un pétrin émotionnel avec quelqu'un d'autre.

Les deux partenaires laissent-ils un véritable lien affectif se tisser entre eux?

Un véritable lien affectif repose sur l'acceptation, la confiance, le respect mutuel et l'amour. Face à quelqu'un que nous connaissons à peine, nous ne pouvons ouvrir notre cœur que très progressivement. Ainsi, nous nous protégeons tout en gardant les pieds sur terre. Malheureusement, beaucoup de gens sont trop pressés de nouer ce genre de lien, et deviennent ainsi bien trop vulnérables. Mon amie Jeanne, par exemple, reconnaît être la proie facile d'hommes qui se confient à elle dès leur premier rendez-vous. Elle commence seulement maintenant à comprendre que ces hommes n'essaient pas véritablement de nouer un lien affectif. Tout ce qu'ils désirent, c'est parler, déballer leurs problèmes. Peu importe à qui ils s'adressent. Mon ami Grégoire a le même problème avec des femmes ouvertement névrosées. Chaque fois qu'il a une liaison avec l'une de ces femmes, c'est dans l'espoir qu'en raison de leurs problèmes, elles seront en mesure de le comprendre. Jusqu'à présent, cet espoir a toujours été déçu.

Une véritable relation affective débute lentement, soigneusement. Je te fais confiance, tu me fais confiance; je t'accepte, tu m'acceptes; j'aimerai ta fofolle de sœur parce que je t'aime; j'accepterai ton chien mal élevé et ton chat trop gâté parce que je t'aime. Peu à peu, nous tissons des liens durables, sur lesquels nous pouvons compter.

Êtes-vous disposé à engager la discussion sur des questions de nature médicale?

Vous sentez-vous capable de parler de sexualité sans risque, des maladies transmissibles sexuellement, des analyses de détection du SIDA, de contraception, etc.? En effet, chaque couple qui a l'intention d'avoir des rapports sexuels devrait regarder ces questions en face. Êtes-vous d'accord avec votre partenaire? Pouvez-vous discuter franchement de tout cela? Ou préférez-vous garder le silence sur ces questions tout en cherchant subrepticement vos préservatifs? Ce n'est pas bon signe. Parfois, la démarche la plus simple consiste à annoncer franchement à votre partenaire: «Je ne suis pas très à l'aise lorsqu'il faut parler de tout cela, mais je crois que... » En fait, c'est l'un des meilleurs moyens de déterminer si oui ou non votre couple est capable d'allier réalisme et sentiments.

Comment juger si une relation qui devient sérieuse est solidement enracinée dans la réalité?

Voilà plusieurs fois que vous sortez ensemble, vos relations sexuelles se déroulent sous le signe de la passion, vous vous êtes raconté vos échecs sentimentaux, vous avez parlé de vos problèmes, de vos familles respectives, de vos amis. Comment faire pour que votre relation demeure ouverte, franche? Posez-vous dès maintenant quelques questions :

Sommes-nous sur la même longueur d'onde?

Une fois la relation sexuelle bien établie, nous commençons souvent à prendre conscience des intentions de l'autre, autant que des nôtres. Nous commençons à remarquer tous les petits défauts de notre partenaire. C'est un phénomène qui se produit inéluctablement, *dès que la relation se trouve en terrain solide*. Vous le faites, votre partenaire le fait aussi. C'est normal. Mais pour vous protéger, vous devrez demeurer à l'écoute non seulement de vos sentiments, mais aussi de ceux de votre partenaire. Quelles sont vos réserves? Quelles sont les siennes?

L'un de vous essaie-il de se distancier? Ou bien vous déplacez-vous tous deux à la même vitesse? L'un de vous a-t-il élevé des barrières insurmontables? L'un de vous fait-il des cachotteries? Lesquelles? Cela mérite-t-il une discussion sérieuse? Essayez de noter ce que fait votre partenaire. Avez-vous une conception identique de la relation? Ou, au contraire, vos points de vue sont-ils si divergents que votre relation n'a pas d'avenir? C'est le moment ou jamais de trouver les réponses à ces questions.

Exigez-vous trop ou trop peu à ce stade de la relation?

Il nous arrive de saper les chances d'une relation en exigeant trop, trop vite. S'il y a seulement quelques mois que vous vous connaissez, par exemple, il n'est peut-être pas réaliste d'insister pour vivre ensemble. Si vous ne pouvez faire confiance à votre relation, ce n'est pas la peine d'aller plus loin. La cohabitation, à plus forte raison le mariage, ne changera rien aux problèmes fondamentaux du couple. Peut-être les enterrera-t-elle pendant un certain temps mais, plus probablement, elle les fera remonter en surface et exploser.

En revanche, si vous gagnez chacun votre vie, si vous sortez ou vivez ensemble depuis plus d'un an ou deux, il n'est pas raisonnable de reporter indéfiniment le moment de prendre un engagement officiel, quel qu'il soit. Vous risquez de susciter l'anxiété et un sentiment d'insécurité chez votre partenaire.

Nos relations demeurent réelles et sincères si nous les laissons se développer à leur rythme.

Réagissez-vous correctement à un comportement très négatif?

Ce comportement ne disparaîtra pas du jour au lendemain. Si votre partenaire se montre désagréable ou méprisant, il le demeurera. S'il est volage, vous ne parviendrez pas à résoudre ce problème sans aide.

Si vous avez commencé à glaner toutes les informations nécessaires dès votre première rencontre, vous devriez pouvoir éviter quelques-unes des manifestations les plus déplaisantes d'un comportement négatif. Mais les chausse-trappes existent. Si votre partenaire présente un comportement véritablement destructeur, il est temps d'ouvrir les yeux et de regarder la réalité en face. Si vous estimez qu'il vous est impossible d'accepter cette attitude à long terme, c'est le moment ou jamais de vous échapper.

Rêvez-vous à un avenir improbable?

Votre partenaire vous laisse-t-il entendre, par mille et un signaux, qu'il n'a pas l'intention de faire sa vie avec vous? Vous aurez du mal à accepter ce genre de réalité sans souffrir. Parfois, avoir le courage d'aimer signifie avoir le courage d'admettre que l'amour n'est pas possible dans une relation. Si vous préférez l'amour à la souffrance, vous devrez rompre.

Croyez-vous que tous les problèmes de votre relation
s'aplaniront après le mariage?

Victor est persuadé qu'après le mariage, Elisabeth sera si émerveillée par la vie conjugale qu'elle en perdra son tempérament d'ergomane et consacrera plus de temps à leur union. Samantha est certaine qu'une fois que Nathan et elle auront des enfants, il comprendra à quel point il les désirait.

Je rencontre régulièrement des hommes et des femmes qui sont absolument convaincus que le mariage aura, par magie, un effet thérapeutique sur leur relation. Ouvrez les yeux! Comme le démontrent les statistiques relatives au divorce, le mariage ne guérit rien.

Comment savoir si une relation stable est bien ancrée dans la réalité?

Vous vous êtes engagé. Chacun tient l'autre pour acquis, au point de trouver cela terrifiant. Vous vous souciez davantage du pare-chocs cabossé ou de la tache sur le tapis de la salle à manger que de l'avenir de votre relation. Qu'est-ce qui pourrait arriver? À quoi devez-vous réfléchir aujourd'hui?

Résolvez-vous les problèmes au fur et à mesure qu'ils apparaissent?

L'un des comportements les plus malhonnêtes consiste à laisser nos doléances et nos problèmes s'envenimer. Au contraire, c'est en nous attaquant aux problèmes dès qu'ils apparaissent que nous parviendrons à renforcer nos liens.

Les divergences qui commencent à apparaître révèlent que la relation devient de plus en plus réelle. Sa façon de conduire, sa température préférée dans une pièce, son bruyant ami Jacques, la place excessive de ses vêtements dans le placard de la chambre et, naturellement, les bonnes vieilles questions quotidiennes: cheveux dans le lavabo, tube de dentifrice resté ouvert. Ne dissimulez pas des divergences aussi réelles. Vous devrez au contraire les résoudre.

Le moment est venu d'apprendre à discuter avec douceur des problèmes, au fur et à mesure qu'ils apparaissent. C'est aussi le moment d'apprendre à les résoudre ensemble. C'est la réalité. Pouvez-vous régler vos différends avec le sourire ? Pouvez-vous faire des compromis ? Parviendrez-vous à lâcher du lest sans exploser ?

Êtes-vous capable de maintenir vos désaccords à l'échelle humaine ?

Chaque couple se querelle. Parfois, les deux partenaires discutent jusqu'à ce qu'ils aient résolu le conflit. Parfois, ils font des compromis. Parfois, chacun reste sur ses positions. Il y a des années, je faisais de l'insomnie chaque fois que je me querellais avec ma compagne du moment, du moins si je tenais à elle. Je ne parvenais pas à me décontracter. J'en étais malade, car j'avais l'impression que la relation était sur le point d'exploser. Je dois cependant avouer que je traitais chaque désaccord comme une bataille rangée dont l'issue eût été la fin du monde.

Pour moi, chaque querelle, même si elle portait sur un point aussi trivial que la télécommande de la télévision, soulevait la question : « Est-ce terminé ? » L'une des qualités les plus attrayantes de mon épouse est sa capacité de se quereller dans un contexte bien précis : « Nous nous disputons, certes, mais ce n'est pas pour cela que je vais claquer la porte. »

Pour maintenir notre relation fermement ancrée dans la réalité, nous devons absolument éviter d'amplifier les conflits outre mesure. Cela entraînera la disparition des cris, des pleurs et des grincements de dents qui caractérisent les relations instables. Vous ne claquerez plus la porte, vous ne vous lancerez plus les assiettes à la figure, vous ne vous donnerez plus des ultimatums du genre : « Si tu n'acceptes pas mon point de vue, je m'en vais. » Et, naturellement, vous abandonnerez toutes vos idées de revanche.

Vous écoutez-vous l'un l'autre ?

Ce matin, en allant faire une promenade dans le voisinage, je suis passé devant une vente de garage. Les deux personnes qui étaient là étaient en train de se quereller à voix basse. Apparemment, le mari avait vendu un aspirateur en excellent état seulement 10 $. L'épouse, qui se trouvait à l'intérieur au moment de la vente, avait prévu de demander 50 $. Le mari finit par dire : « Bon d'accord, je te donnerai 40 $ et oublions tout ça. » Mais elle répliqua : « Ce n'est pas une question d'argent. Si tu n'étais pas sûr du prix, pourquoi n'es-tu pas venu me poser la question ? J'étais tout près. Pourquoi refuses-tu toujours de communiquer ? » Elle semblait exaspérée. Il semblait irrité.

Il nous arrive parfois de ne plus nous écouter l'un l'autre.

Faites-vous tout ce qu'il faut pour entretenir la relation amoureuse ?
Il est très facile de bâtir une relation autour des objectifs communs, des enfants, voire des possessions et biens matériels partagés. Mais les objectifs et les enfants prennent le dessus, la maison et son contenu engloutissent votre vie.

Et puis un jour, vous ouvrez les yeux pour constater que le lien amoureux n'existe plus. Vous ne vous écoutez plus l'un l'autre, vous ne vous parlez plus. Faire connaître nos pensées à notre partenaire, imprégner la relation d'énergie et d'amour exigent un réel effort. Il est parfois plus simple d'allumer la télévision, de donner un coup de téléphone ou de se plonger dans un livre. C'est ainsi que nous nous retirons dans la coquille de notre solitude.

Voici une dernière réalité que vous devrez toujours garder à l'esprit : ce n'est pas parce que vous êtes mariés qu'un lien vous unit. Ce lien ne se maintiendra pas sans un effort véritable. Car les liens, quels qu'ils soient, ont la fâcheuse habitude de se dénouer. Le vôtre a besoin d'un travail constant. Mobilisez votre énergie, passez du temps ensemble, à parler du plus profond du cœur ou à vous livrer à une activité que vous aimez tous les deux.

Sentimentalisme et sens des réalités peuvent coexister
Mon but ici n'est pas de noyer toute pensée romantique ou sentimentale sous une avalanche d'eau glaciale. L'existence serait d'une tristesse ! Je me plais à croire que ma vie est encore imprégnée de

sentimentalisme. Pourquoi la vôtre ne le serait-elle pas ? Mais j'ai appris que le sentimentalisme était engendré par la force du lien qui unit le couple. Il doit naître de quelque chose de réel et c'est ce que je vous souhaite.

Il n'y a rien de répréhensible à être fleur bleue. Au contraire, c'est merveilleux, mais uniquement si cela ne vous prive en rien de votre pragmatisme. L'un n'empêche pas l'autre, à moins que vous ne vous en débarrassiez volontairement. L'amour, par sa nature même, est sentimental. Plus le lien est fort, plus il peut être senti-mental. Je n'ai pas l'intention ici d'éliminer toute connotation romantique de votre vie. Je souhaite simplement vous aider à ne pas vous y égarer.

Une lucidité totale doit gouverner votre vie sentimentale, que vous soyez proie ou prédateur. Vous devez pouvoir établir un équi-libre entre vos phantasmes et sentiments intenses d'une part, et les pensées lucides et autoprotectrices d'autre part. Si vous êtes incapable de garder cet équilibre, si vous vous sentez privé de toute autonomie dans ce domaine, c'est mauvais signe. Cela ne veut pas dire que vous êtes sainement, merveilleusement amou-reux. Cela ne veut pas dire que vous avez trouvé le « grand amour ». Il n'y a pas de quoi pavoiser, car cette impuissance signifie soit que vous avez *volontairement* abandonné votre autonomie, soit qu'un besoin dévorant vous l'a fait abandonner. Ni l'une ni l'autre de ces situations n'est à recommander. Toutes deux méritent une analyse approfondie.

Si votre cœur est ouvert, le sentimentalisme y trouvera sa place. Mais ne croyez pas que l'univers vous protégera parce que vous êtes amoureux. Il ne vous protégera que si vous vous proté-gez vous-même.

CINQUIÈME OBSTACLE

Le courage de laisser les autres apprendre à nous connaître

Il arrive fréquemment que des gens viennent me faire part de la détresse qu'ils éprouvent parce qu'ils sont incapables, après une rupture, de tirer un trait. Voici ce qu'ils affirment : « Ce qui m'attriste, c'est que j'ai l'impression qu'il/elle n'a jamais appris à me connaître. » Ces hommes et ces femmes sont souvent persuadés que si on les laissait revenir en arrière, si leur partenaire avait appris à les connaître, la relation aurait eu un dénouement différent. Ce qu'ils essaient de dire confusément, sans toutefois s'en rendre compte, c'est que même si la relation avait du potentiel ou se déroulait sous le signe de la passion, aucun lien véritable n'unissait le couple.

Ce n'est pas parce que nous avons le même partenaire depuis des mois qu'une véritable relation existe entre nous. Ce n'est pas parce que nous avons fait l'amour qu'une relation existe entre nous. Ce n'est pas parce que nous vivons ensemble qu'une relation existe entre nous. Ce n'est pas parce que nous sommes mariés depuis trente ans qu'une relation existe entre nous. Enfin – et je sais que ce n'est pas là quelque chose que vous avez envie d'entendre – ce n'est pas parce que nous sommes amoureux qu'une relation existe entre nous.

Au cours des quinze dernières années, j'ai interrogé des centaines de couples : des gens qui sortaient ensemble, des couples mariés, des couples qui pratiquaient l'union libre, des couples qui ne se rencontraient que pour faire l'amour, etc. J'en ai personnellement connu beaucoup plus. Et je sais qu'il n'y a pas grand-chose de plus douloureux que de passer un moment en compagnie de deux personnes qui se disent «ensemble» mais qui, à maints autres égards, sont encore des étrangers l'un pour l'autre. Quel que soit le nombre d'années qu'ils ont passées ensemble, chacun d'eux a gardé pour lui, dans son jardin secret, d'énormes tranches de lui-même.

Pourtant, le secret de l'intimité se résume à quelques mots : laissez les autres apprendre à vous connaître. En l'absence de cet ingrédient essentiel, les chances d'un véritable engagement sont, dans le meilleur des cas, bien minces. C'est un phénomène que j'ai constaté chez d'innombrables couples et que j'ai moi-même vécu.

Posez-vous une question : intimité ou rituel ?

Au début d'une relation, la cour consiste en une série de rituels. Les lions, les orignaux, les mouflons et autres mammifères s'y livrent tous. Les humains aussi. Nous suivons des rituels pour téléphoner, pour prendre rendez-vous, pour séduire, pour faire l'amour. «Ne fais pas ceci, ne dis pas cela.» «Attends deux semaines, attends six mois.» Nos conversations sont ritualisées, notre habillement est ritualisé, nos contacts journaliers sont ritualisés. Et quelque part au cœur de cette interaction structurée nous trouvons le temps, du moins il faut l'espérer, d'être nous-mêmes.

Mais lorsque nous sommes amoureux, être nous-mêmes n'est pas l'une de nos priorités. Tout au plus, nous espérons qu'ultérieurement, une fois que la relation se sera stabilisée, nous aurons la possibilité d'être nous-mêmes. Les moins optimistes d'entre nous n'entretiennent même pas ce petit espoir. Et ceux qui sont véritablement terrifiés ne veulent *surtout pas* avoir la possibilité d'être eux-mêmes.

Ce que j'ai découvert, après tant d'années de recherche et de rédaction, c'est que pour la majorité des couples, «ultérieurement» n'arrive jamais. Ce qui débute par une cour ritualisée devient un modèle permanent d'interaction dans l'intimité. Et j'hésite encore à utiliser le mot «intimité». Nous sortons ensemble, nous vivons ensemble, certains se marient et ont des enfants, mais nous ne luttons jamais pour tisser des liens complexes, authentiques. Nos relations se caractérisent par des stéréotypes et des comportements appris. Nous ne faisons pas d'efforts pour être nous-mêmes. Les hommes se comportent «en hommes», les femmes se comportent «en femmes». Nous évitons ainsi de nous aventurer sur un terrain qui nous paraît dangereux.

Après six mois ou six ans, peu importe, le modèle demeure identique. Nous accueillons notre partenaire chaque soir avec un baiser et nous parlons du temps, de l'actualité, des voisins, des enfants, du travail, du chien ou du chat, de politique, etc. Mais nous ne parlons pas de nous-mêmes et nous décourageons notre partenaire de s'engager sur la voie de ce genre de confidence. Nos humeurs, nos angoisses, nos craintes, nos soupçons, notre sentiment d'insécurité, notre colère, notre bonheur, notre tristesse, nos sentiments du moment, nos sentiments mutuels... ce n'est jamais, semble-t-il, le «bon» moment pour en parler. Oh, nous parlons. Certains d'entre nous n'arrêtent pas de parler. Mais notre conversation ne tisse pas de liens entre nous. Et lorsque nous ressentons le besoin d'une plus grande intimité, nous faisons l'amour.

Posez-vous une question : bâtissez-vous un couple ou une caricature ?

Avec le temps – et cela vient très vite –, nous devenons des caricatures. L'homme est là pour résoudre les problèmes, la femme est là pour répondre aux besoins du couple. Lui, c'est «l'homme qui ne parle pas de ses sentiments»; elle, c'est «la petite femme toujours guillerette»; lui, c'est «l'homme qui travaille trop»; elle, c'est «la femme qui travaille encore plus». Elle fait la cuisine, il fait le ménage. Elle fait les courses, il sort la poubelle. Elle s'occupe, il bricole. Il regarde la télévision, elle navigue sur Internet. Tous deux sont très occupés, emmurés dans leurs rôles. Et lorsqu'ils ont envie de se rapprocher, ils font l'amour.

Naturellement, la relation même peut devenir une caricature. Nous devenons «le couple qui passe son temps à voyager», «le couple qui ne sort jamais», «le couple qui ne se dispute jamais», «le couple qui se dispute toujours», «le couple qui ne fait jamais l'amour », « le couple qui fait toujours l'amour ». Au lieu de contester ces caricatures, nous les acceptons, nous les renforçons par notre comportement, car il nous paraît bien plus facile de jouer un rôle simple que de nouer un lien authentique.

OÙ EST L'ENGAGEMENT ?

Voilà la question à dix millions de dollars : où… se trouvent l'intimité véritable, le lien véritable, au milieu de tous ces stéréotypes, de tous ces comportements « sans danger » ? Et voici la réponse à dix millions de dollars : nulle part.

Que nous soyons ensemble pendant six semaines, six mois, six ans ou soixante ans, au lieu de nous rapprocher, nous nous éloignons l'un de l'autre. Nous ne sommes jamais réellement *ensemble*. Et bien que nous ayons l'impression de faire partie d'un couple, nous nous sentons aussi très distincts l'un de l'autre, parfois au point d'en éprouver du chagrin. C'est pourquoi il est si courant qu'une relation éclate brusquement. Parce que la vie commune ne suffit pas à l'en empêcher. La monogamie ne suffit pas à l'en empêcher, le mariage, comme nous le prouvent les statistiques, ne suffit pas à l'en empêcher. Et même si nous avons l'impression, à certains moments, de tisser un lien spécial, faire l'amour régulièrement ne suffit pas à préserver une relation lorsque rien de plus ne lie les deux partenaires.

Pour nouer un lien véritable et pour le renforcer par la suite, chaque partenaire doit constamment lutter pour laisser l'autre apprendre à le connaître. C'est là le ciment qui lie un couple. C'est ce qui transforme des étrangers en partenaires véritables. Je ne parle pas de se « connaître » uniquement au sens biblique du terme, mais dans *tous* les sens. Cette connaissance de l'autre vous fera l'aimer, le choyer, tout en lui permettant de vous aimer, de vous choyer.

Voici quelques questions que vous pourriez vous poser pour savoir si oui ou non vous laissez votre partenaire apprendre à vous connaître :

- Ai-je tendance à jouer des rôles qui limitent mon expression personnelle ? Ces rôles suscitent-ils chez moi de la rancune ? Comment ?

- Ai-je tendance à jouer des rôles qui m'obligent à garder mes distances ? Comment ces rôles tiennent-ils mes partenaires à distance ?
- Ai-je tendance à jouer des rôles qui m'empêchent de me valoriser ? Ces rôles me rendent-ils invisible ou remplaçable ?

QUE FAIRE POUR LAISSER LES AUTRES APPRENDRE À NOUS CONNAÎTRE ? COMMENT PASSER DU RITUEL À LA SINCÉRITÉ ?

Certaines personnes refusent de laisser les autres apprendre à les connaître. Elles sont si terrifiées à l'idée de se trouver prisonnières d'une relation sérieuse qu'elles réagissent de deux manières possibles : soit elles demeurent complètement inaccessibles, soit elles choisissent des partenaires complètement inaccessibles. Prenons par exemple François, qui ne répond jamais au téléphone, Brenda, qui passe son temps à voyager en avion, Christophe, qui ne sort qu'avec des femmes rencontrées loin de la ville où il vit. Ou encore Simon, qui ne s'intéresse qu'à des femmes dont il ne parle pas la langue et qui parlent à peine la sienne.

D'autres personnes s'évertuent à empêcher leurs partenaires de se révéler. Arthur, par exemple, est un véritable moulin à paroles, ne laissant ainsi aucune chance à sa partenaire de placer un mot. Ruth lève les yeux au ciel dès que son partenaire essaie d'aborder un sujet qui lui tient à cœur. Quant à Bernard, il se raidit et quitte la pièce dès qu'il n'est plus aux commandes de la conversation.

C'est comme si toutes ces personnes se promenaient avec un écriteau suspendu autour du cou : « NE VOUS APPROCHEZ PAS ! » Elles affirment ne pas désirer de relation durable, ne pas rechercher d'engagement. *C'est à vous qu'il incombe de prêter attention à cet « écriteau » et de prendre le message très au sérieux.*

La majorité des gens, cependant, entament une relation dans l'espoir qu'elle se révélera durable. Malheureusement, cet espoir est toujours déçu. Je suis convaincu que l'une des raisons cruciales de ces échecs à répétition est représentée par notre incapacité ou notre refus de laisser nos partenaires apprendre à nous connaître, d'une part, et notre incapacité ou notre refus d'apprendre à les connaître, d'autre part.

Pour laisser les autres s'approcher, nous sommes contraints d'abandonner nos systèmes de défense et de cesser de jouer la comédie. Nous devons démanteler les barrières inutiles, nous devenons vulnérables, nous laissons transparaître nos qualités humaines. Beaucoup de gens refusent toute leur vie de laisser approcher quiconque, à l'exception peut-être d'un ami très proche, et ne se confient qu'à leur journal intime. Pourquoi? Parce qu'il n'y a rien de plus terrifiant que de n'avoir à offrir, au début d'une relation, que nous-mêmes.

Aller au cinéma, au restaurant ou danser jusqu'à l'aube avec notre partenaire, c'est une chose. Mais le laisser pénétrer dans notre monde, lui offrir la possibilité d'apprendre à nous connaître, depuis le moment du lever jusqu'à l'heure du coucher, en est une autre. Car cela signifie que nous mettons à nu nos amours et nos haines, nos humeurs et nos opinions, nos craintes, nos espoirs et nos habitudes. Enfin et surtout, cela signifie que nous révélons nos pensées et nos sentiments. Nous laissons notre partenaire entrevoir qui nous sommes et quelle place nous occupons dans l'univers.

Je ne parle pas de pensées «cosmiques» du genre: «Ah! Si je régnais sur le monde...!» Je fais allusion, ici, à ce que nous pensons dans la vie quotidienne, à ce que nous voyons tous les jours, à nos soucis habituels, aux questions que nous nous posons régulièrement. Rien n'est insignifiant. Rien n'est trop petit.

Il peut s'agir de quelque chose d'aussi simple que la lettre que vous venez de recevoir et dont le contenu vous fait pleurer, d'un article qui vous fait rire, d'une querelle au travail, de la conversation chargée d'émotion que vous avez eue avec votre sœur, d'une difficulté au bureau de poste. Il peut s'agir du problème que vous vivez en cet instant précis. Gardez-vous ces moments pour vous-même, enfermez-vous vos sentiments au plus profond de vous-même? Pratiquez-vous l'autocensure vis-à-vis de votre partenaire? Évitez-vous d'extérioriser vos réactions spontanées? Avez-vous peur de dire ce que vous pensez? Êtes-vous du genre «collectionneur », qui explose d'un coup sous l'amoncellement de problèmes non résolus ? Demeurez-vous dans un monde distinct ?

Chaque fois que vous refusez de bâtir ces « passerelles » vers votre partenaire, vous perdez une occasion de renforcer votre lien. Pour lui permettre d'apprendre à vous connaître, vous devrez le laisser pénétrer dans votre monde, le garder à l'intérieur de cet univers intime qui est le vôtre. C'est le seul moyen de nouer une relation durable. Ne gardez rien pour vous, ne soyez pas politiquement correct. Ces moments particuliers de votre vie *sont* votre vie. Ces détails et nuances de votre vie *sont* votre vie. La gamme de sentiments que vous éprouvez chaque jour, à l'égard de votre partenaire et du reste du monde, *c'est* votre vie. En demeurant à l'abri des barrières érigées par votre peur, vous dissimulez toute votre vie.

Naturellement, il ne s'agit pas de vous révéler dès le premier rendez-vous. Cela ne doit pas être votre objectif. Le cheminement doit être lent, suivre une certaine progression avec le temps afin de permettre à votre partenaire de « digérer » et de traiter chaque nouvelle parcelle d'information. Lorsque la relation débute, nous avons souvent l'impression d'avoir accompli le plus gros du travail. Mais c'est tout le contraire. Nous allons passer le reste de notre vie à tisser des liens. Si nous cessons ce travail, à quelque moment que ce soit, la relation cesse à son tour de s'épanouir. Trop vite, elle se fragilise.

Pendant la majeure partie de ma vie, chacune de mes relations était accompagnée d'un dialogue intérieur. Aux yeux de mes partenaires, j'étais un homme bien intentionné, compréhensif, facile à vivre. Je faisais rarement des vagues. Mais, dans ma tête, ces vagues déferlaient bruyamment. Dans ma tête, j'étais quelqu'un de très différent : colérique, effrayé, blessé, déprimé, critique ou perdu. En général, j'enfermais tous ces sentiments au plus profond de moi-même. Après une journée difficile, je ne laissais rien entrevoir de ma lassitude. Lorsque j'étais en désaccord, je faisais semblant d'être d'accord. Lorsque j'étais indifférent, je montrais de l'intérêt. Je prétendais que les détails de ma vie étaient sans importance alors qu'en réalité, je pensais tout le contraire. À cette époque, j'avais l'impression de bien me comporter en gardant tous mes sentiments pour moi, en gardant mon Soi pour moi. Mais en réalité, je ne faisais que noyer mes relations sous les vagues qui déferlaient en mon for intérieur.

Est-ce également votre cas ? Comment vous comportez-vous à l'égard de votre partenaire ? Posez-vous les questions suivantes :

- Suis-je capable de partager ma vie avec mon partenaire ? Ou suis-je porté à prétendre que les détails de ma vie sont dénués d'importance ?
- Ai-je tendance à garder pour moi certains détails de ma vie quotidienne ?
- Ai-je coutume de pratiquer l'autocensure de mes sentiments ? Remets-je mes sentiments en question avant de les exprimer ? Ai-je tendance à les nier ou à les rejeter entièrement ?
- Mes réactions sont-elles spontanées ou ai-je coutume d'attendre un moment « plus opportun » ou de chercher un moyen « plus sûr » afin d'exprimer mes sentiments ?
- Ai-je un « vocabulaire » émotionnel qu'il me serait possible d'utiliser sans me mettre en colère ou ressentir de la peine ? Puis-je prononcer des phrases simples, qui reflètent mes sentiments, telles que : « Cela me fait de la peine et j'aimerais t'expliquer pourquoi… » ou « Je me sens bien lorsque je suis avec toi, parce que… »

UN AMOUR « TROP PRÉCIEUX » POUR L'EXPRIMER PAR DES MOTS

« Ne dis rien… ne dis rien… » suppliait-elle, le doigt sur les lèvres. Si vous avez vu *Bullets Over Broadway*, vous n'oublierez probablement jamais la prestation primée de Diana Wiest, qui jouait le rôle d'une actrice excentrique, dont l'amour pour un jeune dramaturge était bien trop précieux pour être exprimé par des mots. Elle refusait de laisser le jeune homme exprimer ses sentiments ou ses craintes. Elle ne le laissait pas s'exprimer du tout, terrifiée à l'idée de fracasser la perfection du lien intérieur qui les unissait.

Mais, comme nous l'avons vu dans le film – et comme nous le voyons tous les jours dans la vie –, nos liens ne paraissent plus aussi parfaits lorsqu'ils sont exposés à la lumière crue du jour. Et un amour trop précieux pour être exprimé par des mots est aussi un amour trop fragile pour durer.

Il peut arriver que l'amour nous semble effectivement trop précieux pour être exprimé par des mots, mais ce sentiment doit un jour ou l'autre laisser la place à une communication pratique pour survivre à la transition entre le phantasme et la réalité, pour se transformer en un lien exhaustif. En nous révélant à notre partenaire, nous fracassons régulièrement ce précieux silence afin de parler non seulement du cœur, mais aussi de l'esprit et du « ventre ». C'est quelque chose qui doit se produire constamment, continuellement, tout au long d'une relation. Si vous ne parvenez pas à rompre le silence, demandez-vous pourquoi. Ce n'est probablement pas par amour, mais plutôt par crainte.

LORSQUE LA CRAINTE NOUS EMPÊCHE DE NOUS RÉVÉLER

Karine sort avec Émile depuis cinq mois. Elle est persuadée d'avoir trouvé l'« âme sœur ». Émile parle pendant des heures et elle l'écoute. Elle affirme que cela suffit à son bonheur. Heureusement d'ailleurs, car Émile est un véritable moulin à paroles. Et pendant qu'il parle, Karine sent le lien qui les unit. Elle est entièrement d'accord avec tout ce qu'il dit. Elle ressent profondément tout ce qu'il ressent. Elle envie l'existence qu'il a menée. Elle est impressionnée par ses réalisations. Le simple fait de se trouver aux côtés d'Émile, de l'écouter parler, donne à Karine l'impression de partager les exploits d'Émile. Elle est convaincue que l'avenir de leur relation est celui qu'elle a toujours imaginé.

Mais voici où le bât blesse : Karine ne dit mot. Elle n'interrompt jamais Émile, si ce n'est pour lui proposer une tasse de thé. Elle ne lui pose aucune question, même lorsqu'elle perd le fil du récit. Elle ne dit rien, même lorsqu'elle n'est pas d'accord avec l'opinion ou les idées d'Émile. Karine, en fait, est tellement attachée à son Émile de rêve qu'elle a perdu tout contact avec l'Émile réel. Parce qu'il est le genre d'homme dont elle a toujours rêvé, elle refuse de s'interroger pour savoir si c'est vraiment quelqu'un avec qui elle peut nouer une relation durable. Alors, elle se tait, elle fait son possible pour éviter de se révéler. Et elle ne pose aucune des questions cruciales qui l'aideraient à mieux connaître Émile.

Que pense Émile de tout cela? Se sent-il proche de Karine? A-t-il l'impression d'avoir rencontré l'âme sœur? Ou se comporte-t-il ainsi avec tout le monde? Karine est-elle simplement un auditoire commode? Tolérerait-il que quelqu'un vienne contester ses idées? Accepterait-il d'écouter les récits de Karine? C'est uniquement en se révélant à Émile que Karine trouvera les réponses à ces questions. Émile a effectivement mené une vie intéressante. C'est peut-être un homme merveilleux, mais Karine ne saura pas s'il est capable de nouer un lien intime tant qu'elle n'acceptera pas de se révéler à lui. Elle devra donc abaisser ses propres barrières intérieures tout en s'efforçant d'inciter Émile à abaisser les siennes. Elle devra lutter en permanence contre ses propres craintes pour parvenir à nouer la relation qu'elle mérite.

Antoine a rencontré Catherine à une soirée de Nouvel An. Ils ont dansé ensemble jusqu'à trois heures du matin. De fait, c'est le genre de rencontre qui ne se déroule qu'au cinéma: un homme aperçoit une femme à l'autre extrémité de la pièce, il se fraye un chemin jusqu'à elle, lui dit bonjour, se présente. Elle sourit. Il l'invite à danser. Et voilà, le tour est joué.

En théorie, Catherine est le rêve d'Antoine. C'est une femme superbe, athlétique, aux jambes interminables, au délicieux sourire, pleine d'assurance. Elle a un emploi rémunérateur, elle vit dans un joli appartement, elle est instruite, elle adore faire l'amour avec Antoine. Leur relation présente toutefois quelques accrocs, qu'Antoine est décidé à ignorer complètement. Catherine ne parle à aucun membre de sa famille et refuse d'expliquer pourquoi à Antoine. Elle n'aime pas qu'Antoine passe le reste de la nuit avec elle, mais refuse d'expliquer pourquoi. Elle affirme que son travail passe avant tout, mais refuse d'expliquer pourquoi. Elle n'accepte aucun cadeau de la part d'Antoine, mais refuse d'expliquer pourquoi. Elle ne prend jamais de vacances avec Antoine, mais refuse d'expliquer pourquoi. Elle ne veut absolument pas rencontrer les amis d'Antoine, ou sa famille, mais refuse d'expliquer pourquoi.

La Catherine de rêve a beau être très attrayante, la Catherine réelle est une énigme. Pourtant, Antoine est si épris de son rêve qu'il est prêt à vivre avec cette mystérieuse réalité. Lorsque Catherine dit: «Je ne veux pas en parler...», Antoine s'incline. Lorsqu'elle affirme: «C'est comme ça...», il ne se plaint pas. Lorsqu'elle dit quelque chose qui l'irrite, il refoule sa colère. Même lorsque Catherine se contredit, il évite de le mentionner. Il a peur d'extérioriser ses sentiments, peur de mettre la relation en danger. Mais ce qu'il refuse de comprendre, c'est qu'il n'y a pas de relation véritable entre lui et Catherine. Elle a élevé des barrières insurmontables, qui empêchent Antoine d'apprendre à la connaître. Quant à lui, terrifié par ces barrières, il évite de se révéler.

Nous perdons tout sens des réalités lorsque nos phantasmes prennent le dessus. En théorie, nous avons trouvé le partenaire idéal et nous sommes bien décidés à nouer une relation viable. Ainsi, nous ignorons tous les comportements qui nous mettent mal à l'aise, que nous désapprouvons ou que nous n'aimons pas. Nous enterrons nos doutes au plus profond de nous-mêmes, de peur qu'ils ne fracassent la perfection de nos phantasmes. Mais quel genre de relation pouvons-nous bien avoir dans ces circonstances? Une relation à laquelle nous n'avons aucune raison de faire confiance, qui ne repose sur rien. Et dès la première tempête (des problèmes personnels, une dispute, etc.) la relation risque fort de sombrer corps et biens.

Posez-vous les questions suivantes:

- Lorsque certains aspects de votre relation vous paraissent problématiques, avez-vous le courage de vous exprimer, pour sortir de l'impasse?
- Acceptez-vous moins parce que vous n'avez pas le courage de demander plus?

Pour laisser les autres apprendre à vous connaître vous devrez avoir le courage d'exprimer vos sentiments, vos doutes, vos conflits, vos enthousiasmes et vos opinions. Il ne s'agit pas ici de vous transformer en harpie ou en tyran. On ne vous demande ni de hurler ni de geindre. Tout ce que vous avez à faire, c'est d'exprimer calmement vos litiges, d'entamer régulièrement un dialogue sincère, sans fards. Évitez de laisser les griefs s'empiler. Apprenez à dire: «je ne suis pas d'accord», «je n'aime pas ça», «cela me met mal à l'aise», «cela me fait de la peine». Et, naturellement: «Je suis très en colère». N'affirmez pas que tout va bien quand tout va mal, que vous vous sentez bien lorsque ce n'est pas vrai. Analysez vos sentiments et les informations que vous recevez au moment même où ils se présentent à vous. Ne les emmagasinez pas jusqu'au moment où vous vous sentirez découragé, aliéné, étranger. Pour tout cela, il faut du courage.

CONNAISSEZ-VOUS LA DIFFÉRENCE ENTRE L'ACTION DE SE METTRE À NU ET CELLE DE SE RÉVÉLER?

Tout commence par une conversation téléphonique, un rendez-vous ou un bonjour amical. Ensuite, nous entrons dans la danse, nous flirtons, nous phantasmons, nous nous interrogeons, nous désirons, nous faisons de longues promenades, nous avons de longues conversations, nous survivons aux hauts et aux bas, à la nervosité et à l'embarras, ainsi qu'aux crises périodiques d'incertitude. Mais lorsque les relations sexuelles entrent en scène, tout change, par magie.

Beaucoup de gens ont l'impression qu'une relation ne débute réellement qu'une fois que les deux partenaires connaissent l'intimité sexuelle. Pendant des années, j'ai été moi aussi de cet avis. Tant que nous avons nos vêtements sur le dos, nous sommes «des amis». Mais dès que les vêtements s'envolent, nous devenons un couple. La relation sexuelle, qui symbolise l'acceptation, indique la fin de la cour et le début de «quelque chose de spécial». Les tensions s'évaporent, les craintes aussi. Nous commençons à nous décontracter. Et nous nous installons confortablement dans une relation qui n'existe pas.

La sexualité est l'un des principaux raccourcis vers la disparition totale des liens. Attention ici, je ne suis pas puritain, mon intention n'est pas de vous décourager de faire l'amour. Mais c'est ce que je constate régulièrement dans mon travail (et c'est un piège dans lequel je suis moi-même tombé à de nombreuses reprises). Le développement d'une relation sexuelle peut effectivement signaler l'apparition d'une relation affective mais, pour bien trop de couples, c'est le moment où ils cessent de tisser des liens. Au lieu d'être une manifestation de ce lien, la sexualité *devient* le lien, parfois le seul. Est-ce suffisant ?

Une relation sexuelle peut devenir ce que deux personnes partagent de plus intime, un lien physique extraordinaire, qui nous inonde d'un puissant sentiment d'émotion mutuelle. C'est véritablement quelque chose de sublime. Mais pour beaucoup de gens, c'est un ersatz de véritable intimité, voire le moyen d'éviter toute intimité. Trop souvent, la relation sexuelle devient le moyen de dénouer les liens. Prenons l'exemple de Nick.

Pour Nick, la seule intimité possible passe par la séduction et la sexualité. Dès que les sous-vêtements volent dans les airs, la relation a commencé. Tant qu'ils continuent de s'envoler, tout va bien.

Lorsque Nick se sent éloigné de sa partenaire, la solution se trouve sur l'oreiller. Lorsqu'il est irrité ou jaloux, la solution se trouve sur l'oreiller. Lorsqu'il a besoin d'être rassuré, lorsqu'il veut exprimer son affection, la solution se trouve sur l'oreiller. C'est ainsi qu'il a toujours mené ses relations.

Il se juge sensible et affectueux. Il a l'impression de partager ses sentiments, de s'intéresser aux besoins de sa partenaire. Mais tout, pour lui, passe par l'oreiller. Il estime que ça suffit. Malheureusement, ses partenaires ne sont pas toujours d'accord. C'est pourquoi Nick a été « assommé » une dizaine de fois par des femmes qui l'ont quitté sans « raison apparente ». « Nous faisons l'amour, c'est fantastique, explique-t-il. Cinq minutes plus tard, elle m'annonce que c'est fini. Je n'ai jamais compris pourquoi. »

Et pourtant, il devrait comprendre, car il a lui aussi souvent « plaqué » ses partenaires sans explication. À maintes reprises, il lui est arrivé de rompre brusquement, parce que la femme en question ne l'intéressait plus. Comment explique-t-il cela? «Oh! ça ne marchait pas.» Mais mon explication est légèrement différente. Car lorsque j'analyse les relations de Nick, je constate que le seul lien qu'il noue avec ses partenaires est de nature sexuelle. Cela ne suffit pas.

Une relation, c'est plus que la simple intimité physique. Beaucoup plus. L'intimité physique est extraordinaire, importante, mais en l'absence d'intimité affective, elle est condamnée. Si vous souhaitez nouer une relation durable, l'intimité physique ne suffit pas. Elle n'aide pas les gens à se révéler l'un à l'autre. Parfois même, elle les empêche d'apprendre à se connaître. Elle ne crée pas de lien véritable. Elle n'est pas la garantie de l'engagement. Elle n'est pas le ciment d'une relation. Et il faut du courage pour la maintenir à sa place.

ACCEPTEZ-VOUS LA SEXUALITÉ COMME SUBSTITUT DE L'INTIMITÉ, MÊME SI VOUS CONNAISSEZ LA DIFFÉRENCE?

Vanessa vit avec son ami Albert depuis près d'un an. Elle aimerait pouvoir fêter leur anniversaire. Mais elle commence à penser que leur relation n'ira jamais plus loin que la chambre à coucher. Vanessa veut un partenaire, une relation durable, une véritable intimité. Mais avec Albert, tout ce qu'elle obtient, ce sont d'agréables rapports sexuels.

Au début, elle était fascinée. Sa relation physique avec Albert était si passionnée qu'elle s'est très vite sentie proche de lui. Pourtant, elle admet aujourd'hui, même si elle ne l'avoue pas ouvertement, que le lien ne s'est jamais resserré. Chaque fois qu'elle essayait de parler de ses sentiments ou de ses besoins, au début, Albert changeait immédiatement le sujet de conversation. Depuis, elle se tait parce qu'elle a peur. Et elle a compris que la relation sexuelle était le seul moyen d'entrer en contact avec Albert, le seul moment où elle ne se heurtait pas à des barrières affectives.

Ce n'est pas qu'elle se méfie d'Albert. Elle pense qu'il éprouve de l'affection pour elle, dans la mesure où il est capable d'éprouver de l'affection pour quelqu'un. Elle est certaine qu'Albert n'est pas volage. Le problème, estime-t-elle, c'est que la relation est sans issue et qu'elle est dans l'impossibilité de mentionner le sujet à Albert. Elle ne lui parle pas non plus de sa vie ni de ses sentiments. Il a élevé des barrières insurmontables. Vanessa est « affamée ». Albert utilise la sexualité pour éviter de nouer une relation plus profonde. Vanessa en souffre.

Elle ne veut pas mettre un terme à sa liaison. Elle s'estime chanceuse d'avoir rencontré Albert. Mais elle ne sait pas combien de temps elle pourra survivre à une relation dépourvue d'intimité affective. Elle s'est tournée vers ses amis, vers son travail, vers la télévision pour remplir sa vie. Mais le sentiment de vide demeure.

Vanessa est un exemple intéressant parce qu'elle sait parfaitement ce qui manque dans sa vie. Beaucoup de gens sont fascinés à l'idée de nouer une relation sexuelle viable. C'est leur définition d'une relation dans laquelle les partenaires « se révèlent » l'un à l'autre. Ils n'en demandent pas plus. Mais Vanessa sait qu'il y a autre chose, qu'elle est privée de la richesse d'une relation plus complète. Elle sait ce que signifie le fait de se révéler à l'autre. Mais elle est incapable de prendre les mesures nécessaires, persuadée que cela lui coûterait sa relation.

Mais si tel est votre cas, que vaut votre relation ? Que perdrez-vous, exactement, en perdant la relation ? L'intimité sexuelle, aussi exaltante soit-elle, ne paiera pas la facture affective, ne vous sustentera jamais comme pourrait le faire une relation véritable. En outre, elle risque fort de se révéler éphémère. Ouvrir les bras pour une étreinte physique n'équivaut pas à ouvrir le cœur pour y laisser pénétrer quelqu'un. Si vous connaissez la différence, vous ne pouvez accepter moins dans l'espoir qu'un jour, cette portion congrue se métamorphosera en festin.

Posez-vous les questions suivantes :

- Ai-je tendance à confondre le lien sexuel avec l'intimité affective ?
- Ai-je tendance à considérer les rapports sexuels comme la panacée qui doit résoudre tous les problèmes du couple ?

- Avons-nous, l'un ou l'autre, tendance à utiliser les rapports sexuels comme le moyen d'éviter l'intimité affective?

Si vous avez répondu par l'affirmative à l'une des questions ci-dessus, vous devrez apprendre à exprimer vos pensées et vos sentiments en dehors de tout contexte sexuel. C'est à vous de trouver d'autres moyens d'extérioriser votre besoin d'intimité et de résoudre vos différends.

LORSQUE VOUS PARLEZ, ÉCOUTEZ-VOUS?

Diane adore parler. Alors, elle parle. Elle se décrit comme une excellente «communicatrice». Mais quiconque la connaît bien sait que tel n'est pas le cas. Diane ne communique pas vraiment. Tout ce qu'elle fait, c'est parler. Elle ne maîtrise pas ses paroles, elle ignore où son monologue l'entraînera. Elle ne laisse pas son interlocuteur ouvrir la bouche. Elle ne cherche pas à savoir si elle entre vraiment en communication avec lui. Elle ne pose pratiquement aucune question. Elle n'écoute presque pas ce que l'autre dit. Oh! elle a un tas d'histoires intéressantes à raconter, elle peut emplir n'importe quelle pièce du son de sa voix, mais elle ne sait pas communiquer autrement que de manière très superficielle.

Lorsqu'elle est seule, qu'elle ne parle à personne, elle se sent vide. Elle ne s'est jamais révélée à quiconque et n'a jamais laissé à quiconque la chance de se révéler à elle. Par conséquent, elle ressent cette absence de liens comme un vide. Elle ne comprend pas pourquoi, car elle est persuadée d'avoir d'innombrables amis. Mais en réalité, c'est très facile à comprendre. Son bavardage ininterrompu élève des barrières qui interdisent toute intimité, qui éliminent toute possibilité de nouer un lien significatif.

Diane croit que si elle avait un partenaire, il comblerait ce vide. Mais c'est uniquement en se révélant aux autres et en les laissant se révéler à elle qu'elle parviendra à le combler. Elle doit ouvrir ses yeux, ses oreilles et son cœur. Parler ne suffit pas.

ÉVITEZ-VOUS DE POSER DES QUESTIONS CRUCIALES PARCE QUE VOUS AVEZ PEUR QU'ON VOUS EN POSE ?

Toute relation vit des moments cahoteux. C'est alors que nous avons besoin de parler plutôt que de nous taire. Lorsque des problèmes surgissent dans votre relation, êtes-vous capable de poser les questions cruciales qui pourraient vous aider à vous rapprocher de votre partenaire ou éclaircir la situation ?

Posez-vous les questions suivantes :

- Ai-je tendance à détourner la conversation ou à refuser d'écouter les réponses de mon partenaire lorsque je n'entends pas ce que je désirerais entendre ?
- Ai-je peur que mon partenaire me pose des questions qui révéleraient ma peur de me rapprocher ?
- Ai-je peur de répondre à des questions qui révéleraient à quel point je suis vulnérable ?

Vous n'êtes pas en bons termes avec votre famille, alors vous évitez de demander à votre partenaire des nouvelles de la sienne. Vous détestez parler de votre travail, alors vous vous abstenez de l'interroger sur le sien. Vous avez honte de vos échecs amoureux, alors vous évitez de lui poser des questions sur ses antécédents. Vous êtes désargenté, alors vous évitez de l'interroger sur sa situation financière. Vous ne savez pas vraiment si vous êtes capable d'entretenir une relation durable, alors vous évitez de lui demander ce qu'il pense de l'engagement.

Parce que nous appréhendons les questions cruciales que toute relation fait surgir un jour ou l'autre, nous évitons de poser ces questions à nos éventuels partenaires. Nous croyons ainsi nous protéger. Nous croyons être équitables. Nous nous félicitons d'avoir réussi à éviter toute situation inconfortable. Mais en réalité, tout ce que nous faisons, c'est nous exposer à la déception, au sentiment d'aliénation, à l'incompréhension, à la confusion, à des phantasmes inaccessibles et, peut-être, à beaucoup de tracas.

Pour bâtir une relation, il faut absolument poser des questions épineuses et survivre à maints interrogatoires. Il faut faire de désagréables révélations. Il faut brosser un tableau complet de nous-mêmes et de notre partenaire. Pas à la première conversation téléphonique ou au premier rendez-vous, pas d'un coup. Mais c'est quelque chose qui doit arriver un jour ou l'autre. Et bien qu'il faille beaucoup de courage, plus tôt vous commencerez, mieux cela vaudra.

AVEZ-VOUS COUTUME DE SUSCITER DES CRISES POUR ÉVITER DE VOUS RÉVÉLER ?

Beaucoup de gens terrifiés à l'idée de laisser les autres apprendre à les connaître ne se connaissent même pas eux-mêmes. Ils se disent désireux de bâtir une relation authentique, de s'engager. Ils semblent faire tout ce qu'il faut pour cela. Mais malgré tout, une partie d'eux-mêmes semble réfractaire, cette partie qui refuse de se révéler aux autres.

Nombreux sont les moyens d'éviter toute intimité affective en donnant l'impression du contraire. L'état perpétuel de crise en est un. Prenons l'exemple d'Élise.

Lorsque Geoffroy rencontra Élise, elle étudiait pour obtenir un diplôme de technicienne ambulancière. Très vite, elle informa Geoffroy que son travail était si stressant qu'il la rendait incapable de supporter d'autres tensions. Lorsque des conflits surgissaient entre eux, Geoffroy se sentait moralement obligé de se taire. Deux semaines après les derniers examens d'Élise, l'une de ses anciennes collègues dut être hospitalisée pendant une semaine. Élise lui rendit visite tous les jours. Naturellement, elle rentrait chez elle dans un état d'épuisement total. Geoffroy, quant à lui, continuait d'enfouir tous ses griefs au plus profond de lui-même, persuadé qu'Élise était incapable de tolérer le stress supplémentaire d'une relation conflictuelle.

À la fin de l'année, Élise se trouva prise dans un tourbillon d'invitations. Elle convia à dîner une quinzaine de personnes pour l'Action de grâces. Malheureusement, elle n'avait aucune idée de ce que ce genre d'invitation entraînait et elle se retrouva en proie à la panique. Elle consacra deux semaines aux préparatifs, pendant que Geoffroy continuait de refouler ses problèmes. Juste avant Noël, Élise réalisa qu'elle n'avait pas encore fait ses achats et se mit à courir les magasins. Une fois Noël passé, elle invita Geoffroy à fêter le Nouvel An quelque part, ensemble. Après des recherches frénétiques de dernière minute, le couple réussit à s'envoler pour la Floride. Pendant le vol de retour, Geoffroy mobilisa tout son courage pour extérioriser quelques-unes de ses préoccupations. Élise en fut si irritée qu'elle s'enferma dans un mutisme total. La relation se termina ce jour-là.

La vie n'est facile pour personne. Les problèmes surgissent à intervalles réguliers. Les amis tombent malades, nous risquons de perdre notre emploi, un chauffard enfonce la portière de notre voiture sagement garée dans un stationnement public. Et le marché boursier s'effondre. Mais si vous avez l'impression que l'atmosphère, chez vous, est aussi tendue que dans une caserne de sapeurs-pompiers, vous devriez absolument examiner votre contribution aux calamités sans fin de la planète.

Il est de fait que les crises peuvent rapprocher les gens, mais ce n'est pas le genre de rapprochement qui permet de bâtir une relation durable. Et si vous croyez que l'état de crise permanent dans lequel vous vivez vous permettra de resserrer vos liens, vous risquez d'avoir un jour une mauvaise surprise. L'avenir se bâtit en temps de paix, non en temps de guerre. Vous devez vous sentir suffisamment détendu et équilibré pour résoudre un écheveau complexe de problèmes qui peuvent aller du plus flagrant au plus subtil. Les liens qui se tissent en situation de paix sont beaucoup plus solides que ceux que nous pouvons nouer en luttant contre un incendie ou en vivant à la course du matin au soir. Si vous souhaitez bâtir une relation durable, vous devrez absolument prendre le temps de vivre et d'abaisser les barrières les plus intimes. Et si vous évitez d'abaisser ces barrières, si vous utilisez l'état permanent de crise comme prétexte pour les maintenir, commencez à vous demander pourquoi. Je sais, pour cela aussi il faut du courage.

Posez-vous les questions suivantes :
- Ma relation semble-t-elle bondir d'une crise à l'autre ? Pourquoi ?
- Ai-je tendance à utiliser les crises, voire à en susciter, pour éviter de nouer une relation durable ? Pourquoi ?
- Ai-je tendance à m'immerger dans le drame de la vie de l'autre, en abandonnant mes propres priorités et besoins ? Pourquoi ?

ÉLEVEZ-VOUS DES BARRIÈRES MANIFESTES POUR ÉVITER DE VOUS RÉVÉLER AUX AUTRES ?

Aussi douloureusement paradoxal que ce soit, bien des gens, tout en affirmant qu'ils cherchent à bâtir une relation plus solide, font tout ce qu'ils peuvent pour repousser cette éventualité. J'ai moi-même compté parmi ces gens, pendant de nombreuses années. Est-ce aussi votre cas ? Si vous employez régulièrement des mots tels que « *mon* travail », « *mes* amis », « *ma* famille », « *ma* maison », « *mon* tiroir », vous faites aussi partie de ces gens-là. Il n'est même pas nécessaire de prononcer ces mots. Si vous les pensez, cela signifie que dans votre esprit, vous élevez des barrières entre vous et votre partenaire. Et vous vous privez tous deux de la chance de vous révéler l'un à l'autre.

Certaines personnes se claquemurent volontairement. Elles refusent de laisser quiconque s'approcher. Elles ne veulent surtout pas que les autres apprennent à les connaître. C'est leur manière de s'assurer qu'aucune relation ne risque de progresser au-delà d'un certain stade. Mais beaucoup de gens élèvent ces barrières sans même y penser, parce qu'ils ont l'habitude de jouer certains rôles, parce qu'ils sont prisonniers de comportements familiaux archaïques, parce qu'ils sont victimes de rivalité fraternelle ou simplement, parce qu'ils ont honte. Si tel est votre cas, vous pouvez faire beaucoup pour modifier le tracé de vos futures relations.

Je ne veux pas dire que chaque aspect de votre vie devrait fusionner avec celle de votre partenaire. Vous avez le droit de garder bien des choses pour vous. Mais il faut que vous preniez conscience de tous les « mon », « ma », « mes » qui imprègnent votre vie. Chaque fois que vous prononcez l'un de ces mots, vous repoussez votre éventuel partenaire quelques pas en arrière. Au contraire, le but de votre relation devrait être d'introduire votre partenaire dans votre monde, petit à petit.

Prenez maintenant le temps de regarder autour de vous.

Faites le compte des *gens* qui peuplent votre univers. Votre famille, vos amis, vos collègues, vos nombreuses connaissances. Combien de ces gens autorisez-vous votre partenaire à bien connaître ? De combien d'entre eux lui parlez-vous ?

Faites le compte des *endroits* qui peuplent votre univers. Votre bureau, les endroits où vous aimez passer vos loisirs, votre bistrot préféré, votre retraite de fin de semaine. Combien de ces endroits autorisez-vous votre partenaire à bien connaître ? De combien d'entre eux connaît-il l'existence ?

Faites le compte des *objets* qui peuplent votre univers. Votre maison, votre voiture, vos meubles, vos appareils ménagers. Combien de ces *objets* êtes-vous capable de partager avec votre partenaire ?

Pour bâtir une relation fondée sur l'engagement, nous devons trouver des moyens de nous lier à notre partenaire. L'un de ces moyens consiste à lui laisser partager notre univers, petit à petit. Naturellement, il ne s'agit pas d'ouvrir toutes les portes le premier jour. Mais tâchez de découvrir celles que vous n'ouvrez jamais ou que vous découragez vos partenaires éventuels d'ouvrir. Elles vous empêchent de vous révéler et freinent les progrès de la relation. Il faut du courage pour regarder ces portes et encore plus pour les ouvrir. Mais c'est ainsi que nous effectuons la transition entre la solitude et une relation qui nous est chère.

COMBIEN DE SECRETS AVEZ-VOUS ?

Y a-t-il en vous quelqu'un que personne d'autre ne connaît ? Refusez-vous de révéler vos antécédents familiaux à votre partenaire ? Refusez-vous catégoriquement de lui raconter l'histoire de votre vie ? Votre vie est-elle un « livre ouvert » ou, au contraire, jonchée de secrets que vous ne pouvez envisager de partager avec quiconque, même les gens qui vous aiment le plus ? Réfléchissez avant de répondre.

Souffrez-vous de troubles émotifs dont vous n'avez jamais parlé à personne, par exemple de dépression, d'anxiété, d'obsessions, de compulsions, de phobies ou de rage ? Êtes-vous secrètement toxicomane ou alcoolique ? Avez-vous souffert de violences sexuelles dont vous n'avez jamais parlé à personne ? Avez-vous des problèmes financiers que vous vous refusez à révéler ? Êtes-vous un mangeur compulsif ? Un acheteur compulsif ? Un joueur compulsif ? Êtes-vous d'un tempérament jaloux ? Souffrez-vous de rivalité fraternelle ? Avez-vous honte de certains aspects de votre vie que vous n'avez jamais révélés à quiconque ? Tout cela, quoi qu'on en dise, est très important.

Je ne vous suggère pas ici d'aller hurler vos secrets sur tous les toits. Je ne vous conseille même pas d'en parler à votre partenaire. Certains de ces problèmes doivent être confiés à des personnes qualifiées, psychothérapeutes ou conseillers, *bien avant* d'être étalés devant quiconque. Mais vous devez comprendre que chacun de ces secrets vous distancie de votre partenaire. Ils vous interdisent de vous révéler, ils élèvent autour de vous des murailles impénétrables, ils vous empêchent de nouer des liens sincères.

Et qu'en est-il des peccadilles, que vous ne considérez peut-être pas comme importantes ? Cachez-vous un stock de chocolat ? Une collection de magazines pornographiques ? Lisez-vous en cachette des romans à l'eau de rose ? Mangez-vous de la crème glacée lorsque personne ne vous voit ? Buvez-vous un peu trop de vin ? Passez-vous de temps à autre l'après-midi au cinéma, lorsque le travail vous paraît trop ennuyeux ? Laissez-moi répéter qu'il ne s'agit pas ici d'ouvrir les portes de votre vie à tout le monde. Mais vous devez comprendre que les petits secrets finissent par s'accumuler et former un obstacle concret, qui risque de freiner les progrès de votre relation. Peut-être ne sera-t-il pas insurmontable, mais il n'en existera pas moins.

Il est possible que vous ne soyez pas prêt à partager les problèmes importants avec votre partenaire. Peut-être ne le serez-vous jamais. Toutefois, le partage des «peccadilles» a lui aussi un rôle significatif à jouer. Votre partenaire vous comprendra mieux, aura une image plus riche, plus intéressante, plus complète de vous. Sans doute trouvez-vous cela difficile à croire, à ce moment précis, mais je vous assure que les petites bizarreries que vous essayez si désespérément de cacher sont aussi ce qui vous rend différent des autres, attachant. Vous êtes incapable de sortir sans avoir mis du rouge à lèvres. Vous vous inquiétez de votre calvitie naissante. Vous ne voulez pas révéler le surnom dont on vous avait affublé à la maternelle. Vous collectionnez les boîtes de céréales. Vous faites un drôle de bruit lorsque vous vous éclaircissez la gorge. Ce sont toutes ces choses qui font de vous un être unique, fascinant, extraordinaire. Elles vous donnent de la profondeur, de l'épaisseur. Ce sont toutes les petites caractéristiques qu'un partenaire peut aimer et veut continuer à aimer. Il faut véritablement du courage pour se montrer humain envers un autre être humain. Mais c'est le genre de courage qui permet de nouer un lien durable.

POURQUOI VOUS DISSIMULEZ-VOUS ?

Si ces secrets font partie intégrante de vous-même, pourquoi les dissimulez-vous ? La réponse tient en un mot de cinq lettres, un mot détestable : la honte.

La honte tue tout sentiment d'intimité, toutes les relations. La honte nous propulse vers la solitude et l'isolement. Elle est l'ennemi de l'engagement. Et pourtant, chacun de nous, chaque jour, doit lutter contre elle.

Si vous ressemblez à la majorité des hommes et des femmes que je connais, vous avez appris, à un moment donné de votre vie, qu'il n'était pas sans danger de vous livrer aux personnes les plus proches. Peut-être vos condisciples, vos frères et sœurs se sont-ils autrefois gaussés de vous. Peut-être avez-vous été réprimandé par vos parents ou vos professeurs. Peut-être étiez-vous incompris, ignoré, rejeté, complètement abandonné. Quoi qu'il vous soit arrivé, vous avez appris à verrouiller des parties de vous-même. L'univers dans lequel vous avez grandi n'a pas toujours été tolérant, compréhensif, coopératif. Vous n'avez pas reçu toute l'affection que vous attendiez et encore moins d'amour inconditionnel. Le monde extérieur s'est révélé extrêmement dangereux, douloureux. C'est pourquoi vous avez appris à « vous protéger ». Et vous avez appris la honte.

Il n'est pas facile d'oublier ce genre de leçon. C'est pourquoi beaucoup d'entre nous ont verrouillé à jamais ces parties d'eux-mêmes. Nous avons élevé des barrières insurmontables, dont nous n'avons même pas l'intention de discuter avec quelqu'un d'autre. Lorsque ces barrières sont menacées, nous sommes pris de panique. Si elles sont en danger de s'effondrer, nous prenons la poudre d'escampette. C'est notre manière de nous protéger, de nous assurer que plus jamais, on ne nous fera du mal.

NOS BARRIÈRES NOUS PROTÈGENT, MAIS EN NOUS ISOLANT

Si vous saviez que vos secrets vous maintiennent à l'écart, qu'ils sabotent silencieusement votre capacité de nouer des liens durables et profonds, vous efforceriez-vous de les garder ? Ou feriez-vous votre possible pour les divulguer ?

Nous croyons nous protéger lorsque nous dissimulons certains aspects de nous-mêmes. Mais chacun de ces secrets sape nos relations. Si nous dissimulons trop de choses, les liens s'effriteront complètement.

Dans le domaine des relations intimes, tout comme dans bien d'autres aspects de la vie, l'autoprotection n'est qu'une illusion. Il est amusant de porter un masque le soir de l'Halloween, mais le conserver toute la vie devient véritablement morbide. En dissimulant d'importantes informations, nous nous éloignons des êtres qui nous sont les plus chers, nous demeurons prisonniers de notre isolement. En l'absence d'indices qui révèlent ce que nous sommes, nous luttons âprement pour nouer des liens et nous obligeons nos partenaires à lutter aussi.

Le rejet est toujours douloureux. J'aimerais pouvoir vous offrir une potion magique contre lui. Mais je crois qu'il est encore bien plus douloureux d'être rejeté sans avoir jamais été connu de l'autre.

Ou de vivre une relation, un mariage, sans se révéler à l'autre. Il est encore plus douloureux de laisser passer toutes les chances de nouer une relation durable, parce que nous n'avons pas le courage d'être ce que nous sommes. Oui, il faut du courage pour laisser aux autres la possibilité de nous connaître, de ne plus jamais refermer la porte, mais le jeu en vaut largement la chandelle.

NE PERDEZ PLUS JAMAIS CONTACT

Dans les premiers temps de mon mariage, je me souviens d'avoir souvent regardé ma femme en pensant : « Je ne la connais pas du tout. Qui est cette personne ? » Et je suis sûr qu'elle devait se poser la même question. Même aujourd'hui, après plusieurs années de vie commune, cette étrange sensation refait parfois surface. Pourtant, nous nous sommes fermement engagés à détruire nos barrières intérieures et à nous révéler l'un à l'autre, pour le meilleur ou pour le pire. C'est pourquoi je me sens déjà, après cinq ans d'union (dont deux ans de mariage), plus proche de ma femme que de quiconque dans ma vie, y compris d'amis d'enfance. Ce sentiment n'est pas engendré par le fait que nous vivons sous le même toit ou que nous dormons dans le même lit. Il est le fruit de nos multiples tentatives pour nous connaître et nous comprendre l'un l'autre. Le sentiment d'amour et de loyauté qui naît de ces liens puissants est assez solide pour protéger notre relation en dépit des moments de frustration, des épreuves douloureuses et des disputes acerbes (mais oui, il nous arrive de nous disputer). Notre connaissance mutuelle nous a alliés l'un à l'autre plus solidement que n'importe quel serment ou n'importe quel contrat aurait pu le faire.

Lorsque deux amis se séparent, ils se promettent souvent de garder contact. C'est le conseil que je souhaite vous donner ici et je vous assure que je ne plaisante pas. Si vous souhaitez bâtir une relation véritable, enrichissante et durable, vous devez garder contact avec vous-même et avec votre partenaire. Plus vous en saurez sur vous-même, plus vous vous révélerez à l'autre, plus vous encouragerez votre partenaire à se révéler à vous, mieux vous parviendrez à nouer le genre de lien que vous recherchez.

Oui, c'est très difficile et les risques sont légion. Mais il est bien plus dangereux de dissimuler la partie essentielle de vous-même. Une relation fondée sur l'engagement exige plus que du travail. Vous devez absolument avoir la foi, croire qu'en courant ces risques, vous vous rapprocherez l'un de l'autre. Et bien sûr, il vous faudra un courage inébranlable.

SIXIÈME OBSTACLE

Le courage d'apprendre la leçon de l'acceptation

Eugénie et Léonard sont tous deux septuagénaires. Lorsqu'ils se promènent bras dessus bras dessous, l'intimité de leur couple est aussi flagrante qu'enviable. Si vous prêtez l'oreille, vous entendrez toutes les histoires, tous les sentiments qu'ils partagent depuis de nombreuses années. Mariés depuis près de quarante ans, ils sont encore très amoureux l'un de l'autre. Eugénie affirme qu'en ce qui la concerne, l'acceptation est la principale leçon qu'elle a tirée du mariage.

Tous deux conviennent qu'avec les années, chacun a cessé d'essayer de changer l'autre. Ils ont fini par comprendre qu'il n'existe pas deux personnalités identiques et que dans un couple, il y aura toujours des points de désaccord. Eugénie explique qu'ils sont parvenus à une entente, il y a de cela des années : lorsque l'un des deux est véritablement agacé par quelque chose que l'autre a fait ou n'a pas fait, au lieu de le critiquer ou de provoquer une dispute, il tâche de réfléchir à l'importance de la relation et d'accepter plus volontiers les petits défauts de son conjoint.

L'intimité et l'acceptation sont directement reliées l'une à l'autre. Pourtant, les gens qui ne parviennent pas à s'engager ne semblent pas comprendre le rôle que l'acceptation joue dans un amour durable. Notre capacité d'accepter un partenaire, avec toutes ses imperfections humaines, est le véritable paramètre de notre capacité d'aimer. Après tout, ne désirons-nous pas être acceptés pour ce que nous sommes ? Mais combien d'entre nous sont assez mûrs, assez chaleureux pour accepter leurs partenaires avec amour ?

SANS ACCEPTATION, PAS D'INTIMITÉ POSSIBLE

Annie n'a jamais pu accepter un homme tel qu'il est. Elle n'a jamais non plus accepté les relations qu'elle a nouées au cours de sa vie. Que dit-elle des hommes qu'elle a connus ? Bien des choses. Que celui-ci n'est pas assez intelligent, que celui-là manque de charme. Que le troisième n'est pas assez expérimenté ou assez raffiné. Parfois, on croirait entendre Oz, l'omniscient.

Ses amis sont perplexes. Car bien qu'elle trouve des défauts à chacun de ses partenaires, il ne s'agit pas forcément de caractéristiques répréhensibles. Ses amis sont absolument ébahis de constater qu'elle est capable de tolérer des problèmes graves, tout en faisant une obsession de certaines broutilles. Par exemple, elle ne semble pas se rendre compte que son ami actuel est un imbécile égocentrique, qui ne sait que parler de lui-même et de son ennuyeuse carrière. Non, ce qu'Annie accepte mal, c'est que Daniel a fréquenté ce qu'elle considère comme une université médiocre. Auparavant, elle sortait avec Laurent, véritablement gentil et intelligent. Mais Annie le traitait de « provincial » et affirmait que le goût du pauvre garçon en ce qui concerne les chaussures était la preuve de son manque d'envergure.

Dans une certaine mesure, je comprends Annie, car j'ai moi aussi vécu ce genre de situation. Je déclarais vouloir rencontrer des femmes complexes, « intéressantes », mais après avoir effectivement fait la connaissance d'une femme de ce genre, je la rejetais sous prétexte qu'elle avait un passé « trop chargé ». Naturellement, c'était cette expérience qui la rendait complexe et intéressante. Et je n'avais pas besoin de chercher les « défauts » de mes partenaires. Ils me sautaient rapidement aux yeux et tout cela me paraissait parfaitement raisonnable. Je n'avais pas l'impression de chercher des prétextes de rupture. Les problèmes étaient évidents : certaines femmes étaient « trop âgées », d'autres étaient « trop jeunes ». L'une d'entre elles n'était pas habituée aux activités culturelles d'une grande ville.

ACCEPTATION ET IMAGE

Je comprends également très bien Charles, qui pourrait passer pour le modèle de l'homme atteint de phobie de l'engagement. Dans tous les aspects de sa vie, il a des difficultés à prendre une décision. Cette attitude n'a rien d'étonnant chez quelqu'un qui vit dans la peur. Charles, par exemple, est incapable de se décider sur la marque de voiture à acheter. Quant à savoir avec quelle femme il aimerait passer sa vie, ce n'est même pas la peine d'y songer. Pour lui, chaque voiture, aussi extraordinaire soit-elle, projette une image qui n'est pas forcément celle qu'il recherche. La sécurité est importante, certes, mais il n'achètera jamais une Volvo, parce que c'est une voiture de type familial et qu'il est l'archétype du célibataire. Mais il n'achètera jamais non plus un coupé sport, parce qu'il craint de projeter l'image du gai luron, du célibataire trop endurci.

À l'instar de maints hommes et femmes, Charles utilise les apparences – garde-robe, voiture, amis, montres, voisinage et femmes – pour transmettre au monde extérieur un message très clair sur ce qu'il veut être. Chacune de ses conquêtes a été victime de cette obsession de l'image. Il tombe amoureux lorsqu'il rencontre une femme qui parle ou agit d'une certaine manière, qui possède un certain physique. Mais au fur et à mesure que la relation progresse, un déclic se produit dans sa tête et il devient conscient des carences de sa partenaire.

Je comprends Charles, car il m'a fallu des années de travail pour résoudre un grand nombre de mes problèmes d'image. Par exemple, j'étais fasciné par les femmes à la plastique parfaite, ainsi que par les Européennes, que je considérais comme raffinées par définition. Lorsqu'une femme répondait à mes critères, j'en arrivais à ignorer des éléments cruciaux de sa personnalité. Je m'étonnais moi-même. J'acceptais tout ce que je n'aurais pas dû accepter. Mais je ne tolérais aucune faiblesse humaine. Lorsque nous étions seuls, tout allait très bien. Mais dès que nous étions en public, je prenais mes distances, car ma partenaire ne se montrait pas à la hauteur de ma notion superficielle de l'image que je souhaitais projeter. De petites imperfections humaines devenaient souvent des défauts tragiques que je ne pouvais accepter. Je ne m'imaginais pas que mon attitude pût compromettre ma capacité de connaître l'intimité véritable et de m'engager. Mais c'était pourtant le cas.

Lorsque deux êtres se rencontrent et tombent amoureux l'un de l'autre, on a parfois l'impression qu'ils sont d'accord sur tout. Au premier rendez-vous, par exemple, le garçon ordinaire acceptera d'aller voir un film «pour filles», simplement pour être avec «elle» et lui tenir la main. Mais lorsqu'il reprendra ses esprits et se souviendra qu'en réalité, c'est un tout autre genre de film qui lui plaît, il acceptera beaucoup moins facilement de céder aux préférences de quelqu'un d'autre. En général, lorsque vous rencontrez quelqu'un qui vous plaît, vous vous moquez de savoir si cette personne boit du lait écrémé, du lait entier ou du lait de chèvre. Mais au fur et à mesure que la relation progresse, vous commencez à remarquer ces détails. Pour les hommes et les femmes qui ne parviennent pas à s'engager, ces futilités acquièrent une importance disproportionnée.

En outre, à mesure que la relation acquiert une certaine solidité, ces personnes commencent à se sentir mal à l'aise, prisonnières. Incapables de cerner la source de leur malaise, elles blâment la relation. Voici le raisonnement classique : «Si seulement je pouvais m'éloigner un peu de X, je me sentirais mieux… Je me sentirais libre.» Ensuite, ces hommes et ces femmes commencent à trouver toutes sortes de défauts, qu'ils estiment intrinsèques, à leur partenaire. En général, il s'agit de caractéristiques qui existaient déjà au début de la relation et qu'ils avaient acceptées de bon cœur.

Par exemple, Hector, écrivain de quarante-deux ans, vit avec Suzanne depuis deux ans. Mais aujourd'hui que le couple commence à parler mariage, Hector prend ses distances. Il estime, a-t-il confié à son meilleur ami, que les seins de Suzanne sont trop petits.

Jeanne jugeait son ami parfait, jusqu'au jour de leurs fiançailles. Aujourd'hui, elle le trouve trop introverti et estime qu'il ne gagne pas assez d'argent.

Henri, quant à lui, est déchiré entre deux femmes, qui présentent chacune de merveilleuses qualités. Naomi est grande, mince, élégante et blonde. Brandi est menue, adorable, amusante et brune. Quel dilemme ! Il est incapable de déterminer quelle est celle qu'il aimerait avoir comme compagne pour le restant de ses jours.

Tout cela vous paraît superficiel, n'est-ce pas ? Et pourtant, ce sont souvent des raisons aussi superficielles qui nous incitent à entamer ou à rompre une relation. Il est très facile de dresser la liste des défauts ou lacunes de nos partenaires, défauts ou lacunes qui n'ont souvent pas grand-chose à voir avec la profondeur de notre relation humaine.

QU'EST-CE QUE NOUS REFUSONS D'ACCEPTER ?

La lutte que nous menons pour accepter notre partenaire tel qu'il est semble toujours s'orienter vers quelque chose d'extérieur. N'avez-vous pas cette impression ? Elle n'aime pas la coupe de cheveux de son compagnon. Quant à lui, il n'apprécie pas le maquillage de sa compagne. Elle aimerait qu'il trouve un emploi mieux payé. Il aimerait qu'elle ait le sens de l'humour. Pourtant, cette capacité d'accepter un autre être humain tel quel plonge ses racines dans une lutte interne, une lutte qui débute en réalité par une insatisfaction profonde.

Les défauts dont nous accablons notre partenaire ne sont en fait qu'une projection du mépris que nous ressentons à l'égard de ce que nous percevons comme nos propres défauts. Par exemple, vous estimez qu'il n'est pas assez riche ou pas assez brillant pour vous, parce qu'au fond de vous-même, vous n'êtes pas sûre de l'image que vous présentez au monde extérieur. Vous critiquez son comportement carriériste parce qu'au fond de vous-même, vous vous reprochez de n'avoir pas été plus loin dans votre propre profession ou d'être incapable de survivre à la foire d'empoigne. Vous critiquez l'absence de raffinement de ses tableaux, parce qu'au fond de vous-même, vous craignez que vos amis ne vous jugent défavorablement à partir du talent de votre partenaire. Vous critiquez l'étroitesse de sa relation avec ses parents, parce que vous souffrez de l'absence de liens dans votre famille.

Ce que vos critiques signifient, c'est que vous recherchez un partenaire susceptible de vous aider à vous sentir bien dans votre peau. Elles signifient aussi que vous vous êtes déchargé sur votre partenaire de tous vos problèmes d'image et de qu'en-dira-t-on.

Croyez-moi, si vous refusez d'accepter les imperfections humaines de votre partenaire, c'est principalement parce que vous êtes incapable de vous accepter vous-même. Comment puis-je en être si sûr, me demanderez-vous ? Mais c'est simplement parce que si vous étiez satisfait de votre sort, vous n'éprouveriez pas le besoin de critiquer votre entourage. En effet, les gens qui se sentent bien dans leur peau, qui aiment leur vie et sont satisfaits de ce qu'ils ont, acceptent plus facilement les autres. Ils sont plus indulgents, plus ouverts. Les défauts des autres, leurs excentricités, leur manque de vocabulaire, leurs choix de carrière ne les préoccupent guère. Pour eux, ce sont simplement des mots, des broutilles. Ils n'ont pas l'impression que tout ce que fait ou dit leur partenaire rejaillit sur eux.

Si vous voulez apprendre à accepter, vous devrez commencer par effectuer un rigoureux inventaire des aspects de votre existence dont vous êtes insatisfait. De quoi avez-vous honte ? Dans quels domaines vous sentez-vous vulnérable ? Quels genres de tortures mentales vous infligez-vous ? Sous quels rapports vous sentez-vous « inférieur » ? Quelles sont vos sources principales d'insatisfaction interne ? Pourquoi exigez-vous de votre partenaire qu'il/elle présente certaines caractéristiques ? Pourquoi ne l'acceptez-vous pas tel qu'il/elle est ?

Comprenez bien, une fois encore, que nous ne sommes pas toujours conscients de ces luttes intérieures. Les conflits inconscients nous rendent encore plus critiques, plus insatisfaits que ceux qui bouillonnent déjà en surface. Mais examinez les aspects de votre vie qui suscitent votre désapprobation et essayez de découvrir les racines du problème. Essayez également de comprendre que votre voix si critique n'est que l'écho de voix qui, autrefois, vous ont jugé défavorablement.

Qu'est-ce qui vous a persuadé que votre physique n'était pas assez avantageux, que votre intelligence était médiocre, que vos choix étaient erronés? Et ainsi de suite. Qu'est-ce qui vous a fait croire que vous n'étiez pas à la hauteur? Et comment avez-vous fait pour transposer la situation au désavantage de votre partenaire? Plus vous vous accepterez, plus vous deviendrez capable d'ouvrir votre cœur afin de trouver et d'accepter les partenaires qui vous conviennent. Si vous savez que vous êtes un être remarquable, vous serez en mesure d'accepter et d'apprécier vos choix.

L'AUTRE EXTRÊME : PEUT-ON SE MONTRER TROP TOLÉRANT ?

Alors que certaines personnes n'acceptent rien, d'autres s'enorgueillissent de leur capacité d'accepter l'inacceptable. Prenons l'exemple de Michèle. Lorsqu'elle rencontra Bob, l'an dernier, il lui déclara que pour elle, il marcherait sur des charbons ardents. Quelques mois plus tard, elle s'aperçut que c'était elle qui accomplissait tout le travail. C'était toujours elle qui allait acheter les billets, qui faisait les courses et la cuisine, qui adaptait ses besoins à l'horaire de Bob, à ses humeurs et à ses désirs. Elle allait jusqu'à transporter les dizaines de litres d'eau minérale que Bob buvait lorsqu'ils se trouvaient chez elle, sous le prétexte que l'eau du robinet n'était pas bonne.

Puis Michèle découvrit que Bob la trompait… tous les jeudis soir. Il lui expliqua qu'il l'aimait, certes, mais qu'il avait besoin de temps pour rompre avec une femme qu'il avait connue avant sa rencontre avec Michèle. Celle-ci accepta l'explication. Elle alla jusqu'à croire Bob lorsqu'il affirma ne plus avoir de relations sexuelles le jeudi soir avec son ancienne amie.

Plusieurs mois à l'avance, Bob déclara à Michèle qu'il envisageait la possibilité d'un voyage d'affaires d'une semaine en Californie et l'invita à l'accompagner, affirmant qu'il aurait suffisamment de loisirs pour se promener avec elle. Michèle demanda son congé, acheta quelques vêtements et prévint la personne chargée de promener son chien en son absence. Deux jours avant le départ, Bob expliqua que ses plans avaient changé. La compagnie avait modifié son règlement et étant donné qu'il s'agissait d'un voyage d'affaires, Bob ne pouvait plus allier plaisir et travail. Michèle, bien que très déçue, s'inclina.

Pour lui prouver qu'elle ne lui en voulait pas, elle décida d'aller lui dire au revoir à l'aéroport. Sans le prévenir. La première personne qu'elle aperçut fut Bob, qui allait monter en avion, en compagnie d'une autre femme. Michèle courut se cacher aux toilettes, mais lorsque Bob revint de Californie, elle lui fit face. Bob expliqua qu'il lui en avait beaucoup coûté de devoir lui mentir, mais qu'il ne savait comment lui dire la vérité, à savoir que l'autre femme était trop fragile pour accepter une rupture brutale. Il avait donc prévu de la préparer pendant ce fameux voyage. Michèle essaie aujourd'hui de se convaincre que Bob ne lui a pas menti.

Aussi erronée que soit sa conception de l'amour, Michèle n'est pas seule dans cette situation. Hommes et femmes acceptent toutes sortes de comportements, plus ignobles les uns que les autres, au nom de l'amour. Ils sont persuadés, bien à tort, que s'ils se protègent, ils perdront leur capacité d'aimer et d'accepter. Ils sont véritablement convaincus qu'en acceptant inconditionnellement tout de leur partenaire, ils obtiendront une récompense fabuleuse. Souvenez-vous de la chanson *What I did for Love* (« Ce que j'ai fait par amour »). Michèle et les autres doivent apprendre que ce n'est pas dans le domaine des relations intimes qu'il faut se prendre pour la réincarnation de Mère Teresa. Bien sûr, nous savons tous que Michèle n'accepte pas véritablement Bob pour ce qu'il est, un mufle déloyal et manipulateur. Ce qu'elle essaie de faire, c'est de tolérer son comportement pathologique dans l'espoir que la relation, que l'amour dont elle le comble, susciteront un miracle et qu'*il changera*. Elle peut toujours attendre. Mais surtout, sa tolérance excessive l'empêche de trouver un partenaire plus sincère.

Michèle doit comprendre que nous tolérons des relations qui nous font souffrir simplement parce que nous sommes incapables de nous accepter nous-mêmes. Nous sommes persuadés que nous ne valons rien et c'est cette opinion négative qui nous incite à tolérer des comportements abominables. « Qui d'autre voudrait de moi ? pensons-nous, je suis loin de la perfection, j'ai tant de problèmes, ma famille est dysfonctionnelle, j'ai raté ma vie, je suis moche, je suis stupide, je manque d'éducation, je fais un métier ennuyeux, je ne gagnerai jamais beaucoup d'argent...»

De fait, certaines personnes sont si conscientes de leurs «défauts» qu'elles ont littéralement accepté de passer un marché avec elles-mêmes : «J'accepterai qu'il refuse de gagner sa vie s'il accepte mes grosses cuisses et le désordre dans mes placards.» Ou bien : «J'accepterai de me faire harceler par cette mégère si elle accepte mon ergomanie.» Ou encore : «J'accepterai qu'il boive comme un trou s'il accepte mon dégoût des relations sexuelles.» Le problème, naturellement, c'est que nous passons unilatéralement ces marchés. Une fois que Michèle, par exemple, eut accepté l'infidélité de Bob, celui-ci s'empressa d'en rajouter. Tandis que Michèle lutte pour maintenir la relation à flot – en espérant que Bob changera – le comportement de ce dernier devient de plus en plus exagéré, de plus en plus outrancier.

Par conséquent, tirons-en une bonne leçon : **Accepter ne signifie pas tolérer le comportement ignoble de notre partenaire dans l'espoir de le voir changer un jour.**

Voici une liste partielle de ce que nous ne devrions jamais accepter : des partenaires qui nous maltraitent, physiquement, affectivement, financièrement ou verbalement ; des partenaires qui ne sont pas gentils envers nos enfants, nos animaux domestiques, nos amis ou notre famille ; des partenaires qui nous trompent ou qui nous mentent ; des partenaires qui n'agissent pas dans de bonnes intentions ; des partenaires qui ne souhaitent pas que nous réussissions dans la vie ; des partenaires qui nous dénigrent.

QUE DEVRIONS-NOUS ACCEPTER ?

Pour nouer un lien sincère, il faut savoir exactement ce que signifie l'acceptation. Voici quelques suggestions pour introduire un peu plus de tolérance dans votre vie.

Accepter l'amour

Voilà une tâche qui risque de se révéler ardue pour les personnes qui ont du mal à s'engager, parce qu'elles ne connaissent pas vraiment la définition de l'amour. Elles ont tendance à confondre l'amour avec le désir non assouvi, avec la passion, avec la douleur. Elles savent parfaitement ce qu'est la poursuite d'un nouveau partenaire, l'envie d'une bonne relation, la nécessité de faire plaisir à quelqu'un qu'elles aiment. Mais, en général, elles ignorent ce qu'est l'amour. Car il les met mal à l'aise.

Ces personnes passent parfois leur vie en quête d'un amour durable, nouant des relations avec des partenaires tièdes ou inaccessibles. Naturellement, cela les fait beaucoup souffrir. Leur mode de vie exige une grande énergie psychique et une forte tolérance de la douleur. Mais pour beaucoup d'entre nous, il est plus facile de vivre ces relations chroniquement insatisfaisantes que d'accepter l'amour. Nous sabotons l'amour, nous luttons pour le repousser. Nous le fuyons et nous le dénigrons. Nous comprenons rarement ce que nous faisons, pourquoi nous le faisons. Même lorsque nous savons nous montrer très affectueux, nous trouvons difficile de vivre avec quelqu'un qui nous aime autant. Il n'est pas facile de laisser les autres nous aimer véritablement. Pourquoi ?

Certains d'entre nous se méfient de l'amour. D'autres ne le reconnaissent pas. La majorité est persuadée qu'il ne durera pas. L'amour éveille notre sentiment de culpabilité, notre vulnérabilité, il nous rend « faibles », dépendants, insécures, dépourvus de tout pouvoir de décision. Ce sont là des sentiments indésirables. Par conséquent, même si nous acceptons la grande passion avec toute son intensité, nous aurons du mal à accepter l'amour tout simple, humain, terre-à-terre, bien intentionné, le genre d'amour qui naît et s'épanouit en l'absence du mélodrame et des débordements hormonaux. Mais c'est justement cet amour, c'est lui et lui seul qui permet à une relation de croître et de prospérer.

Acceptez-vous tel que vous êtes et acceptez votre mode de vie

Alain est enseignant. C'est un rat de bibliothèque, un homme au physique ordinaire, qui ne s'intéresse qu'aux femmes du genre actrice ou mannequin, soit des femmes vers lesquelles tous les regards masculins convergent. Pendant ce temps-là, la moitié de ses collègues de travail le trouvent séduisant. Mais naturellement, il ne s'en rend pas compte.

Babette, à trente-neuf ans, est divorcée et mère de deux filles qu'elle adore. Elle est aussi criblée de dettes, car elle ne s'intéresse qu'aux chômeurs bien bâtis, dans la vingtaine. Elle tourne le dos aux braves types qui travaillent.

Jacob s'intéresse de près à sa religion et s'efforce de trouver une voie spirituelle. Il aimerait également trouver une âme sœur. Pourquoi, dans ce cas, la recherche-t-il au bistrot du coin au lieu de s'intéresser aux femmes susceptibles de partager ses intérêts?

Johanne déclare vouloir un mari qui attachera autant d'importance qu'elle aux «valeurs familiales». C'est pourquoi elle passe son temps à essayer de convaincre une ribambelle de dons Juans alcooliques et endettés qu'ils devraient changer.

Beaucoup de gens sont incapables d'accepter ce qu'ils sont et le genre de partenaire qui leur conviendrait. Au lieu de tirer parti de nos points forts, nous nous laissons mener par nos points faibles. Nous ne sommes ni honnêtes ni sincères envers nous-mêmes. Nous faisons des choix désastreux. Nous nous comportons comme des idiots.

Pourtant, il arrive que les contraires s'attirent. Il peut être intéressant d'explorer un monde tout à fait différent du nôtre. Mais ces rêves forment rarement le fondement d'une relation. De fait, ils représentent souvent le moyen d'éviter la relation. Tôt ou tard, vous devrez vous accepter tel que vous êtes et accepter également votre mode de vie. Vous pouvez flirter avec d'autres mondes, pendant quelque temps, essayer de vous introduire dans un milieu différent, mais vous n'y gagnerez rien, même si vous en sortez indemne. Surtout si ce milieu n'a aucun lien avec votre personnalité.

Acceptez l'idée que la perfection n'est pas de ce monde

Les gens me demandent souvent s'ils devraient se contenter d'une relation imparfaite. Mais je n'aime pas le verbe *se contenter*. Pas plus que l'adjectif *imparfaite*. Si votre relation est équilibrée et affectueuse, vous ne vous êtes pas simplement contenté de quelque chose de banal. Votre relation est un don qui exige du temps, des efforts et des soins.

Le seul partenaire parfait est celui qui s'est enfui, qui ne veut pas de vous ou qui a épousé quelqu'un d'autre. Les partenaires ne sont parfaits que dans nos phantasmes. Il suffit de fréquenter quelqu'un pendant un laps de temps suffisant pour que ses imperfections apparaissent. Les vôtres aussi, d'ailleurs. Vous pourrez toujours passer votre vie à la poursuite de partenaires inaccessibles, en essayant de vous convaincre que si ces personnes vous aimaient, vos rêves deviendraient réalité.

Mais sachez bien qu'*une seule personne ne suffira pas à répondre à tous vos besoins*. C'est impossible. L'une de mes connaissances m'a un jour parlé d'un homme qu'elle avait rencontré, que nous appellerons Gérard, un quadragénaire qui ne s'était jamais marié. Elle lui avait demandé pourquoi. Voici ce qu'il avait répondu : « Je n'ai pas épousé Marthe, ma dernière compagne, parce qu'elle ne cuisinait pas aussi bien que la précédente, Jackie. Mais je n'avais pas épousé Jackie parce qu'elle n'était pas aussi bonne skieuse que Paule. Et je n'avais pas épousé Paule parce qu'elle n'aimait pas sortir et n'avait pas l'air fantastique en bikini… » Et la liste de Gérard se poursuivit une bonne demi-heure.

Chacune de ces femmes aurait sans doute pu rendre Gérard heureux. Ou peut-être, aucune d'entre elles n'y aurait réussi. Nous ne le saurons jamais. Lui non plus. Mais ce que l'énumération nous révèle, c'est que Gérard n'y a jamais vraiment mis du sien. Toutes ces relations étaient vouées à l'échec, aucune n'avait la moindre chance de réussir. Et si Gérard ne change pas, ce sera là l'histoire de sa vie.

Acceptez votre partenaire comme un être distinct de vous et unique en son genre

Ne souhaitez-vous pas faire de votre partenaire un clone de vous-même, lui faire aimer les mêmes plats ou les mêmes films, l'inscrire au même parti politique, le convertir à votre religion, lui dicter ses habitudes personnelles, ses valeurs et ses priorités ? Ne serait-ce pas merveilleux ? Ou, au contraire, ennuyeux au possible ?

Ce que nous recherchons souvent, dans une relation, c'est une fusion intégrale. Deux têtes et deux cœurs qui ne font qu'un. Mais l'une des conditions d'un amour durable est l'acceptation des différences. Vous laissez les factures, les formulaires et les déclarations de revenus s'empiler jusqu'à la dernière minute tandis que votre conjoint s'en occupe le jour où ils arrivent. Aussi loin que remontent vos souvenirs, vous rêvez de passer vos dimanches soir à revoir des vieux films en dégustant un repas chinois, tandis que votre partenaire déteste la cuisine chinoise et ne regarde jamais deux fois le même film. Vous avez coutume de fixer un petit gadget à votre tube de dentifrice pour qu'il s'enroule correctement au fur et à mesure que vous le videz. Vous aimez tellement ce petit gadget que vous en avez offert un à votre partenaire… qui a réagi en se tordant de rire pendant un bon quart d'heure.

L'acceptation d'un autre être, son entrée significative dans notre vie n'a rien à voir avec une fusion symbiotique, aussi malsaine qu'incommode. Deux esprits qui ne font qu'un, deux cœurs qui ne font qu'un, tout cela tient du phantasme irréalisable. Deux personnes ne peuvent fusionner. Au demeurant, elles ne devraient même pas pouvoir le faire. Dans le meilleur des cas, aussi puissants que soient l'attirance et le lien initiaux, l'acceptation d'un autre être dans notre vie se fait par petites étapes.

Quel que soit le temps que vous passez avec votre partenaire, quel que soit le nombre d'intérêts que vous partagez, aussi passionnée que soit votre relation physique, vous demeurerez deux êtres distincts. Vous n'assumerez pas la vie de votre partenaire, pas plus qu'il ne devrait assumer la vôtre. Il faudrait, au fur et à mesure que l'affection se développe, que chacun de vous devienne de plus en plus visible aux yeux de l'autre, pour ce qu'il est, afin que vous puissiez apprécier vos différences.

Le beau-père de mon épouse, originaire du Midwest, est un ornithophile passionné, rédacteur d'un bulletin d'ornithologie. Lorsque j'ai rencontré Jill, elle ne cessait de parler d'oiseaux. Son beau-père avait réussi à lui transmettre sa passion. Quant à moi, étant natif de New York, les seuls oiseaux que j'avais jamais remarqués dans mon enfance étaient les détestables pigeons qui salissaient le rebord des fenêtres. Lorsque Jill se mit à me désigner les oiseaux qu'elle voyait dans les arbres, je me gaussai d'elle, à la manière du New-Yorkais blasé, qui se moque bien de la nature. Elle en fut blessée, ce qui me conduisit à cesser de la provoquer, puis à m'interroger sur mes idées rigides. Aujourd'hui, nous avons une magnifique mangeoire dans le jardin. Je l'ai offerte à Jill pour son anniversaire, mais j'avoue que l'un de mes premiers gestes le matin, c'est d'aller voir si nous avons des visiteurs ailés. J'en éprouve un plaisir extraordinaire, peut-être encore plus grand que celui de Jill, car pour moi, c'est aussi le plaisir de la nouveauté. J'ai dû abandonner mes réflexes mesquins pour accepter des idées nouvelles, qui m'ont ouvert l'esprit. L'ornithophilie a, par conséquent, contribué à nous rapprocher.

Au fur et à mesure que l'amour grandira, vous découvrirez que si vous souhaitez bâtir une relation durable, vous ferez l'une de ces deux choses : soit vous vous irriterez chaque fois que vous constaterez que votre partenaire n'est pas votre copie conforme, soit vous considérerez cette différence comme une source extraordinaire de richesse, un piment supplémentaire dans votre vie, un intérêt que l'on ne peut imaginer avant de le vivre. C'est cela la relation, c'est cela le lien qui vous unit.

Acceptez la responsabilité

Voilà un aspect de la relation auquel nous ne songeons guère. Et pourtant, c'est l'une des raisons pour lesquelles il faut tant de courage pour aimer. Les responsabilités arrivent dans la foulée de l'amour et de l'engagement. Si vous voulez vivre une relation mûre, une relation d'adulte, vous devrez ravaler vos scrupules et agir en adulte. Pour beaucoup de gens, c'est la tâche la plus difficile. Quiconque ne s'est pas encore débarrassé des fantômes de son enfance, n'a pas accepté les pertes enfantines, risque d'avoir beaucoup de mal à passer à l'ère adulte... quel que soit son âge réel.

Nous résistons tous à l'idée de grandir. C'est pourquoi nous devons vaincre cette résistance avant d'assumer sincèrement les obligations d'une relation fondée sur l'engagement. Bien sûr, la résistance repose souvent sur des raisons valides. Par exemple, si vous essayez de recapturer l'enfance que vous avez perdue, si vous avez dû devenir un «petit adulte» avant l'heure, si vous avez perdu votre innocence, après avoir été victime de négligence ou de violence, si vous avez encore en vous un enfant qu'il est difficile d'apaiser, peut-être ne vous sentez-vous pas prêt à vivre en adulte. Peut-être ne vous sentez-vous pas prêt à avoir des enfants, à leur consacrer le temps, l'attention, l'énergie, l'amour et – n'oublions pas – l'argent nécessaire... surtout si dans votre enfance, vous en avez manqué.

Les personnes qui ont l'impression d'avoir été privées de leur enfance ont parfois d'authentiques difficultés à être fidèles, à partager leur argent et à abandonner les rôles enfantins. Si tel est votre cas, peut-être devriez-vous commencer par pleurer l'enfance que vous n'avez jamais eue avant d'assumer des responsabilités d'adulte. Cela ne veut pas dire que vous devriez passer les quinze prochaines années à jouer au cerf-volant, au frisbee ou au ballon dans le jardin public le plus proche de chez vous afin de rattraper le temps perdu. Cette période de chagrin ne condamne pas à un échec inéluctable toutes les relations que vous pourriez nouer durant votre vie. Mais vous devriez confier votre cas à un psychothérapeute ou à un groupe d'entraide afin de comprendre comment vos sentiments se traduisent par des conflits dès qu'il est question d'engagement. Si vous souhaitez bâtir une relation durable, le moment est venu de vous atteler à cette tâche et de prendre des décisions délicates.

Acceptez votre partenaire tel quel

Lorsque Marie a épousé Thomas, elle avait des idées bien arrêtées sur le mariage. Elle avait beau être follement amoureuse de lui, elle n'en était pas moins décidée à le persuader de changer sa garde-robe. Par conséquent, elle mit en œuvre une stratégie qu'elle croyait subtile : à chaque Noël, chaque Saint-Valentin et chaque anniversaire de mariage, elle achèterait à son mari de nouvelles chemises et cravates, de nouveaux pantalons et costumes. En un ou deux ans, pensait-elle, Thomas aurait entièrement renouvelé sa garde-robe. Marie serait alors fière de l'apparence de son mari. En réalité, au bout de six mois, Thomas vociférait : « Tu me prends pour un mannequin, ou quoi ? »

Ce que Marie n'avait pas compris, c'était que Thomas considérait sa garde-robe comme le reflet de ses valeurs. Il aimait les costumes bon marché, il se sentait à l'aise dans ses jeans et ses chemises usés jusqu'à la corde. Ses vêtements le rendaient heureux. Il avait expliqué à son épouse, à maintes reprises, qu'il savait s'habiller. Il savait parfaitement où trouver des vêtements différents. Il savait parfaitement reconnaître un costume Armani. Mais il n'avait pas envie de porter un costume Armani. Ce n'était pas son genre.

Toutefois, avant de canoniser Thomas, sachez que lui aussi avait des idées bien arrêtées sur le mariage. Il croyait que sous sa bénéfique influence, Marie s'intéresserait davantage à l'actualité, à ce qui se passait dans le reste du monde. C'est pourquoi il avait commencé à lui lire le journal tout haut, chaque soir. Il rentrait du travail armé d'une petite liasse de coupures de presse d'un quotidien financier, qu'il lui donnait à lire. Parfois, durant le dîner, il se faisait un devoir d'allumer la télévision pour regarder une émission quelconque sur l'actualité.

Ce que Thomas avait omis de prendre en considération, c'était que Marie avait une profession extrêmement fatigante et un employeur particulièrement exigeant. Lorsqu'elle rentrait à la maison le soir, elle n'avait pas la moindre envie de suivre un séminaire sur la haute finance. Regarder des émissions d'actualité la stresse et l'angoisse. Elle déteste voir Thomas se transformer en professeur de science politique. Elle a l'impression non seulement qu'il pontifie, mais encore qu'il lui fait passer un examen sur les événements qui se sont déroulés dans le monde pendant la journée. Cette attitude lui porte sur les nerfs.

Aussi invraisemblable que cela paraisse, Thomas et Marie endommagent grièvement leur relation par leurs attitudes. Chacun essaie de façonner l'autre, de le changer. Mais tout ce qu'ils suscitent chez leur conjoint, c'est la rancune et la colère. Marie, on le devine facilement, craint que son entourage ne méprise Thomas et ses velours râpés. Quant à Thomas, il aimerait pouvoir s'enorgueillir d'avoir épousé une femme bien informée, capable de discuter politique avec brio.

Il nous est parfois très difficile de laisser notre partenaire demeurer la personne de laquelle nous sommes tombés amoureux. Par définition, le temps se chargera de nous changer, comme nous pouvons difficilement l'imaginer aujourd'hui. Dans cinq ans, Marie pourrait être une mère au foyer vissée à sa télévision et droguée de bulletins de nouvelles. Thomas pourrait changer d'emploi, être obligé de s'habiller encore plus élégamment que son épouse l'imagine aujourd'hui. Ce qui n'empêche ni l'un ni l'autre d'apporter spontanément des changements à son attitude ou à sa garde-robe, simplement pour faire plaisir à son conjoint.

Acceptez l'idée que vous ne pouvez :
- ni déterminer le comportement de votre conjoint
- ni choisir ses amis ou ses effets
- ni influencer son attitude vis-à-vis de sa famille
- ni lui imposer une religion

Je connais bien des femmes qui se plaignent amèrement de «la tendance des hommes à vouloir tout dominer». Vous ne serez pas surpris d'apprendre que je connais autant d'hommes qui déplorent bruyamment «la tendance des femmes à vouloir tout dominer». Le désir de dominer est à la source de graves conflits dans les relations. Naturellement, il représente aussi l'antithèse de l'acceptation.

Imaginons, par exemple, que votre partenaire vous accompagne à une soirée et entre en conversation avec quelqu'un qui vous est proche, un ami intime, un ex, un frère ou une sœur, etc. Tous deux s'entendent comme larrons en foire et décident d'aller déjeuner ensemble le lendemain. Il ne s'agit pas d'une attirance sexuelle, vous êtes tranquille de ce côté-là. Mais, pour des raisons qui vous échappent, leur alliance vous met mal à l'aise. De quoi parleront-ils ? Que diront-ils ? Comment se fait-il que vous ne soyez pas de la partie ? Au fur et à mesure que notre lien s'approfondit, nous constatons qu'il nous est impossible d'avoir la mainmise sur les relations, existantes ou nouvelles, de notre partenaire. Par exemple, si votre partenaire et votre sœur décident de devenir amis, vous devrez étouffer le sentiment possessif que chacun suscite en vous et accepter les nouveaux liens, les nouveaux degrés d'amitié qui vont devenir des éléments intrinsèques de votre vie.

Dans le même ordre d'idées, il est très injuste de déclarer : « J'aime mon partenaire, mais je ne veux avoir strictement aucun contact avec sa mère/son père/son frère/sa sœur/son fils/sa fille/son meilleur ami/sa meilleure amie/son chien/son chat. » Votre partenaire avait noué des relations bien avant votre entrée en scène. Admirez sa capacité de les entretenir et abandonnez toute idée de les saboter. Elles évolueront naturellement, au fur et à mesure que votre lien intime se resserrera et acquerra une importance primordiale. Peut-être certaines des relations de votre partenaire se dissoudront-elles avec le temps… tout comme les vôtres, d'ailleurs. Mais si vous essayez de lui dicter ses amitiés ou de rompre certains de ses liens familiaux, votre relation en sera gravement affaiblie.

Acceptez l'idée d'un compromis

Le sommeil. Voilà l'un des domaines dans lesquels Jill et moi avons dû faire un compromis. Lorsque nous nous sommes rencontrés, nous avions coutume de nous coucher après minuit. Jill réglait son réveil à 7 h 15. Elle doit se lever pour aller travailler chaque matin et a besoin de moins de sommeil que moi. Quant à moi, je me plaisais à répéter que j'étais devenu écrivain pour ne plus dépendre de la sonnerie d'un réveil pour émerger. Si je ne dors pas sept ou huit heures, je suis un véritable zombie et j'ai du mal à me concentrer sur mon travail. La sonnerie perçante d'un réveil suffit à gâcher ma journée.

Nous avons dû faire chacun un bout de chemin. Je possédais déjà un lit d'excellente qualité, flambant neuf. Pourtant, nous décidâmes d'en acheter un autre, doté d'un matelas plus ferme, afin que Jill puisse se lever sans me réveiller. Nous fîmes également l'acquisition d'un réveil à sonnerie plus mélodieuse. Jill prit l'habitude de marcher sur la pointe des pieds et d'aller s'habiller dans une autre pièce. Ce n'était pas drôle, certes, mais nous fîmes ces efforts parce que la survie de notre relation en dépendait. Peut-être ces détails vous paraissent-ils d'une trivialité absurde. Pourtant, c'est ce genre de broutille qui, souvent, parvient à séparer deux personnes fondamentalement faites pour s'entendre.

Il est important de rappeler, je crois, que le compromis ne doit pas entraîner l'abdication de l'une des parties. Thomas et Marie, par exemple, auraient pu s'entendre ainsi : Thomas aurait pu accepter de s'habiller plus élégamment à certaines occasions, par exemple les dîners organisés par le bureau de Marie. Quant à elle, elle aurait pu accepter de discuter de l'actualité au moins une fois par semaine, pendant le dîner.

Chaque couple possède sa propre petite liste de domaines dans lesquels il devrait faire des compromis. À partir du moment où votre partenaire et vous décidez de vous engager, vos destinées sont liées. Vous n'êtes pas le seul maître à bord d'un vaisseau nommé *Relation*. Quelqu'un d'autre tient aussi la barre et possède la même autorité, le même pouvoir de décision que vous. Mais cette personne a des idées et des priorités différentes des vôtres. Tôt ou tard, les divergences surgiront. Si vous voulez connaître le bonheur pendant le restant de vos jours (ou simplement pendant une semaine), vous devrez apprendre à faire des compromis.

Acceptez que votre partenaire ait une vie en dehors de vous

Je connais deux personnes qui sont mariées depuis près de quarante ans. Chaque membre du couple affirme que le mariage est un échec. Pourtant, on ne voit jamais l'un sans l'autre. Elle exige qu'il la conduise partout; il exige qu'elle l'aide à choisir ses chaussettes. Elle lui en veut lorsqu'il va jouer au tennis sans elle; il se plaint des longues conversations téléphoniques qu'elle a avec ses amies. Cela va sans dire, chacun fait preuve d'une jalousie infantile lorsque l'autre discute avec un membre du sexe opposé. Tout ce qu'ils font, ils le font ensemble, sans cesser de se quereller. J'admets que certains couples puissent être heureux d'être ensemble vingt-quatre heures sur vingt-quatre, mais je n'en connais pas beaucoup.

En ce qui me concerne, les couples qui ressemblent davantage à des frères et des sœurs siamois qu'à des conjoints me mettent mal à l'aise. Je crois qu'il est important qu'un individu sache qu'il est distinct des autres. Nous devrions, il me semble, accepter que notre conjoint ait ses amis et des intérêts différents des nôtres. Former un couple ne devrait pas entraîner la disparition d'une partie de notre vie. Dans le contexte d'une relation de confiance, il est bon d'avoir chacun une personnalité distincte. Je dirais même que c'est essentiel.

Acceptez votre partenaire dans votre vie

Une relation saine se caractérise par l'existence de frontières normales. Les frontières anormales, en revanche, sont l'un des symptômes de la phobie de l'engagement. Au début d'une relation, hommes et femmes atteints de cette phobie semblent être incapables d'imposer des frontières. Ils acceptent de nouveaux partenaires sans restriction, sans retenue. Leurs conversations sont ponctuées de «nous allons faire ceci», «nous prévoyons de faire cela». Et puis, au fur et à mesure que la relation progresse, ils font marche arrière. Les barrières s'élèvent, l'accès des partenaires à leur vie est de plus en plus restreint. Ils donnent de moins en moins, à savoir qu'ils adoptent un comportement exactement inverse de celui auquel on s'attendrait de la part de gens pour qui l'entretien d'une relation amoureuse ne cause aucun problème.

Nous avons tous des difficultés à partager notre espace vital, notre temps et nos sentiments. Trouver le courage d'aimer signifie trouver le courage de laisser quelqu'un d'autre pénétrer dans cet espace, faire la connaissance de nos amis et de notre famille, avoir accès à nos effets et à nos pensées. C'est un cheminement long et progressif. Mais si vous voulez aimer, vous devrez trouver le moment et la manière d'abattre les murs pour laisser entrer votre partenaire.

Comment vous y prendre ? Ce n'est pas difficile. Les mots clés, ici, sont *lentement* et *progressivement*. Vous ne promettrez pas à quelqu'un que vous connaissez à peine de passer ensemble le reste de votre vie ou simplement le réveillon du jour de l'An. Si vous sortez ensemble depuis six mois, en revanche, il est déconseillé d'annoncer le 28 décembre à votre partenaire que vous souhaitez réveillonner de votre côté.

Acceptez l'idée que toute relation exige certains échanges

Il n'est pas juste d'accepter les privilèges de la relation sans vouloir en payer les frais d'entretien. Si votre partenaire vous confectionne un dîner fin, il est normal de proposer votre aide pour laver la vaisselle. Si vous voulez que votre réfrigérateur soit toujours plein et que vos sous-vêtements soient toujours propres, vous devrez vous rendre régulièrement au marché et faire tous les jours votre lessive. La relation est un travail de collaboration. Tu laves, j'essuie. Tu passes l'aspirateur, j'époussette. Et non, tu fais tout, moi je regarde la télévision.

Passons à l'étape suivante. Si vous avez une relation sexuelle, il n'est pas équitable de considérer l'infidélité comme normale. Je saute au plafond lorsque j'entends quelqu'un m'annoncer : «Oh ! de toute façon, tant que mon/ma partenaire ne sait rien, ça ne peut pas lui faire de mal. » Il n'est pas nécessaire de crier l'infidélité sur tous les toits pour qu'elle soit douloureuse. Son existence même sape les fondements de la relation. C'est l'acte le plus nuisible, le plus destructeur qui soit. Il est alors évident que le partenaire infidèle n'a rien compris de l'amour.

Rappelez-vous également qu'il est terriblement dangereux, tout autant qu'injuste, d'adopter un comportement susceptible d'avoir de graves répercussions sur la vie de notre partenaire, sa santé ou son bien-être… et de cacher ce comportement. Cela est d'autant plus pertinent aujourd'hui, compte tenu de la prolifération des maladies transmissibles sexuellement.

Acceptez la relation telle quelle

Comme la plupart des gens, j'ai atteint l'âge des relations «sérieuses» le crâne bourré d'idées reçues sur la manière dont je «devais» me comporter. Bien qu'exaspéré par ce que je considérais comme des obligations, je ne songeais guère à les remettre en question. Par exemple, j'avais des idées bien arrêtées sur les activités du couple pendant la fin de semaine: lire le journal au lit le dimanche matin et aller se promener à la campagne le dimanche après-midi. C'est la définition culturelle du couple qui fit échouer toutes mes relations.

Par exemple, lorsque je sortais avec une femme, nous nous rencontrions les fins de semaine pour aller écouter du jazz avec des amis ou dîner dans nos familles respectives. Nous prenions des vacances bien structurées. Je croyais que c'était cela, former un couple, et je n'aurais jamais songé à vivre différemment. Je croyais qu'une fois le couple établi, il fallait tout faire ensemble: passer les fins de semaine ensemble, aller au cinéma ensemble, visiter des musées ensemble, etc. Je n'aurais pas eu l'idée, pendant la fin de semaine, de me livrer à une activité «pour célibataire». Ô surprise, j'étais malheureux les trois quarts du temps, **parce que ce n'était pas ce que j'avais envie de faire.** J'avais envie de rester à la maison ou de faire autre chose. Mais je ne savais comment m'y prendre.

J'ignorais comment me comporter en être humain distinct tout en jouant le rôle du bon partenaire. Pour moi, à partir du moment où je sortais avec une femme, chaque activité devait être une activité de couple. Chaque décision devait être la décision du couple.

J'étais persuadé qu'une fois que la relation était «sérieuse», il ne fallait plus faire quoi que ce fût tout seul. Et bien entendu, cela me pesait. Ce n'était pas que j'avais envie de sortir «entre hommes», d'aller conter fleurette dans les bars ou de partir seul en voyage pour une destination lointaine. Mais j'avais l'impression que nouer une relation me priverait de mon individualité et de ma personnalité.

Un jour, je rencontrai Jill, et mes horizons changèrent. Jill, en effet, qui était employée dans une galerie d'art, travaillait tous les samedis sans exception et souvent le dimanche. Je me retrouvais avec une partenaire qui n'était pas libre en fin de semaine. Voilà qui m'irritait. Je voulais aller faire des promenades à la campagne, rendre visite à des amis, flâner dans les salons d'antiquités et d'artisanat, en couple. Je désirais tout cela, ce qui me paraît aujourd'hui incroyable, car en réalité, la plupart de ces activités me portent sur les nerfs.

L'emploi du temps de Jill me força à déterminer pourquoi et comment j'en étais arrivé à cette idée de ce qu'un couple *devrait* faire, de ce à quoi un couple *devrait* ressembler. Au lieu de fulminer contre l'horaire bizarre de Jill et de m'accrocher à mon exaspération et à ma rancœur, je décidai de profiter de la vie. À ma grande surprise, mes idées reçues ne tardèrent pas à s'évaporer. Aujourd'hui, bien que Jill ne travaille plus pendant les fins de semaine, notre relation est suffisamment souple pour que chacun de nous fasse ce qu'il veut de sa fin de semaine, sans pour autant exclure l'idée d'activités communes. Il nous arrive également de ne rien faire du tout. Si nos horaires changent une fois de plus, nous nous y adapterons. Je comprends aujourd'hui comment cela est possible.

Acceptez l'idée que vos relations sexuelles vont changer

Tim, qui vient d'avoir trente-deux ans, s'est fiancé il y a environ six mois. Aujourd'hui, à la veille de son mariage, il a des sueurs froides. Il s'est convaincu que quelque chose ne va pas dans sa relation. Lorsque Stéphanie et lui se sont rencontrés, ils passaient des fins de semaine entières au lit. Puis ils firent logis commun et, bien que leur relation fût toujours aussi passionnée, les marathons au lit devinrent de plus en plus rares. Il y a maintenant quatre ans qu'ils vivent ensemble. Tim affirme que sur la plage, il pense plus à se détendre qu'à l'image que lui offre Stéphanie en bikini. Leur relation sexuelle a évolué. Cela signifie-t-il que la relation est condamnée?

Il est évident que les relations sexuelles changent. En général, elles deviennent moins intenses. Cela n'est pas nécessairement mauvais signe. C'est d'ailleurs souvent un signe favorable, qui signifie que les deux partenaires se sentent de plus en plus à l'aise l'un avec l'autre. Il est normal qu'à ce moment-là, leur passion physique diminue d'intensité. Il est possible que cela soit l'une des raisons pour lesquelles les gens luttent afin de retrouver toute leur énergie sexuelle. Mais la familiarité devrait engendrer non le mépris mais plutôt l'affection, la tendresse. Elle ne justifie pas non plus l'infidélité.

Acceptez l'idée que le «pouvoir de guérison» de l'amour a ses limites

Beaucoup de gens sont convaincus que leurs problèmes les plus pressants seront résolus dès qu'ils auront découvert la magie d'une relation amoureuse. Miraculeusement, ils se sentiront en permanence épanouis et heureux, et seront acceptés sans conditions. Ils s'imaginent qu'une fois la «bonne» relation établie, ils ne se sentiront plus jamais seuls, déprimés, incompris ou désœuvrés. Ils utilisent ces phantasmes pour déterminer si l'homme ou la femme qu'ils ont rencontrés sont bien l'âme sœur dont ils rêvent.

Malheureusement, les sentiments déplaisants ne disparaîtront pas automatiquement dès que nous aurons trouvé l'amour. Une fois que la bulle rose de notre nouvelle passion aura éclaté, nous découvrirons inévitablement qu'il nous est impossible d'être heureux, satisfaits, euphoriques à tous les instants de la journée. À certains moments, nous nous sentirons seuls, irrités, déprimés, incompris, voire mal-aimés. Tout cela dépend, en réalité, des problèmes émotifs dont nous souffrions avant de nouer la relation.

Ces problèmes demeurent parce qu'ils sont la manifestation externe de puissantes luttes internes. Bien que l'amour de notre partenaire puisse les atténuer, il ne les résoudra pas. Si vous vous servez de vos problèmes pour juger défavorablement votre partenaire ou votre relation, vous êtes injuste et vous commettez une erreur. De fait, les relations qui semblent faire disparaître instantanément notre douleur sont parfois celles qui nous causent le plus de chagrin lorsque la bulle éclate.

Acceptez la condition humaine

La naissance, la mort, le vieillissement… ce sont les étapes qui ponctuent tout engagement durable. Nous avons tous des difficultés à les accepter. En particulier, j'ai toujours été extrêmement perturbé par l'idée du vieillissement. Et je sais que je ne suis pas le seul. C'est un aveu embarrassant, car ce souci paraît si superficiel. Mais c'est ce que je ressens et, comme tout le monde, il y a des choses que je préfère n'avouer qu'à moi-même. L'idée de vieillir me rendait nerveux, certes, mais l'idée que ma partenaire aussi vieillirait accroissait encore mon angoisse. Comment prédire ce qui se passera ? Qu'adviendra-t-il de la santé physique ou mentale de notre partenaire un jour ? De quoi aura-t-il l'air ? Sera-t-il ridé, cellulitique ? Que ressentirez-vous lorsque vous constaterez que l'être aimé ne se souvient plus de l'endroit où il a stationné la voiture ? Ou même qu'il possède une voiture ? Je me suis souvent demandé si j'accepterais le vieillissement de quelqu'un d'autre.

Je me souviens d'avoir discuté de cela à maintes reprises avec une psychothérapeute pleine de sagesse. Que ferai-je, dans vingt ans ? Serai-je superficiel au point de vouloir rompre ? Serai-je l'un de ces hommes qui, à cinquante ans, lorgnent les femmes de vingt-cinq ? Ma thérapeute me fit aussitôt remarquer que je jouais à me faire peur en anticipant un futur que j'étais incapable de prévoir. Mais à ce stade, je manquais de la maturité que donne l'expérience. Je ne pouvais imaginer la profondeur et la puissance du lien que l'on tisse lentement, pendant vingt ans et plus de vie commune, peut-être jalonnée par la naissance d'enfants.

Lorsque nous nous engageons à vivre dans la monogamie, nous effaçons l'idée de possibilités illimitées, du moins dans le domaine des aventures amoureuses. Nous acceptons l'idée que nous sommes désormais des adultes, que nous faisons désormais partie du cycle de la vie humaine. Nous ne pensons plus à la personne que nous épouserons «lorsque nous serons grands». Nous sommes grands, nous avons fait notre choix. Dur, dur! Cela équivaut à affirmer que nous sommes mortels, que nous allons vieillir, qu'un jour nous mourrons, comme tout le monde. Rien d'étonnant que l'idée de s'engager effraie tant de gens! Pourtant, bâtir une relation durable est l'un des moyens les plus efficaces d'enrichir notre vie, notre bref passage sur la Terre. Ce sont nos liens, nos relations qui font que la vie mérite d'être vécue.

L'acceptation aboutit au compromis

Que mangerons-nous? Où vivrons-nous? Où irons-nous en vacances? Dormirons-nous la fenêtre ouverte ou fermée? Diviserons-nous chaque facture en deux parties égales? Combien de temps consacrerons-nous à nos amis? À notre conjoint?

Toute relation débouche, en fin de compte, sur le compromis. Pour vivre avec quelqu'un que nous aimons, nous acceptons de faire des compromis sur tout, des aspects les plus importants de notre vie aux questions les plus futiles. Si nous avons de la chance, nous connaîtrons l'accord parfait. Mais dans la plupart des cas, nous devrons lutter pour trouver un juste milieu, celui d'une véritable relation. En effet, pour bâtir une relation solide et équilibrée, il est indispensable de passer par là.

Sans acceptation, pas de compromis possible. Sans acceptation, tout ce qu'il nous reste, c'est notre notion idéalisée de ce que la relation «devrait» être. Malheureusement, cette rigidité nous rend imperméables. C'est seulement lorsque nous commençons à accepter notre partenaire que ces barrières tendent à se dissoudre. Nous constatons que les autres sont humains, tout comme nous et, soudain, nos exigences, autrefois rigides, semblent négociables. Rien ne vous oblige à épouser une rousse plus jeune que vous.

Rien ne vous oblige à épouser un homme d'un mètre quatre-vingts, voire simplement plus grand que vous. Elle ne doit pas être à tout prix végétarienne. Il ne doit pas forcément aimer les voyages. L'acceptation nous encourage à apprécier les différences d'apparence physique, de points de vue, de conception de la vie et de comportement.

C'est en devenant capable d'accepter mon épouse telle qu'elle est que j'ai ouvert la porte au compromis. Cet aspect de ma relation m'émerveille encore. Lorsque j'avais des exigences rigides, étriquées, je ne comprenais même pas ce que pouvait être un compromis raisonnable. Je suis aujourd'hui éberlué par la somme d'énergie – et de colère – que j'ai dû investir pour garder mes distances, éviter de faire des compromis. Mais lorsque j'ai commencé à accepter les différences, ce besoin de distanciation a commencé à s'évaporer. J'ai découvert peu à peu que j'étais tout à fait capable de négocier, de manière aussi nouvelle que productive. Malgré certains moments de colère et d'exaspération, je n'avais plus l'impression de vendre mon âme en abandonnant ne serait-ce qu'un iota de mes conceptions rigides. J'étais désormais capable de faire un effort en sachant parfaitement que ma partenaire aussi y mettrait du sien. Et je n'ai pas tardé à goûter l'incroyable plaisir de vivre avec une femme qui juge plus important de préserver notre relation que de monter sur ses grands chevaux.

Dans une relation sincère, nous apprenons très vite à accepter l'idée que nous n'obtiendrons pas toujours ce que nous voulons, au moment où nous le voulons. Cela ne signifie pas que la relation est vouée à l'échec, mais simplement que notre partenaire et nous sommes deux êtres distincts, chacun unique en son genre, qui font un effort pour demeurer liés l'un à l'autre.

SEPTIÈME OBSTACLE

Le courage de tracer une nouvelle voie

Je suis fermement convaincu que nous avons tous le pouvoir et la capacité de trouver l'amour et de bâtir une relation durable. Mais pour cela, nous devrions modifier notre comportement. Des choix désastreux nous ont trop souvent plongés dans des relations qui, pour employer un euphémisme, se sont révélées «riches d'enseignements». Mais ces «enseignements» sont épuisants. Je me souviens d'avoir souvent pensé: «Les leçons, ça suffit! Je veux vivre!» Chemin faisant, j'ai toutefois réussi à tirer une leçon étonnamment simple, mais essentielle: *Il nous est impossible de bâtir une relation satisfaisante tant que nous ne sommes pas prêts à améliorer notre comportement.* Autrement dit, en balayant le bois mort, nous faisons de la place aux nouvelles pousses.

N'êtes-vous pas las de certains de vos comportements? Prenez Georges. À l'âge de treize ans, timide et insécure, il essayait d'impressionner les filles en rotant bruyamment. Aujourd'hui, à trente ans, il se sent obligé de fréquenter les bars pour rencontrer des femmes. Il a cessé de leur roter en pleine figure, certes, mais il cherche toujours à se faire remarquer. Si vous observez son comportement de près, vous constaterez qu'il est tout aussi déplorable aujourd'hui que lorsque Georges avait treize ans. Certes, il remporte quelque succès auprès des femmes, mais réussit-il à impressionner celles qui lui plaisent vraiment? Pas du tout. Pourquoi ne comprend-il pas qu'il fait fausse route? S'il prenait conscience de son comportement débile, ne serait-il pas capable de le modifier? Si nous prenions conscience de ce que nous faisons, ne serions-nous pas capables de changer notre attitude?

Certains de ces comportements sont l'aboutissement d'une pro-grammation complexe et d'autres mécanismes psychologiques très subtils. Il faut du temps et une motivation considérable pour les analyser, les comprendre et les modifier. Nous faisons bien des choses par simple habitude, souvent pour nulle autre raison que le sentiment de familiarité et de confort qu'elles éveillent en nous.

Ces comportements nous ont suivis pendant tant d'années, à travers tant de relations différentes, qu'ils semblent faire partie intégrante de nous-mêmes. Nous ne les remettons pas en ques-tion. Nous n'essayons même pas de les comprendre. Nous n'éva-luons pas leur utilité. Nous ne nous intéressons pas à leurs retom-bées. Nous ne songeons pas à les modifier. Il est difficile d'imagi-ner que ce sont eux qui nous empêchent de bâtir une relation durable. Et pourtant, ils forment un obstacle redoutable. Mais ras-surez-vous, beaucoup d'entre eux sont relativement faciles à modi-fier. Vous pouvez commencer dès aujourd'hui.

Dans cette optique, vous devrez d'abord apprendre à analyser méticuleusement vos relations, passées et actuelles, ainsi que votre propre comportement dans leur contexte. Vous devrez être capable de distinguer des tendances dans vos choix et dans vos comporte-ments. Vous devrez enfin circonscrire vos réactions négatives.

Lorsque nous refusons d'analyser nos relations, chaque parte-naire nous semble entièrement nouveau, entièrement différent de ceux ou celles qui l'ont précédé, chaque expérience est entièrement nouvelle, entièrement différente. À la fin d'une relation, nous nous efforçons de l'extirper de notre mémoire active pour l'ensevelir là où elle ne viendra pas nous chatouiller. Et nous voilà, pensons-nous, repartis à zéro.

Mais si nous choisissons la lucidité, un tableau entièrement différent se présentera à notre esprit. Des ressemblances apparaî-tront de tous les côtés, au point que nous éprouverons une puissante impression de déjà vu. Par conséquent, chacune de nos multiples expériences ne nous paraîtra plus unique en son genre. Nous en arriverons à croire que notre vie est régie par une gigantesque machine à photocopier.

Pendant la majeure partie de ma vie d'adulte, j'ai observé les relations humaines. C'est ainsi que je gagne ma vie, que j'aime regarder le monde qui m'entoure. Mais je dois avouer que j'ai toujours omis de placer mes propres relations sous le microscope. Je voulais me persuader que chaque nouvelle expérience était unique, que chaque partenaire était unique, que j'étais un être nouveau et différent chaque fois. Je n'avais pas la moindre intention d'examiner mes relations de trop près, de tirer la leçon du passé – ce dont j'aurais, en toute sincérité, été incapable. Tout ce qui m'intéressait, c'était la «suivante». Naturellement, lorsque j'ai finalement réussi à tourner mon collimateur vers l'intérieur, ce que j'ai découvert m'a rendu bien humble. Mais tout cela m'a été très utile.

J'ai très vite compris que j'avais mon mot à dire dans la manière dont je me comportais. Mes craintes n'allaient pas s'évaporer par magie, certes, mais j'étais en mesure d'atténuer leur intensité et leurs retombées. Certains de mes réflexes suscitaient des pressions inutiles, envoyaient des messages inappropriés, provoquaient, chez mes partenaires (ainsi que chez moi) la douleur ou la déception. Tout ce qu'il me restait à faire, c'était éliminer ces réflexes. Si j'ai réussi, vous aussi vous pouvez réussir.

COMMENT VAINCRE LES HABITUDES
QUI SABOTENT LA RELATION

La liste qui suit, d'habitudes et de réflexes désastreux, est le fruit d'années d'observation et d'enseignement. Mais elle n'est pas exhaustive. Elle a simplement pour but de vous ouvrir la voie. C'est en vous engageant (encore une forme d'engagement!) à vous observer et à observer le monde extérieur que vous acquerrez vos connaissances les plus cruciales. Remettez en question vos motifs, vos stratégies, votre pensée magique, votre comportement, vos choix. Essayez de comprendre pourquoi vous ne vous posez pas suffisamment de questions.

Peut-être craignez-vous de gâcher tout le plaisir des relations amoureuses, en commençant à observer toute votre vie à la loupe. Rassurez-vous. Ce que j'essaie de faire, c'est de vous donner les outils nécessaires pour vous libérer, pour vous ouvrir la voie d'une relation durable.

Dites adieu à vos stéréotypes

Recherchez-vous toujours un «genre» particulier? Ignorez-vous quiconque ne répond pas à ces critères, même s'il s'agit d'une personne intéressante? Vos amis et votre famille ont-ils été programmés pour rechercher votre «genre» au point qu'il ne leur viendrait même pas à l'idée de vous considérer comme le partenaire d'un «genre» différent? Doit-il être grand, brun et séduisant pour que vous le regardiez? Ou les préférez-vous trapus, blonds et musclés? Doit-elle être blonde et menue? Ou grande et élancée, avec une longue chevelure? Peut-être le genre «professeur» vous plaît-il? Ou préférez-vous le genre carriériste? Ou le genre majorette athlétique? Ou le genre artiste tourmenté? Ou les hommes ou les femmes rongés de problèmes personnels? Quel que soit votre genre, il est temps de briser le moule. Et le plus tôt sera le mieux.

Nous avons tous nos préférences en matière de présentation, de style, d'attitude, etc., mais pas jusqu'à devenir esclaves d'un genre. Sinon, nous perdons l'habitude de considérer les gens comme des individus distincts, nous décourageons nos amis et notre famille de nous aider dans notre recherche. Nous laissons passer la chance de bâtir une relation sincère, en imposant des contraintes inutiles à notre entourage. Nous ne présentons assurément pas le profil de la personne ouverte à l'éventualité d'une relation durable.

Vous aurez deviné, d'après ce que j'ai déjà raconté, que j'ai gaspillé maintes années de ma vie avant d'être capable de m'affranchir de mes stéréotypes. L'un de mes amis, qui avait fait la connaissance de ma future femme deux ans avant moi, n'avait jamais eu l'idée de nous présenter l'un à l'autre, parce qu'elle n'était pas «mon genre», elle ne correspondait pas à l'image que j'avais implantée en lui! J'ai eu beaucoup de chance, car j'aurais très bien pu ne jamais la rencontrer. Pensez donc aux occasions que vous manquez peut-être à l'instant même. Et maintenant, réfléchissez à la manière dont vous pourriez accueillir ces occasions, en changeant simplement votre démarche et les messages que vous transmettez au monde extérieur.

Si vous lisez ce livre, c'est probablement parce que vous n'avez jamais réussi à bâtir de relation durable avec une personne de votre « genre ». Croyez-vous que cela va changer ? Courez le risque, faites des compromis et vous verrez bien ce qui se passera.

Abandonnez toute idée de poursuite irréfléchie

Lorsque Édouard rencontre une femme, il est prêt à tout pour la faire réagir. Il lui écrit sans honte des poèmes dégoulinants de sentimentalité, il fait traîner par un avion une banderole portant les mots « Je t'aime » au-dessus de la ville, il lui répète qu'elle est la seule personne qui compte pour lui.

La sœur d'Édouard, Edwige, a un style différent, mais les résultats sont comparables. Lorsqu'elle rencontre un homme qui lui plaît, il devient sa mission : elle flirte outrageusement, elle lui envoie de petits messages sucrés ou provocants par la poste ou par télécopieur, elle lui offre d'adorables petits cadeaux, elle lui répète qu'il est l'homme le plus intelligent, le plus beau qu'elle ait jamais connu, l'amant le plus extraordinaire qu'elle ait jamais eu.

Ni Édouard ni Edwige n'admettent qu'on puisse ne pas répondre à leurs avances. Ils sont résolus, ils sont obsédés. Ils paraissent absolument intrépides. Et pourtant, rien n'est plus faux. Ils sont, au contraire, remplis de panique. Et l'expérience devrait leur rappeler que leurs craintes resurgiront dès qu'ils seront parvenus à leurs fins. C'est pourquoi ils manquent de l'honnêteté la plus élémentaire. En outre, ils montent le scénario classique de la poursuite-panique.

Il nous est facile d'être téméraire au début d'une relation, de nous immerger dans nos sentiments tout en omettant de prendre en considération les conséquences de nos actes. La témérité de la poursuite trahit l'emprise de nos phantasmes. C'est un comportement destructeur.

Lorsque nous prenons du recul et décidons d'assumer la responsabilité de nos actes et de leurs conséquences, nous commençons à envisager ce type de poursuite sous un angle très différent. Nous comprenons peu à peu que des gens bien intentionnés puissent terriblement souffrir des suites d'une méprise. Par conséquent, nous prenons beaucoup plus au sérieux les phases initiales d'une relation. Quel que soit le dénouement, nous aurons tout au moins fait en sorte d'épargner l'autre.

Si nous n'avions pas peur de l'engagement, les poursuites effrénées seraient fort divertissantes. Sans aucune nécessité, certes, mais divertissantes. Cependant, la peur change tout. Une façade d'intrépidité se craquellera d'une manière ou d'une autre. Soit elle effarouchera un partenaire terre-à-terre et sagement prudent, soit elle séduira quelqu'un qui rêve du coup de foudre. Quel que soit le résultat, il sera douloureux. Ce n'est peut-être pas ce que vous recherchez, mais c'est bien ce que vous provoquez. Pourtant, vous avez le choix.

Par exemple, vous pourriez commencer par faire preuve d'une plus grande franchise et présenter de vous une image en harmonie avec votre comportement habituel dans le contexte d'une relation, l'image d'un être qui n'a rien d'intrépide. Vous pourriez avancer avec prudence, à pas de fourmi, afin d'analyser vos peurs au fur et à mesure qu'elles apparaissent. Au lieu de vous comporter en camion fou, vous pourriez adopter une allure posée. Apprenez donc l'éternelle leçon du lièvre et de la tortue. Peut-être n'est-ce pas aussi palpitant qu'une poursuite effrénée. Mais c'est beaucoup plus honnête. Et vous aurez bien plus de chances d'atteindre votre destination.

Reconnaissez le boniment pour ce qu'il est

Voilà un soupirant qui vous invite à dîner dans les meilleurs restaurants et vous couvre de cadeaux. Vous venez de le rencontrer, pourtant il vous propose de conduire votre chien chez le vétérinaire. Il vous récite des poèmes et remplit votre réfrigérateur de son gâteau de riz maison. Et vous abaissez vos défenses, vous ouvrez votre cœur. Vous vous dites : « Je dois certainement lui plaire pour qu'il m'accorde tant d'attention. » Alors qu'en réalité, vous devriez penser : « Il agit probablement de cette manière avec toutes les femmes. »

Vous venez de la rencontrer, mais voilà qu'elle arrive chez vous, incroyablement séduisante en bleu de travail, prête à vous aider à repeindre votre appartement. Elle vous invite à passer la nuit chez elle, bien que vous ne la connaissiez que depuis trois jours. Et cela suffit pour que vous commenciez à faire des projets d'avenir. Vous vous dites : « Elle doit être absolument folle de moi, pour vouloir déjà passer la nuit avec moi. » Alors qu'en réalité, vous devriez penser : « Elle doit être capable de compartimenter sa vie sexuelle, si elle accepte si vite de faire l'amour avec quelqu'un qu'elle connaît à peine. »

Chacun d'entre nous a envie de se sentir différent des autres. Beaucoup de gens aimeraient se persuader qu'ils sont seuls à être follement aimés, surtout si la personne en question est à la fois séduisante et désirable. Il est si facile d'être séduit par un boniment. C'est compréhensible. Mais ce n'est pas pour cela qu'il faut se laisser convaincre. Au contraire, dans une nouvelle relation, la pire des erreurs consiste à aller trop loin, trop vite. Si c'est vous qui avez coutume de presser l'autre, vous devriez commencer par analyser vos motifs. Et si vous êtes au cœur du tourbillon, vous devriez vous placer immédiatement sur vos gardes.

Même si votre désir d'être apprécié obscurcit votre faculté de discernement, je sais parfaitement qu'en votre for intérieur, une petite voix vous murmure que cette situation n'est pas normale. Vous devriez donc écouter davantage ces instincts protecteurs avant d'essayer de comprendre l'objet du comportement séducteur. Peut-être traduit-il l'imminence d'une relation inhabituelle. Mais le contraire est bien plus probable. Il signifie probablement que vous ne devriez rien tenir pour acquis. Jouissez des attentions de votre partenaire, certes, mais ne confondez pas ses manœuvres à court terme avec des intentions sérieuses, à long terme.

Ne laissez pas les phantasmes vous éloigner de l'amour véritable

Chaque fois que vous apercevez un séduisant étranger, vous vous demandez : « Sera-ce lui ? » Par conséquent, vous gaspillez des heures de votre précieux temps à rêvasser à des gens que vous connaissez à peine. Vous rêvez à des personnalités de la télévision ou à des athlètes professionnels ; vous suivez les jolies femmes dans la rue, vous vous comportez bizarrement pour attirer l'attention de quelqu'un que vous ne connaissez guère dans l'espoir de nouer la conversation ; vous passez des mois à vous trouver sur le chemin d'une personne qui travaille dans le même édifice, même si vous ignorez tout de sa situation. En général, vos efforts se soldent par des échecs qui vous chagrinent et vous rendent mélancolique. Mais même lorsque vous parvenez à nouer un premier contact, vous êtes très vite en proie à la déception. Peut-être ne vous en rendez-vous pas compte, mais vous perdez beaucoup de temps.

Que recherchez-vous donc ? Qu'espérez-vous trouver ? Selon mon expérience, ce n'est pas un être en chair et en os que vous poursuivez dans la rue, c'est un *sentiment*. Ce sentiment magique, que beaucoup d'entre nous recherchent désespérément, le sentiment de l'«accord parfait» qui n'existe que dans nos rêves. Aucun lien réel ne suscite ce sentiment. Personne n'est capable d'une telle magie. L'expérience vous l'a confirmé à maintes reprises. Quand allez-vous trouver la force de tirer profit des connaissances que vous avez accumulées à cet égard ?

La plupart des personnes en quête de cette fusion intégrale recherchent en réalité un sentiment qu'elles ont perdu dans leur petite enfance. Mais c'est avec l'aide d'un thérapeute ou d'un conseiller qu'elles devront commencer à recoller les morceaux. En effet, bien qu'il existe de nombreux partenaires capables de nous offrir beaucoup d'amour, ils ne sont pas là pour compenser cette perte. Ne tournez pas le dos aux êtres en chair et en os, à leur amour sincère, simplement parce que vous êtes en quête d'un sentiment irréel, dévorant.

Prenez des mesures concrètes pour trouver l'amour

Vous prétendez rechercher l'amour et l'engagement, mais vous attendez simplement qu'il vienne frapper à votre porte. Vous passez votre vie à attendre que l'amour vous découvre, mais vous ne faites aucun effort. Vous ne demandez pas à vos amis de vous faire connaître d'éventuels partenaires. Dans une soirée, vous n'allez pas parler aux gens. Non seulement vous ne savez pas flirter, mais en plus vous n'avez pas la moindre envie d'apprendre. Vous ne savez pas comment vous présenter au genre de partenaire qui vous intéresse. Vous êtes incapable d'une conversation à bâtons rompus. Vous ne regardez pas les gens dans les yeux. Vous ne faites rien pour rencontrer d'éventuels partenaires. Qui donc va vous trouver ? Seuls les professionnels endurcis, dons Juans ou doñas Juanitas, titillés par l'idée de percer vos défenses. Mais dès que vous répondez à leurs avances, la poursuite effrénée se transforme en panique effrénée.

Lorsque vous souhaitez trouver un emploi, vous faites un effort, même si cela vous oblige à lire les petites annonces, à en parler autour de vous et à frapper aux portes. Vous partez en quête de votre emploi avec intelligence et réflexion, afin de vous faire connaître à votre avantage. Et vos recherches aboutissent. Pourquoi ne procédez-vous pas de la même manière pour bâtir une relation durable ? Ne sous-estimez pas vos capacités et prenez-vous en main. Ce n'est pas toujours facile, ce n'est pas toujours amusant et, bien des fois, vous regretterez de n'être pas demeuré tranquillement à la maison, à regarder des inepties à la télévision. Mais en vous démenant, vous avez au moins une chance de trouver ce que vous cherchez.

Je ne vous suggère pas, ici, de vous transformer en incontinent pilier de bar ou de discothèque. Un peu plus bas, nous parlerons de cette fâcheuse habitude. Mais je vous invite à prendre votre avenir en main. L'idée de la princesse dans sa tour d'ivoire est un vestige sans valeur de vos lectures d'adolescent. Débarrassez-vous-en. En adoptant un rôle passif, vous évitez de vous placer en situation de supériorité. Pourtant, vous avez d'autres options.

Cessez de chercher l'amour là où vous ne le trouverez pas

Janelle se dit incapable de trouver un homme qui prendrait le temps de bavarder, de faire connaissance. Et pourtant, elle fait de nouvelles connaissances chaque semaine à son club de danse favori, probablement l'endroit le plus bruyant d'Amérique du Nord. André, à trente-deux ans, affirme qu'aucune des femmes qu'il rencontre ne souhaite bâtir une relation sérieuse. Ce qui est compréhensible, étant donné que les seuls endroits qu'il fréquente sont les bars et restaurants situés en bordure du campus de l'université locale. Victoria ne s'intéresse qu'aux hommes qui travaillent dans le « showbiz », comme elle dit, et se plaint que tous ceux qu'elle rencontre sont superficiels, narcissiques et uniquement désireux d'obtenir de meilleurs rôles. Cédric a demandé à tous ses amis de l'aider, en lui faisant rencontrer des femmes qu'ils connaissent, mais il déclare également ne s'intéresser qu'aux très, très jolies filles. Du coup, les amis s'abstiennent de lui présenter quiconque. Ils craignent que Cédric ne fasse sentir à sa nouvelle connaissance qu'elle n'est pas à la hauteur. Par conséquent, ils ne trouvent personne.

Qu'est-ce qui ne va pas ici ? Tout. Pour trouver un partenaire à long terme, vous devez faire appel à votre intelligence. Où sont les gens qui partagent vos valeurs, vos objectifs, votre désir de nouer une relation durable ? Quelle tranche d'âge vous conviendrait ? Quelles professions ? Où pourriez-vous les rencontrer dans une atmosphère propice à l'éclosion d'une véritable relation ? Au cours des six derniers mois, par exemple, je me suis entretenu avec trois personnes qui avaient noué une relation sincère à des réunions d'anciens élèves. Pourtant, lorsque je mentionne ces réunions comme un exemple de terrain propice, on me regarde comme si j'étais tombé de la planète Mars. Certaines personnes, très intelligentes, ont tendance à jouer aux imbéciles lorsqu'elles se retrouvent dans une réunion de ce genre. Ensuite, elles sont déçues ou étonnées lorsque la plaisanterie se retourne contre elles. Examinez soigneusement vos stratégies de sélection – ou leur absence totale – et demandez-vous ce que vous pourriez faire pour rectifier le tir.

Ne cherchez pas les ennuis en donnant plus que ce que vous avez

Lorsque Thomas rencontre une nouvelle partenaire, rien n'est trop beau pour elle. Il ne veut pas passer pour mesquin, car il ne l'est pas. Il ne veut pas passer pour pauvre, car il ne l'est pas. Il ne veut pas passer pour matérialiste, car il est très romantique. Il ne veut pas être jugé en fonction de ce qu'il a ou n'a pas. Il ne veut pas laisser les questions d'argent gâcher les prémices d'une relation. Pourtant, son revenu, bien que stable, est très modeste. Par conséquent, dès que la relation semble s'installer, Thomas commence à s'effaroucher, car il sait fort bien qu'il n'a pas les moyens de continuer à dépenser sans compter.

À l'instar de Thomas, Susie se dissimule derrière une image lorsqu'elle noue une relation. Si son partenaire sort avec d'autres femmes, Susie lui affirme que cela lui est égal. S'il avoue n'avoir pas encore complètement rompu avec son ex-amie, Susie lui conseille de « prendre son temps ». Elle croit être obligée de se montrer patiente et compréhensive, alors qu'elle bout en son for intérieur, attendant impatiemment que toutes ces femmes disparaissent du paysage de son partenaire. Malheureusement, rien de tel ne se produit. Susie finit par se retrouver avec des partenaires qu'elle ne supporte plus.

Au début d'une relation, beaucoup de gens sont prêts à tout pour intéresser leur partenaire et cimenter le lien, même si pour cela, ils trahissent leur véritable personnalité. Nous dissimulons notre situation financière, notre condition émotive, voire nos enfants. Nous ne défendons pas nos valeurs, nous n'émettons pas d'opinion sincère et nous taisons nos besoins. Et nous croyons bien faire.

Mais si vous ne pouvez vous montrer à la hauteur de l'image que vous présentez à votre partenaire, vous faites fausse route. Vous vous exposez à la colère, à la rancœur, à la panique ou à la douleur. Vous voulez éviter de faire des vagues, mais en refoulant tout maintenant, à un stade où vous n'avez pas encore trop investi dans la relation, vous pouvez être assuré que d'énormes vagues, de véritables raz-de-marée, déferleront plus tard, lorsque vous aurez beaucoup plus à perdre. Ce n'est pas une stratégie intelligente si vous souhaitez véritablement faire durer votre relation.

Ne confondez pas relation et psychothérapie

Certaines personnes semblent attirées par des relations dans lesquelles l'un des partenaires en vient inéluctablement à jouer le rôle du patient et l'autre celui du thérapeute. Jean, par exemple, se déchire afin de savoir s'il doit oui ou non poursuivre sa relation avec Cathy. Et à qui choisit-il de confier ses tortures mentales ? Mais à Cathy, bien sûr. Il la traite en psychothérapeute. Elle sait écouter, elle est passionnée par les détails des angoisses de Jean. Et elle semble véritablement comprendre le problème.

C'est une relation terriblement déséquilibrée. Tout ce qui compte, ce sont les désirs de Jean, les besoins de Jean, les frayeurs de Jean. Mais Jean lui-même ne comprend pas à quel point il est égoïste. Il ne se demande même pas si Cathy devrait écouter son dialogue interne ou les jugements parfois sévères qui accompagnent son indécision. Jean ne comprend pas non plus que son comportement, bizarrement, suscite de faux espoirs chez Cathy. En effet, pour elle, l'attitude de Jean signifie : «Je veux te faire participer à ma lutte, parce que c'est *notre* lutte.» Cathy lit entre les lignes : «Je veux que *nous* parvenions à régler le problème, pour *nous*.» Mais en réalité, ce n'est pas forcément ce que ressent Jean.

Si Jean voulait sincèrement faire participer Cathy à ses conflits intérieurs, afin qu'elle comprenne sa peur de l'engagement, il devrait le faire dans le cabinet d'un psychothérapeute et non traiter Cathy en psychothérapeute. Cathy a besoin d'une interprétation professionnelle de ce qui se passe entre elle et Jean. Quant à lui, il a besoin d'un arbitre, d'une personne capable de l'inciter à assumer la responsabilité de ses paroles et de ses actes. Tous deux ont besoin qu'on les aide à fixer des frontières. C'est le travail d'un psychothérapeute.

Si vous constatez que vous jouez le rôle soit du thérapeute soit du patient, c'est que votre relation a besoin de l'aide d'un psychothérapeute professionnel.

Si votre partenaire commence à moins donner, ne réagissez pas automatiquement en donnant plus

Elle semble se désintéresser de la relation, vous réagissez énergiquement en lui démontrant à quel point vous l'aimez, quel être extraordinaire vous êtes. Il déclare ne pas être encore prêt pour la monogamie, vous lui assurez que vous l'attendrez patiemment, fidèlement. Elle devient distante, vous redoublez vos efforts pour vous rapprocher. Il devient critique, vous essayez de modifier les aspects de votre vie qu'il semble déplorer. Qu'est-ce qui ne va pas ici ? Tout d'abord, la direction de votre réaction.

Vouloir donner plus lorsqu'on reçoit moins est un réflexe automatique aux problèmes d'une relation. Et ce qui rend ce réflexe si automatique, c'est la conviction d'avoir raison. Vous estimez que votre partenaire a besoin d'un geste de solidarité, de manifestations d'affection, d'une meilleure preuve de votre valeur. Mais à mon avis, ce dont il a besoin, c'est de se retrouver seul, face à lui-même.

Ce genre d'habitude apparaît lorsque nous sommes tout petits, vulnérables en présence des gens que nous aimons. Si quelqu'un de très important dans notre vie exprime sa désapprobation, nous faisons notre possible pour nous faire accepter. Si cette personne nous ignore, nous tentons l'impossible pour nous faire remarquer. Si elle nous critique, nous nous efforçons de gagner son approbation. Cette personne, c'était probablement un parent, quelqu'un qui prenait soin de nous, un frère ou une sœur, qui essayait de régir notre comportement. Mais aujourd'hui, il ne s'agit plus de régir quoi que ce soit. Nous avons affaire à un partenaire qui, effrayé, essaie de prendre ses distances. Les circonstances sont différentes. Notre partenaire obéit à des motifs différents et c'est pourquoi ce comportement exige une réaction différente. Votre amour, votre affection ne sont pas mis à l'épreuve. Cette personne essaie de reprendre ce qu'elle vous a donné. Par conséquent, la réaction appropriée consiste à reculer immédiatement et à ne plus donner que l'équivalent de ce que vous recevez. C'est le seul comportement qui vous permettra de demeurer aux commandes de la situation.

Il serait bien utile, dans ce genre de circonstances, de savoir se servir d'une boussole. S'il s'éloigne brusquement vers l'ouest, dirigez-vous vers l'est. Si elle lorgne le sud, tournez votre regard vers le nord. Les réactions appropriées vous permettront de freiner les soudaines volte-face de votre partenaire. En outre, vous garderez les pieds sur terre et toute votre santé mentale face à un comportement qui n'est ni sain ni affectueux.

L'union des vies ne doit surtout pas précéder l'union des cœurs

Scénario 1: Vous passez beaucoup trop de temps au téléphone. Le trajet jusqu'à son domicile vous épuise. Mais si vous passez la nuit là-bas, vous n'avez jamais les vêtements dont vous auriez besoin le lendemain pour aller travailler. Vous ressentez une grande frustration les trois quarts du temps. Pourquoi ne pas essayer de faire logis commun? Tout serait si simple. Après tout, nous sommes presque au XXIe siècle.

Scénario 2: Vous vous intéressez tous deux au même domaine professionnel. Peut-être pourriez-vous entreprendre un projet en collaboration? Ou mettre vos ressources en commun pour créer une petite entreprise? Ou offrir un poste à votre partenaire? Bien sûr, vous ne vous connaissez que depuis quelques mois, mais la fusion pourrait être productive. Et si romantique... Pourquoi ne pas tenter le coup?

Je vais vous expliquer pourquoi ce ne serait pas raisonnable. Parce que ces fusions matérielles ont tendance à se retourner contre nous en imposant des pressions trop fortes à une relation encore fragile. Autre raison: parce qu'il n'y a rien de plus douloureux, de plus coûteux que la dissolution de cette fusion matérielle si la fusion émotive se solde par un échec.

Je connais un nombre incalculable de gens malheureux parce qu'ils ont été trop loin, trop vite. Une relation saine ressemble à un casse-tête dont il faut assembler patiemment les petits morceaux.

C'est un processus lent que nous devons traverser. L'union peut réussir si les deux partenaires sont bien décidés à la faire réussir, mais ils ne prendront cet engagement que si leurs liens affectifs sont solides. Comment se portent les vôtres? Sont-ils suffisamment solides? Ou espérez-vous simplement qu'ils apparaîtront par magie, une fois que vous vivrez tous les deux sous le même toit ou que vous travaillerez dans le même bureau? Vous risquez d'attendre longtemps. L'union des vies n'a rien à voir avec l'union des cœurs et la première ne peut «forcer» la seconde. Par conséquent, avant de vous déraciner, de bouleverser votre vie, celle de votre partenaire, de vos enfants et de vos animaux domestiques, d'acheter une maison, de vous associer ou de vous engager dans une relation, pourquoi ne pas commencer par vous engager à prendre votre temps?

Ne faites des promesses que si vous avez la certitude de pouvoir les tenir

Vous lui déclarez avoir hâte de la présenter à votre famille. Vous affirmez être impatiente de le présenter à votre meilleure amie. Vous lui promettez de l'emmener en voyage en Europe. Vous lui dites que vous tenez absolument à passer l'été en sa compagnie. Vous lui répétez que sa simple présence vous fait penser au mariage. Vous affirmez qu'il vous donne envie d'avoir des enfants. Vous déclarez que vous aimeriez passer le reste de votre vie en sa compagnie. Vous lui dites qu'il fera toujours partie de vous-même. Des promesses, encore des promesses, toujours des promesses. Pourtant, vous ne vous connaissez que depuis quelques semaines. Tout ce verbiage est-il vraiment nécessaire? Utile? Bien sûr que non.

Il n'y a qu'une seule promesse que vous devriez faire à l'orée d'une relation: la promesse, faite à vous-même, d'y mettre du vôtre. Il n'est pas nécessaire de promettre quoi que ce soit à votre partenaire. Vous ne vous en porterez que mieux. Les projets d'avenir à deux, terriblement séducteurs, engendrent immanquablement la douleur et la déception lorsqu'ils n'aboutissent à rien. Les promesses signifient que vous êtes déjà prêt à vous engager pour l'avenir. Et les gens sont portés à vous croire, à arranger leur vie en fonction de vos promesses. Pourtant, vous n'êtes pas sûr de vouloir vous engager. Il est impossible de l'être au début d'une relation. Peut-être éprouvez-vous des sentiments très intenses, qui vous incitent à phantasmer sur l'avenir. Mais souvenez-vous que ce ne sont que des phantasmes, des rêves que vous devrez garder pour vous-même jusqu'au moment où vous serez absolument sûr de vouloir vous engager.

N'ayez pas peur de poser beaucoup de questions à votre partenaire

Nous avons parfois d'excellentes raisons pour nous abstenir de poser des questions. Nous craignons d'entendre les réponses. Nous craignons le mélodrame. Nous craignons que notre parte-naire nous renvoie la balle en posant, à son tour, les mêmes ques-tions. Nous savons que nos réponses ne recevront pas un accueil favorable. Nous ne demandons rien et nous en payons le prix.

Parfois, cependant, nous n'avons aucune raison notable de nous taire. C'est simplement une mauvaise habitude, née de la conviction plutôt naïve que l'autre parlera spontanément ou que nous parviendrons à lire entre les lignes. Autre conviction, tout aussi naïve : nous sommes persuadés qu'en nous taisant, nous ne souffrirons pas.

Il est naturel de vouloir faire preuve de discrétion, de vouloir éviter d'embarrasser les autres. Mais les gens s'attendent à des ques-tions sur leurs relations passées, leurs espoirs et leurs intentions, leur famille et leur travail. Si quelqu'un semble vous décourager de poser des questions, il devient d'autant plus crucial de les poser.

C'est l'absence d'informations qui est responsable des surprises les plus désagréables, du genre : « Je ne peux pas croire qu'il ne m'ait pas dit qu'il était marié ! » Ou : « Je ne peux pas croire qu'elle ne m'ait pas dit qu'elle avait un enfant ! » Ou : « Je ne peux pas croire qu'il ne m'ait pas dit qu'il ne se remarierait plus jamais ! » Ou : « Je ne peux pas croire qu'elle ne m'ait pas dit qu'elle n'avait encore jamais été fidèle ! » Ou : « Je ne peux pas croire qu'il ne m'ait pas dit qu'il ne recherchait pas une relation durable!» Cela vous rappelle-t-il quelque chose?

Lorsque vous rencontrez quelqu'un, dressez la liste de ce que vous devez savoir avant d'ouvrir votre cœur. La liste devrait tout naturellement s'allonger au fur et à mesure que progressera la relation. Il n'est ni nécessaire ni recommandé de poser toutes ces questions à l'occasion de la première conversation téléphonique (à moins que la liste ne soit très brève!). Mais vous devrez obtenir les réponses le plus tôt possible afin de pouvoir évaluer les possibilités de la relation, à long ou à moyen terme, ainsi que les dangers qu'elle présente pour vous.

Cessez de vous raccrocher à des partenaires inaccessibles

Il vous affirme qu'il ne pourra jamais quitter sa femme. Il vous apprend qu'il prévoit déménager en Australie. Il vous révèle qu'il ne lui reste que six mois à vivre. Il vous annonce qu'il prévoit faire un tour du monde *en solitaire*. Elle vous avoue qu'elle est encore amoureuse de son ex. Elle vous répète qu'elle ne pourra jamais être amoureuse d'un homme. Elle vous déclare que la simple idée de l'engagement la met mal à l'aise.

Ces aveux devraient vous éloigner aussitôt d'un partenaire aussi inaccessible. Et pourtant, ils ont souvent l'effet inverse. Ils vous captivent. En moins de temps qu'il n'en faut pour le dire, vous voilà irrémédiablement épris et résolu à investir des mois, voire des années dans une relation vouée à l'échec.

Peut-être pensez-vous que j'exagère. Je vous assure qu'il n'en est rien. J'ai été témoin de centaines de scénarios de ce genre. J'ai écouté les confidences de centaines de personnes qui se trouvaient prisonnières de cette situation; elles ne cessent de m'ébahir. Des hommes et des femmes qui savent, dès le départ, que la relation est condamnée à brève échéance, plongent de leur plein gré, tête la première. Et ensuite, ils affirment: «Mais regardez-moi donc... regardez jusqu'à quel point je suis capable de m'engager!»

Dans ces circonstances, je n'ai qu'une question à poser: puisque vous êtes engagé dans une relation avec un partenaire inaccessible, cela ne signifie-t-il pas plutôt que vous avez trouvé un moyen très habile de *ne pas* vous engager? Je crois que vous connaissez déjà la réponse. J'espère toutefois que vous aurez le courage de me croire et de commencer à faire des choix différents.

Cessez de papillonner d'un partenaire à l'autre, en espérant que l'amour de quelqu'un d'autre sera votre salut

Voici un bref résumé de la vie sentimentale de Tatiana: Tatiana rencontra Léon et tomba amoureuse de lui. Ils vécurent ensemble jusqu'au jour où Léon brisa le cœur de Tatiana. Cette dernière pansa ses plaies jusqu'au jour où elle rencontra Jacques. Puis Jacques la quitta pour quelqu'un d'autre. Tatiana en fut très déprimée, jusqu'au jour où elle rencontra Colin. Elle tomba amoureuse de lui... etc.

Voici un bref résumé de la vie sentimentale de Léon: Léon tomba amoureux de Renée, mais leur relation s'aigrit au bout d'un certain temps. Il rencontra Patti, ce qui l'incita à rompre avec Renée. Sa relation avec Patti se termina lorsqu'il rencontra Gertrude. Puis il tomba éperdument amoureux de Frieda, qui le laissa tomber pour quelqu'un d'autre. Léon en conçut un immense chagrin, qui dura près de vingt-quatre heures, avant qu'il ne rencontre Julie... etc.

Bien que, de prime abord, Tatiana et Léon semblent avoir deux personnalités très différentes (après tout, il faut chaque fois beaucoup de temps à Tatiana pour récupérer après un chagrin d'amour, tandis que Léon est prêt à recommencer l'expérience aussitôt), tous deux ont le même problème. Ils sont persuadés que seule la présence d'un nouveau partenaire apaisera leur chagrin, leur confusion mentale. Malheureusement, ils font erreur.

Pour nouer une relation satisfaisante, nous devrions d'abord éprouver notre force en l'absence de tous liens amoureux. Nous devrions en apprendre davantage sur le processus du chagrin et de la guérison. Oui, l'amour guérit, mais si nous commettons l'erreur de croire que c'est l'amour de quelqu'un d'autre qui sera notre salut, nous passerons notre vie à courir désespérément d'une aventure à l'autre. Nous finirons par croire que nous ne sommes plus maîtres de notre vie sentimentale.

Voici quelques suggestions pour vivre correctement la fin d'une relation :

1. Consacrez au moins un mois à comprendre et à accepter ce qui vous est arrivé, avant de tenter quoi que ce soit.

2. Profitez de ce répit pour fortifier votre relation avec vous-même. Essayez de trouver des activités qui vous plaisent. Encouragez votre indépendance. Consacrez du temps à redécouvrir vos amis. Ne faites pas une obsession de ce qui vous est arrivé, ne vous isolez pas des gens qui vous aiment.

3. Si, après plusieurs mois, vous êtes encore hanté par votre chagrin, admettez que les pertes du présent déclenchent les souvenirs émotifs de pertes passées et que toutes finissent par se mélanger. Vous avez alors besoin des conseils d'un psychothérapeute. Ce sera alors le moment d'apprendre à accepter toutes les pertes, présentes et passées.

Vivez le moment présent

Barbara a rencontré Laurent hier soir. Elle se demande déjà de quoi auraient l'air leurs enfants.

Bernard sort avec Glynis depuis deux semaines. Elle lui plaît beaucoup, mais il ne peut s'empêcher de se demander ce qui se passera s'il prend ses vacances d'été avec son meilleur ami, comme tous deux l'ont prévu depuis longtemps.

Bien des gens sabotent leur relation parce qu'ils sont incapables de jouir du moment présent. Dès qu'ils commencent à se sentir à l'aise dans une relation, ils sabotent ce sentiment de confort en tirant des plans sur la comète. Je sais de quoi je parle. Tout va bien aujourd'hui, certes, mais qu'en sera-t-il dans quelques mois ? C'était une question que je me posais automatiquement, sans comprendre que la raison pour laquelle j'étais en mesure de me préoccuper de l'avenir, c'était justement parce que tout allait si bien au moment présent. La relation avait du potentiel. La situation me satisfaisait. Alors, je commençais immédiatement à songer au moment où surgirait l'insatisfaction : dans trente, quarante ou cinquante ans. Et je brossais un tableau de mes futurs avatars. Cette détestable habitude m'empêchait de profiter du moment présent tout en gâchant toute possibilité de faire des projets d'avenir.

Lorsqu'une relation est encore embryonnaire, les partenaires devraient concentrer toute leur attention sur le moment présent. Faites votre possible pour vous rattacher solidement au présent. Si vous tenez absolument à vous interroger, posez-vous des questions du genre « Est-ce que je me sens bien avec cette personne ? » Ou : « Cette personne est-elle gentille et sincère ? » « Fais-je preuve de sincérité et de franchise ? » « Nous entendons-nous bien ? » Et, si la réponse est négative : « Pourquoi ? »

Il est normal de s'inquiéter de l'avenir d'une relation lorsque d'inquiétants signes apparaissent, des signes avant-coureurs de problèmes possibles, tels que l'infidélité, la violence, l'incapacité de s'engager. Il n'est pas non plus inapproprié de s'interroger sur le potentiel d'une relation durable. Mais vous ne devriez pas faire une obsession de questions telles que : « De quoi aura-t-il/elle l'air dans trente ans ? » « Sera-t-il bedonnant ? » « Aura-t-elle un double menton ? » « Serons-nous encore attirés l'un par l'autre lorsque nous serons vieux ? » « Passerons-nous notre temps à nous quereller ? » « Trouverai-je toujours les autres femmes séduisantes ? » Il n'existe pas de réponses à ce genre de question. C'est pourquoi, si vous essayez de concocter vos propres réponses, vous ne réussirez qu'à faire votre malheur. Je l'ai déjà dit et je le répète. Les relations évoluent, heure après heure, jour après jour. Et c'est à cela que vous devriez consacrer votre attention et votre énergie. Vous devriez tout donner à chacun des moments que vous passez ensemble et savourer cette expérience. Vous devriez vous immerger dans la relation. Chaque fois que vous vous projetez dans le futur, vous laissez la réalité, la relation et le lien en arrière.

Comprenez vos habitudes

Peut-être certaines de ces habitudes vous sont-elles familières. Peut-être vous êtes-vous reconnu dans trop de ces scénarios. Mais vous n'êtes pas sur la sellette, ici, vous n'avez aucune raison d'avoir honte. Au contraire, il vous a fallu un courage considérable pour vous reconnaître dans ces descriptions. Cela signifie que vous êtes prêt à changer.

Si ces habitudes étaient inoffensives, elles n'auraient aucune importance. Mais elles ne le sont pas. Elles sont en réalité destructrices. Parfois, nous traitons brutalement les gens qui nous aiment, suscitant en eux la confusion mentale, la déception, voire le chagrin. À d'autres moments, c'est nous qui sommes la cible de tout ce douloureux arsenal. Quoi qu'il en soit, l'engagement ne vient jamais.

Adopter des comportements et des habitudes sans s'en rendre compte est une chose. Mais désormais, vous connaissez leur existence, vous êtes conscient de leurs conséquences. Le moment est donc venu de changer pour atteindre votre objectif, celui d'un engagement durable. Car vos vieilles habitudes, vos comportements de toujours vous empêchent de nouer des liens honnêtes et vous maintiennent depuis trop longtemps dans une ornière. Il est temps d'aller de l'avant, de vous débarrasser de ces habitudes afin de nouer des liens qui viennent du cœur. Êtes-vous prêt à relever le défi ? Je crois que oui. Car je sais que vous en avez le courage.

Durant mes nombreuses années de désastreuses tentatives, j'étais persuadé que nul ne pouvait changer. Mais c'était en partie parce que je n'avais pas remis en question mes comportements et mes habitudes confortables. Aujourd'hui, je connais l'amour véritable, j'ai appris que le changement est possible. Vous pouvez commencer dès aujourd'hui en vous engageant à rompre ces vieilles habitudes pour les remplacer par des comportements plus sains.

HUITIÈME OBSTACLE

Le courage de regarder nos angoisses en face

Grégoire et Miranda sont attablés dans un café. Tous deux dégustent un *cappuccino,* par un dimanche matin de la mi-décembre. La nuit dernière, pour fêter le premier mois de leur relation, ils ont fait l'amour pour la première fois. Bien qu'un peu gauches, comme c'est souvent le cas de nouveaux amants, ils ont apprécié l'intimité, la tendresse. Serait-ce le début d'une relation durable? Dans la tête de chacun d'eux, diverses pensées tourbillonnent. Par exemple:

- Cela veut-il dire qu'il/elle s'attend à ce que nous passions ensemble le réveillon du Nouvel An? Voilà des semaines que j'ai prévu d'aller skier avec mes amis. Je ne peux pas changer mes plans maintenant. Mais je n'ai pas non plus envie qu'il/elle trouve quelqu'un d'autre en mon absence. Devrais-je lui en parler ou simplement attendre?

- La semaine prochaine, c'est Noël. Devrais-je lui acheter un cadeau? Combien devrais-je dépenser? Il faut que j'évite d'acheter quelque chose de trop cher, au cas où il/elle ne m'aurait rien acheté. Ce serait trop embarrassant. D'un autre côté, je ne veux pas non plus passer pour quelqu'un de chiche ou de mal élevé.

- Suis-je prêt/e pour le «grand amour»? Je veux rencontrer d'autres personnes, au moins pendant les quelques années qui viennent. Je me demande à quoi il/elle s'attend.

- Je me demande si elle a remarqué mes «poignées d'amour». Je me demande s'il me trouve encore séduisante. Je me demande si j'ai fait quelque chose, la nuit dernière, qui l'a refroidi/e. Comment pourrais-je l'interroger à ce sujet?

- Peut-être l'un de nous devrait-il informer l'autre de ses intentions. Mais quelles sont justement mes intentions ?
- Je n'aurais pas dû manger des crevettes à l'ail hier soir. Je dois avoir une haleine exécrable.
- Elle a l'air un peu plus réservée qu'hier soir. Cela veut-il dire qu'elle a hâte de s'en aller ? J'ai remarqué qu'elle observait le serveur, hier soir, au restaurant, un beau garçon. Peut-être ne suis-je pas vraiment son genre.
- Il regarde sa montre. Où veut-il aller ? A-t-il un autre rendez-vous ? Il déshabille du regard toutes les femmes élancées qui passent. Si cette relation doit se poursuivre, serai-je toujours complexée par mes cuisses ?

Toutes ces pensées traduisent une certaine anxiété. Les relations et l'anxiété semblent souvent aller de pair, et cela s'applique tout particulièrement aux nouvelles relations. Pour le meilleur ou pour le pire, ainsi va l'amour. Mais quiconque se débat pour tomber amoureux et le rester sait qu'il existe certains « déclencheurs ». Nous sommes anxieux parce que nous craignons d'être rejetés, parce que nous nous sentons harcelés, parce que nous avons peur pour nous-mêmes ou les gens que nous aimons. L'anxiété, en général, est simplement une manifestation d'affection. Elle signifie que la relation a du potentiel.

Nous serions tous soulagés si quelqu'un était en mesure de nous renseigner sur ce que l'avenir nous réserve. Nous aimerions recevoir des explications apaisantes, éclairantes et révélatrices chaque fois qu'une onde d'anxiété nous submerge. En l'absence de cette autorité omnisciente, nous perdons notre assurance, nous ne savons plus sur quel pied danser. Nous voudrions savoir ce que notre partenaire pense et ressent ; nous voudrions pouvoir réagir en conséquence. En l'absence de ces informations, notre anxiété prend le dessus. Elle domine notre pensée et finit par exercer une influence beaucoup trop profonde sur le cours que suivra – ou ne suivra pas – la relation.

ANGOISSÉE DEPUIS LE PREMIER JOUR

Laura a rencontré récemment dans une soirée un nommé Stéphane, qui lui sembla très empressé. Bien qu'elle ne fût pas tout à fait sûre qu'il lui plût, Laura lui donna son numéro de téléphone et son adresse électronique. Le lendemain matin, la première chose qu'elle trouva dans son ordinateur fut un courriel de Stéphane, assorti de plusieurs histoires drôles en vogue sur Internet. Très amusant. Stéphane lui téléphona le lendemain. Et le lendemain. Et le lendemain. Flattée mais non enthousiaste, Laura accepta toutefois d'aller dîner avec lui le samedi soir.

Au fur et à mesure que le samedi approchait, Laura s'aperçut que son enthousiasme grandissait. Elle prit plaisir à se préparer pour son rendez-vous et commença à penser que ce serait agréable de sortir régulièrement avec quelqu'un. Puis, au cours du dîner, elle découvrit certains côtés de Stéphane qui lui plurent. Il était amusant, il était intelligent. Sa principale qualité, toutefois, résidait dans l'admiration qu'il semblait éprouver pour Laura. Il se montra très persuasif. « Quel mal y aurait-il, pensa Laura, à sortir avec quelqu'un que j'attire plus qu'il ne m'attire ? »

Stéphane raccompagna Laura chez elle. Ils commencèrent, devant la porte, à échanger de longs baisers passionnés. « Très très bien ! » pensa Laura. Stéphane finit par s'en aller, promettant de téléphoner bientôt. Laura ne savait pas exactement ce que signifiait ce « bientôt ». Dimanche ou lundi, simplement pour dire bonjour ? Rien. Le mercredi soir, Laura était anxieuse. Elle se demandait si elle devait faire des projets pour le samedi ou réserver la soirée à Stéphane. Elle craignait qu'il ne l'appelle pas du tout. Elle se demandait si, au cours du dîner, elle avait dit quelque chose qui l'avait refroidi. Elle songea même à lui téléphoner. « Voyons, se dit-elle, je le connais à peine et pourtant, *j'attends avec anxiété son coup de téléphone !* »

Lorsque Stéphane finit par l'appeler, le samedi matin, pour lui proposer une sortie en après-midi, Laura ressentit tout d'abord un profond soulagement. Puis elle commença à se demander si elle n'avait pas perdu son « rang ». Pourquoi donc ne l'avait-il pas invitée à sortir le samedi soir ? Que se passait-il ? Si Laura essayait d'analyser consciencieusement ses sentiments, elle serait contrainte d'admettre qu'elle n'est même pas certaine d'être attirée par Stéphane. Et pourtant, l'avenir de leur relation l'angoisse tellement qu'elle permet automatiquement à Stéphane de dominer toute la situation.

Voilà comment Laura se comporte, dans le contexte d'une relation. Ce n'est vraiment pas drôle !

Pourquoi Laura se sent-elle si anxieuse, si démunie ?

C'est un secret de Polichinelle : en adoptant un rôle plus actif, plus agressif, les hommes dominent traditionnellement la cour. Ce sont eux qui déterminent le rythme auquel la situation évoluera. C'est pourquoi le modèle d'autrefois – le garçon poursuit la fille – donne aux femmes l'impression d'être entièrement démunies de tout pouvoir de décision. Attendre qu'un homme téléphone – ou n'importe qui d'autre – provoque l'anxiété. Attendre son verdict provoque également l'anxiété. Naturellement, les hommes se demandent aussi avec anxiété si les femmes répondront oui ou non. Mais la situation est tout de même différente. En tant qu'homme, j'ai toujours su que je n'avais pas à attendre qu'on me « choisisse ». Le choix m'appartenait. Et il est hors de tout doute que des deux situations, c'est la plus enviable.

Dans le cas de Laura, ses antécédents ne font qu'intensifier l'influence de ce modèle traditionnel. Ses pertes et ses fantômes ont exacerbé sa sensibilité. Selon toute apparence, Laura n'a aucune raison particulière de vivre une relation dans l'anxiété. Elle a une vie de famille normale, avec deux parents qui l'aiment. Mais sa mère est tombée malade lorsque Laura était encore enfant et dut être hospitalisée à de nombreuses reprises, pendant des périodes prolongées. Laura se souvient de s'être demandé avec angoisse si sa mère allait revenir à la maison. Pendant ces années, le père de Laura avait eu une liaison très discrète avec sa secrétaire, liaison que Laura a découverte il y a seulement quelques années. Aujourd'hui, elle comprend pourquoi, pendant des années, sa mère lui a subtilement fait comprendre que les hommes étaient volages, indignes de confiance. Elle a reçu deux autres messages de ses parents : qu'avoir une relation, c'est ce qu'il y a de plus important dans la vie, d'une part, et que Laura est si belle et si intelligente qu'un jour, elle rencontrera un homme qui reconnaîtra sur-le-champ ses exceptionnelles qualités.

Ses aventures, à l'école secondaire et à l'université, ne firent que confirmer certains de ces messages. Contrairement à la plupart de ses amies, Laura a toujours eu du mal à tirer un trait, après une rupture. Elle n'a jamais été capable de papillonner. Elle était toujours étonnée par le comportement masculin, elle s'attendait toujours à nouer une relation sérieuse et, naturellement, elle a été souvent déçue. Ces expériences la blessaient. Elle se sentait déprimée jusqu'à ce que quelqu'un d'autre entre en scène. Et tout recommençait.

Par conséquent, lorsque Laura a rencontré Stéphane, elle était sensibilisée de la tête aux pieds. Si Stéphane n'appelle pas au jour dit, Laura pense immédiatement au pire : *Il sort déjà avec quelqu'un, mais elle était en voyage ; elle est de retour…* Ou : *Il a rencontré une autre femme. Je ne lui plais plus. Je suis en train de le perdre…*

Et Stéphane ?

Depuis toujours Stéphane souffre de la solitude. Il a été élevé par une mère qui l'adorait, mais son père s'absentait souvent pendant des mois. En plus, lorsqu'il était présent, son caractère irascible tenait l'enfant à distance. Stéphane avait toujours eu l'impression que sa famille différait des autres. Bien qu'il fût populaire auprès de ses pairs, bon en sports, il n'avait jamais vraiment eu l'impression de s'intégrer.

Il s'était marié immédiatement après avoir terminé ses études. Mais le jour même de ses noces, il savait déjà qu'il commettait une erreur. Son épouse et lui étaient bons amis, mais leur union était dépourvue de passion. Heureusement, ils n'eurent pas d'enfants et, au bout de cinq ans, tous deux comprirent qu'ils attendaient autre chose de la vie. Stéphane commença à papillonner. Il se sentait différent, il était plus mûr, plus sûr de lui. Il occupait un poste rémunérateur, il savait s'habiller, il avait acheté une maison. Et le monde regorgeait de femmes.

Pourtant, Stéphane n'était pas capable de simplement passer d'une aventure à l'autre. Lorsqu'il se trouvait seul, il consacrait toute son énergie à trouver une compagne. À chaque reprise ou presque, la situation devenait sérieuse. Stéphane se rend compte qu'avec les femmes il révèle trop de lui-même et prononce des paroles qu'il regrette par la suite. Il se sent seul. Il a besoin de nouer des liens. Mais il n'est pas sûr de vouloir s'engager. Voilà six ans qu'il est divorcé. Ce conflit lui cause bien des problèmes.

Stéphane craint que sa relation avec Laura ne suive le même cheminement que les précédentes. Au départ, il se demandait anxieusement si elle allait accepter de sortir avec lui. Une fois qu'elle eut accepté, il craignit qu'elle ne revînt sur sa décision. Ensuite, il se dit qu'elle ne le trouverait pas à la hauteur. Il choisit donc un restaurant qui, pensait-il, impressionnerait son invitée. Il s'évertua à susciter son intérêt. Au demeurant, il ne se détendit pas une seconde au cours de la soirée, résolu à se montrer sous son jour le plus charmant.

Mais vers la fin de la soirée, ses sentiments avaient légèrement changé. Il était évident que ses efforts portaient fruit : Laura le trouvait à son goût et accepterait certainement de le revoir. Un nouveau problème avait surgi : jusqu'où avait-il envie de mener la relation ? Il aimait bien Laura. Mais lui plaisait-elle suffisamment ? Il n'en était pas sûr.

Il se mit alors à penser à la femme à laquelle il avait conté fleurette dans les rayons d'un magasin vidéo quelques jours auparavant. Il était certain de pouvoir la rencontrer « par hasard », s'il y mettait du sien. Elle était très séduisante. Puis il pensa à la préposée au vestiaire du restaurant. Lorsqu'elle avait rendu son manteau à Laura, c'était à Stéphane qu'elle avait lancé une œillade. Elle était très mignonne ! Stéphane était-il prêt à se limiter à Laura ? Il est contrarié d'avoir à prendre ce genre de décision. Pourquoi n'est-il pas capable de s'amuser, tout simplement ? Pourquoi la relation devient-elle sérieuse si vite? Stéphane ne ressent aucun soulagement lorsqu'on lui rappelle que Laura ne lui a rien demandé.

Lorsque Laura avait répondu favorablement à ses avances empressées, certaines des angoisses de Stéphane s'en étaient trouvées soulagées. Mais c'est alors qu'une autre boîte de Pandore s'était ouverte, celle des angoisses suscitées par l'avenir. Plus Stéphane est persuadé de pouvoir séduire Laura, plus il s'interroge sur son désir de pousser les choses plus loin. Certes, il se sent seul, mais pas suffisamment seul pour gaspiller des années de sa vie à cause d'un mauvais choix. Il y a tant d'autres femmes, se dit-il. Il se sait désirable. Peut-être n'est-il pas prêt, tout simplement. Peut-être doit-il attendre. Tout au moins, il devrait ralentir le rythme de ses avances afin de ne pas montrer trop d'empressement. S'il invitait Laura deux samedis soirs consécutifs, elle commencerait certainement à penser que l'affaire est dans le sac. Il décide alors de l'inviter le dimanche et, immédiatement, se sent soulagé. Mais que fera-t-il la semaine prochaine? Que faire pour que Laura continue de s'intéresser à lui, sans toutefois que cet intérêt devienne trop possessif? Les angoisses de Stéphane lui font faire du funambulisme. Maintenant qu'il a éveillé l'intérêt de Laura, il veut la tenir à distance... sans pour autant lui donner l'impression qu'elle ne l'intéresse plus.

QUAND ET COMMENT DEVENONS-NOUS ANXIEUX?

Dans les relations, l'anxiété est en général déclenchée par l'une ou l'autre de ces deux craintes:

- Notre partenaire se rapproche
- Notre partenaire s'éloigne

Naturellement, ce n'est pas toujours au premier rendez-vous que l'anxiété apparaît. Beaucoup de gens, effrayés par l'idée de l'engagement, parviennent à conserver un calme olympien durant les premiers temps de la relation. C'est uniquement lorsque l'enjeu devient plus important qu'ils souffrent de crises d'anxiété. Mais dans l'ensemble, c'est à l'un de ces quatre stades que nous devenons anxieux.

1. Le trac de la première

Lorsque le premier (ou le deuxième) rendez-vous s'est harmonieusement déroulé, beaucoup de gens deviennent anxieux. L'un ou l'autre, sinon les deux, réagit immédiatement en s'imaginant que son partenaire attend davantage de lui ou d'elle. L'autre commence alors à s'inquiéter : « Va-t-il/elle me téléphoner ? »

2. Nous avons fait l'amour, et puis après ?

La première fois est également génératrice d'anxiété. L'un des partenaires peut avoir l'impression que l'autre s'attend à un engagement et, de ce fait, aura tendance à prendre ses distances. En réaction, l'autre essaiera de se rapprocher. Ce phénomène déclenche souvent un cercle vicieux de rôles et de comportements susceptibles de menacer l'avenir de la relation.

3. Le moment est venu de parler sérieusement

Pour la plupart des gens, l'anxiété surgit lorsque les partenaires sortent ensemble depuis suffisamment longtemps pour que tous les préliminaires soient terminés. Il est donc temps pour le couple d'aller de l'avant... ensemble. Là aussi, l'un des partenaires pourrait se sentir pressuré, ce qui l'inciterait alors à temporiser. L'autre, mû également par l'anxiété, réagit souvent par des disputes ou des ultimatums.

4. Le lendemain matin

Certaines personnes ne prennent les engagements au sérieux qu'une fois qu'ils se sont réellement concrétisés (par ex., le lendemain des noces, la semaine qui suit le mariage ou l'installation du couple). À ce moment-là, l'un ou l'autre pourrait paniquer, se sentir prisonnier, avoir envie de revenir sur sa décision ou commencer à se montrer critique vis-à-vis de son conjoint.

L'ANXIÉTÉ EST DÉCLENCHÉE PAR LA PEUR, MAIS DE QUOI DONC AVONS-NOUS PEUR?

Au travail, avec les amis ou avec la famille, nous donnons l'impression d'être de véritables rocs. Mais dans le domaine amoureux, nous sommes des paquets de nerfs. Parfois, l'idée de nouer une relation affective suffit à nous énerver. Nous sommes victimes du trac et nous continuons de trembler d'appréhension au fur et à mesure que le lien se resserre, que nous nous sentons plus vulnérables. Parfois, cette angoisse est minime. Dans d'autres cas, elle domine tout.

Voici une liste partielle des craintes suscitées par une relation. Nous craignons le rejet, la comparaison, la perte, l'abandon, la révélation de nous-mêmes, la disparition de notre liberté et de notre indépendance, l'invasion de notre placard favori, la perte de notre sommeil. Nous craignons d'être absorbés. Nous craignons que nos limites physiques et intellectuelles ne soient mises à nu… et jugées. Nous craignons d'être déçus. Nous craignons les nouvelles priorités, les nouvelles responsabilités, notre propre vulnérabilité, l'intensité de nos sentiments. Nous craignons de perdre la maîtrise de la situation. Nous craignons de souffrir. Nous craignons de commettre une autre erreur. Nous craignons que cette personne ne représente notre dernière chance de trouver l'amour. Nous craignons d'être incompris, de ne pas être suffisamment appréciés, d'être tenus pour acquis. Nous craignons de ne pas nous montrer à la hauteur. Nous craignons de répéter le passé. Nous craignons que le passé ne vienne nous hanter. Nous craignons d'être déçus par le futur. Nous craignons les relations sexuelles… surtout la monogamie et ce qu'elle entraîne. Nous craignons d'« aller trop loin ». Nous craignons de ne pas aller assez loin. Nous craignons les multiples fantômes qui surgissent pour nous rappeler à quel point les relations sont difficiles.

Mais surtout, nous craignons les sentiments provoqués par l'anxiété même.

QUE FAISONS-NOUS DE NOS ANGOISSES?

L'anxiété est une émotion pénible. Elle nous donne des brûlures d'estomac, provoque des douleurs dans la poitrine, accélère notre rythme cardiaque. Elle nous effraie, nous écrase, nous déséquilibre. Elle nous distrait et nous empêche de nous concentrer sur notre travail. Elle est douloureuse. ELLE PEUT NOUS EMPÊCHER DE JOUIR DE LA VIE.

Rien d'étonnant que nous soyons prêts à tout pour nous en débarrasser. Mais que faire? Dans le contexte d'une relation, nous essayons généralement d'apaiser nos angoisses en maîtrisant nos sentiments. Nous essayons également de dicter leur comportement à nos partenaires et nous nous efforçons de tracer le cours de la relation jusqu'à son dénouement.

Au plus profond de notre cœur, nous savons tous qu'une relation doit évoluer progressivement, naturellement. Nos angoisses, cependant, nous incitent souvent à vouloir prendre des raccourcis. Nous voulons nous assurer que d'autres options sont à notre disposition. Nous voulons dominer notre situation. Ce besoin nous fait commettre de grosses erreurs. Parfois, nous sommes enclins à éloigner notre partenaire. À d'autres moments, au contraire, nous essayons de le rapprocher de nous. Parfois, ce besoin nous pousse à lui chercher querelle. Et à d'autres moments ce besoin nous donne envie de vomir.

DONNER UN NOM À NOS ANGOISSES

Parfois, il suffit de reconnaître et de nommer nos angoisses pour comprendre comment elles rongent nos liens. Voici quelques exemples de comportements dictés par l'anxiété qui, par conséquent, font obstacle à toute forme d'engagement.

Vous prenez la poudre d'escampette dès que vous ressentez la moindre crainte (au lieu d'essayer de comprendre vos angoisses et de les accepter pour ce qu'elles sont)

Si les interprètes fuyaient la scène dès qu'ils ont le trac, nous n'irions plus jamais à l'opéra, au ballet ou au théâtre. Si les athlètes retournaient se calfeutrer dans les vestiaires dès la première crise d'anxiété, le sport de compétition n'existerait plus. Si les hommes et les femmes d'affaires quittaient la salle de réunion au premier signe d'anxiété, notre économie se retrouverait au point mort. Si les conférenciers disparaissaient de l'estrade dès l'apparition du trac, nous n'aurions plus à écouter le moindre discours. Et si chacun de nous prenait la poudre d'escampette dès les premières crises d'anxiété, il n'y aurait plus de relation possible. L'anxiété n'est pas nécessairement nuisible. Mais elle présente un défi que nous devons relever.

Demandez aux membres de n'importe quel couple que vous jugez bien assorti. Les deux vous répondront probablement de manière identique : lorsqu'une relation est encore à l'état embryonnaire, même si elle a un potentiel exceptionnel, nous nous sentons à maintes reprises incertains, tremblants, voire absolument terrifiés. «Est-ce normal?», «N'allons-nous pas trop vite?», «Est-il/elle vraiment la personne qui me convient?», «Suis-je véritablement prêt pour cela?»

À toutes ces questions, vous pouvez donner de bonnes réponses. Mais le hic, c'est qu'elles sont justement sans réponse au moment où vous vous les posez. C'est pourquoi il faut éviter de faire quoi que ce soit, à ce stade, sinon prendre plusieurs grandes respirations et vivre pour le moment présent. Vous devrez apprendre à accepter vos peurs, à les maîtriser, afin d'éviter qu'elles ne finissent par vous dominer. Vous devez trouver, au fond de vous-même, une petite voix «adulte», qui vous incitera à laisser vos peurs à leur place jusqu'à ce que vous ayez clairement compris leurs origines ou jusqu'à ce qu'elles s'apaisent, naturellement, d'elles-mêmes. L'anxiété peut être un signe *positif*, l'indication que vous vous rapprochez l'un de l'autre.

Les réponses à vos questions se présenteront d'elles-mêmes au fur et à mesure que la relation suivra son cours. Pour le moment, une chose est certaine : prendre la poudre d'escampette n'est pas la solution. Donnez à votre relation la chance d'évoluer. Ce qui vous terrifie aujourd'hui vous paraîtra peut-être ridicule ou insignifiant demain. Votre angoisse acquerra des proportions plus acceptables.

Peut-être même disparaîtra-t-elle complètement. Alors, vous vous demanderez pourquoi vous vous êtes fait tant de souci. Votre travail consiste à vous rendre jusqu'à demain, au lieu de reprendre vos cartes avant même de les avoir toutes regardées.

Vous êtes émoustillé par la perte d'intérêt ou l'indifférence de votre partenaire

Si vous aviez demandé à Bertrand, il y a quatre jours, ce qu'il pensait de Mélissa, il vous aurait répondu : « Pas mal ». Mais si vous lui posez la question aujourd'hui, il déclarera être éperdument amoureux d'elle. Que s'est-il passé entre-temps pour provoquer cette volte-face ? Mélissa a simplement expliqué à Bertrand qu'elle n'avait pas l'intention de sortir uniquement avec lui.

Si vous aviez demandé à Geneviève, il y a deux semaines, ce qu'elle pensait du potentiel de sa relation avec Pierre, elle aurait hésité. Mais aujourd'hui, elle vous répondra qu'elle est prête à l'épouser sur-le-champ, s'il le lui demande. Que s'est-il passé entre-temps pour susciter un tel enthousiasme ? Pierre a déclaré à Geneviève qu'il n'était pas sûr qu'elle soit la femme de sa vie.

Voici donc la réaction, le réflexe suprême des gens qui ont du mal à s'engager : dès que leur partenaire se refroidit, ils se réchauffent. Par conséquent, si vous changez d'attitude, si vous essayez de vous rapprocher de votre partenaire tandis que lui prend ses distances, vous devrez comprendre qu'il s'agit d'un réflexe qui n'a rien à voir avec des sentiments sincères ou une franche motivation.

Comprenez bien cela, car votre réaction signifie que vous ne voulez pas nouer une relation dotée de potentiel. Essayez de comprendre comment l'indifférence de l'autre vous permet de phantasmer, de désirer, voire d'agir librement sans vous préoccuper des conséquences. Pour qu'une relation aboutisse, il faut que les deux partenaires désirent la même chose, au même moment. Si vous n'avez pas cela en commun, peu importe les autres points que vous avez réellement en commun.

Vous prenez trop de raccourcis

Beaucoup de gens veulent se débarrasser le plus tôt possible de la cour et du processus qui l'accompagne, afin d'apaiser leurs angoisses et de «retrouver une vie normale». C'est peut-être pour cette raison que vous êtes si pressé. Ou peut-être craignez-vous que vos sentiments ou ceux de votre partenaire ne changent si vous attendez encore un peu. C'est peut-être aussi votre tactique pour effrayer les personnes qui recherchent une relation stable. Quelles que soient vos raisons, votre hâte a quelque chose de terrifiant et donne l'impression que vous ne discernez pas correctement ce qui devrait être l'épanouissement normal d'une relation. Votre partenaire ne peut que se poser des questions: «Avec qui a-t-il/elle cette relation? Certainement pas avec moi.»

Les premières étapes d'une relation offrent aux partenaires l'occasion rêvée d'apprendre à se connaître. C'est le moment de commettre des erreurs et d'en tirer la leçon, le moment de réunir des informations suffisantes pour vous permettre de prendre des décisions claires, à tête reposée, sur le potentiel de la relation. Ces débuts, bien qu'imprégnés d'anxiété et assujettis à une certaine pression, font partie intégrante du développement de la relation. En essayant de les court-circuiter, vous ne faites qu'y greffer une nouvelle source d'angoisse, de nouvelles pressions, en compromettant gravement vos chances de succès.

Vous rejetez avant qu'on vous rejette

Charles aime véritablement Selma, mais il subit d'énormes pressions, non seulement dans le contexte de sa relation, mais aussi au travail. Il vient de déclarer à Selma qu'au cours des prochaines semaines ils se verraient moins souvent, car il a un travail important en chantier. Comment a réagi Selma? Elle a répliqué que, puisqu'il en était ainsi, peut-être devraient-ils cesser de se voir. Point final.

En réalité, tout ce que Charles désire, c'est un peu de tranquillité et de temps pour mener son travail à bien et évaluer la relation. Si Selma avait répondu en réclamant des précisions à Charles, cela leur aurait donné, à tous les deux, la possibilité d'extérioriser leurs sentiments et, donc, de faire progresser leur relation. Si, par son attitude, elle lui avait fait comprendre qu'elle compatissait, car elle-même ressentait aussi le besoin de prendre du recul, la relation en aurait certainement bénéficié. Malheureusement, sa réaction a eu des effets négatifs. Charles, qui ne veut pas perdre Selma, a essayé de l'apaiser. Il a donc renoncé à se distancier pour quelque temps, ce qui, naturellement, suscite en lui une forte rancœur. Étant donné qu'il ne veut pas continuer à vivre dans la colère, il commence sérieusement à s'interroger sur l'avenir de la relation.

Nous avons tous vécu cette situation : persuadés que le couperet va tomber, nous nous empressons de le devancer en donnant nous-mêmes le coup de grâce à la relation. Pendant quelque temps, nous nous sentons soulagés, maîtres de la situation. Mais ensuite, nous commençons à nous demander si nous n'avons pas agi trop hâtivement. Malheureusement, nous n'en saurons jamais rien.

Il arrive fréquemment que la «certitude» d'un rejet imminent soit la projection d'un conflit que nous avons vécu par le passé. Quelque chose, dans les paroles ou le comportement de notre partenaire, nous rappelle les paroles ou le comportement d'un partenaire précédent et nous incite à tirer des conclusions hâtives. Mais il est fort possible que nous fassions entièrement fausse route.

Certaines personnes se querellent avant de rompre, mais d'autres se querellent simplement pour se défouler. Certaines personnes avancent le besoin d'«espace vital» comme prétexte à une rupture, mais d'autres ont effectivement besoin, de temps à autre, de quelques jours de solitude. Certaines personnes ne rappellent pas leur partenaire parce qu'elles s'efforcent de mettre un terme à la relation, mais d'autres ne trouvent simplement pas le temps de rappeler ce jour-là. Pour décoder cette attitude, une seule solution, recueillir davantage d'informations. Je ne vous suggère pas d'essayer de poursuivre une relation qui vous blesse ou vous chagrine, mais simplement de vous informer des motifs véritables de votre partenaire. Ainsi, vous saurez parfaitement dans quoi vous vous engagez au moment de prendre une décision définitive.

Vous dominez la situation afin de protéger votre espace vital ; autres situations angoissantes

Toute relation exige des compromis. Cela signifie que vous n'en ferez pas toujours qu'à votre tête. Pour certaines personnes, cela entraîne la perte de leur liberté et de leur mainmise sur leur environnement. Ce sentiment suscite l'anxiété. Elles réagissent en s'efforçant de dominer encore davantage la situation.

En ce qui me concerne, je sais fort bien que j'essaie parfois de faire taire mon anxiété en régissant le comportement de ma partenaire. Et je ne suis pas le seul. Célibataire, j'avais la mainmise sur mon environnement. Au fur et à mesure qu'une relation s'intensifiait, mes problèmes devenaient de plus en plus aigus. En général, ils se traduisaient par un conflit d'espace vital. J'avais en effet l'impression qu'on essayait d'empiéter sur mon espace vital. J'en devenais anxieux et j'essayais de reprendre la situation en main.

Chaque fois qu'une femme commençait à s'installer dans mon «espace» (une simple garçonnière), j'avais l'impression que mon logis ne m'appartenait plus. Voilà qui ne me plaisait guère. Je me transformais en une caricature du vieux garçon intraitable et plein de manies. Même si je ne partageais pas vraiment ma garçonnière avec ma nouvelle partenaire, je réagissais contre l'«invasion». «Ses» affaires se trouvaient partout, dans la salle de bain, la cuisine et le salon. «Elle» commençait à déplacer les choses. Dans le réfrigérateur, la moutarde se retrouvait derrière le jus d'orange alors qu'habituellement, c'était l'inverse. Je me sentais véritablement envahi. Le lait disparaissait (comment pouvait-on boire *autant* de lait?) mais n'était pas remplacé. Lorsque je vivais en célibataire, je savais exactement à quel moment acheter un nouveau carton de lait simplement en soupesant celui qui se trouvait dans le réfrigérateur. Mais lorsqu'une femme commençait à passer du temps dans mon appartement, un nouveau facteur entrait en ligne de compte : *quelqu'un d'autre buvait mon lait.* Comme vous le voyez, j'étais en proie à des pensées détestables. Sans comprendre que mon attitude était dictée par l'anxiété, je blâmais ma partenaire.

J'aimais l'ordre, et cette intruse engendrait le chaos. Je ne supportais pas d'avoir à enjamber les affaires de quelqu'un d'autre. Je vous raconte cela pour bien vous montrer à quel point on peut raisonner stupidement lorsqu'on a peur de l'engagement. Lorsque je commençais à avoir l'impression que mon espace vital se trouvait envahi, il m'arrivait de fixer mon attention sur la consommation de papier hygiénique. Je sais, c'est d'une ineptie incroyable. Mais je ne pouvais supporter l'idée de fréquenter quelqu'un qui consommait tellement plus de papier hygiénique que moi.

Dans ma béatitude intouchable de célibataire épanoui, j'avais coutume de calculer exactement le nombre de rouleaux de papier hygiénique que je consommerais en trois mois et d'entreposer ma provision dans un placard. « Elle », l'intruse du moment, avait l'audace d'utiliser mon papier hygiénique pour se maquiller et se démaquiller, au point que mon stock de trois mois se volatilisait en quelques semaines. Voilà qui m'irritait. Je reconnais que cette anxiété, dont je n'admettais pas l'existence, me rendait impossible. Je me sentais contraint de manifester mon autorité à propos des questions les plus triviales.

Lorsque j'emménageai avec ma femme, je dus faire face aux mêmes problèmes. Jill, par exemple, décida de redécorer notre chambre d'amis. Quant à moi, j'estimais que les amis devaient se contenter d'avoir leur chambre, sans tralala. Je n'avais aucune envie de dépenser l'argent nécessaire à ces travaux de décoration. Mon raisonnement me semblait parfaitement logique. Mais Jill ne voulait pas seulement avoir une chambre d'amis, elle voulait une *jolie* chambre. Elle commença à acheter des meubles. Certains, m'expliqua-t-elle, n'étaient que des solutions temporaires en attendant de trouver mieux. Soudain, j'eus l'impression que mon environnement était menacé. Je me sentis extrêmement perturbé. En effet, les solutions temporaires sont pour moi des sources d'anxiété.

Cette situation engendra plusieurs disputes. Même lorsque je désapprouve totalement les actions de Jill, je sais parfaitement que le problème diminuerait de beaucoup si je n'éprouvais pas un tel besoin d'avoir la mainmise sur mon environnement. Et, naturellement, j'aimerais régir davantage les choix de Jill.

Pendant la période «rose» d'une nouvelle relation, nous avons l'impression que l'espace vital, quoi qu'il puisse lui arriver, n'a pas grande importance. Nous ne nous formalisons pas lorsqu'un sac traîne par terre, lorsque des vêtements gisent, éparpillés, sur le plancher, lorsque le lit n'est pas fait, lorsque la stéréo est ou non allumée, lorsque les fenêtres sont ouvertes ou fermées. Cependant, au fur et à mesure que la relation devient réelle, ces questions acquièrent une importance inouïe. Pour beaucoup de gens, il s'agit alors de questions de vie ou de mort. Néanmoins, souvenez-vous que le problème, à ce stade, est représenté par l'anxiété que vous ressentez en perdant la mainmise sur votre environnement. Il ne s'agit ni de valeurs, ni de styles, ni d'hygiène. Ce que vous souhaitez, c'est dominer votre environnement et régir le comportement de votre partenaire.

Nous ressentons tous une certaine exaspération lorsque nous découvrons que notre partenaire est différent de nous, que ses goûts, ses dégoûts, ses besoins et son comportement sont totalement indépendants de notre volonté. Ma femme s'est adaptée plus vite que moi. Je reconnais éprouver quelques difficultés à cet égard. Cependant, j'ai appris à analyser la situation et c'est de là que vient toute la différence. Vous aussi, vous pouvez faire bénéficier votre relation de cette lucidité.

Liens et domination sont comme l'eau et l'huile. Ils ne vont pas ensemble. C'est uniquement en l'absence de toute tentative de domination, lorsque les deux partenaires acceptent de se laisser aller, qu'un lien intime peut se nouer. La relation comporte des risques, mais la domination est le contraire du risque. La domination empêche les sentiments de s'épanouir, car elle est synonyme de manipulation. En présence d'une tentative de domination, le cœur se referme sur lui-même.

Vous entretenez une relation plus intense avec votre anxiété qu'avec votre partenaire

Nous avons tous des sources d'anxiété. Il suffit d'appuyer sur la bonne touche et n'importe qui sera emporté dans un tourbillon d'angoisse. Certains tourbillonnent plus souvent que d'autres.

Mais pourquoi certaines personnes se retrouvent-elles avec le genre de partenaire susceptible de provoquer leur anxiété? Qu'est-ce qui vient d'abord? Nous intéressons-nous à quelqu'un pour la simple raison qu'il sait quoi faire pour déclencher notre anxiété? Ou réagissons-nous d'abord, par inadvertance, aux sources de cette anxiété?

Les relations font surgir de très importantes questions. Voici pourquoi: il nous arrive souvent de tomber amoureux d'une personne simplement parce que nous sommes persuadés qu'elle a le pouvoir de déclencher notre anxiété. Elle a appuyé sur l'interrupteur qui a suscité notre première crise d'anxiété. Peut-être par son comportement volage, imprévisible, hostile. Nous vivons dans une anxiété telle que nous nous persuadons que le seul moyen de la soulager consiste à régler la situation dans laquelle nous nous trouvons avec notre partenaire.

L'anxiété peut être provoquée par la peur de perdre notre partenaire et de rompre le lien qui nous unit. Mais elle a également son origine dans des liens tout à fait positifs. Ce qu'il faut comprendre ici, c'est que ce sont des angoisses que nous portons en nous. Elles se déclenchent dans maintes situations. Il nous appartient donc de les analyser, de comprendre pourquoi nous vivons dans l'anxiété. À partir de ce moment-là, nous ne nous sentirons plus maltraités par des partenaires qui nous dominent en manipulant notre anxiété. En outre, nous cesserons de fuir de merveilleux partenaires potentiels, simplement parce qu'ils ont, par inadvertance, ouvert en nous la boîte de Pandore de nos angoisses.

QUELQUES CONSEILS ESSENTIELS POUR ÉLIMINER L'ANXIÉTÉ

Apprenez à décortiquer votre anxiété

L'anxiété n'est pas surgie de nulle part, mais elle ne provient pas nécessairement d'une seule source. Afin de mieux comprendre ce qui vous arrive, vous devriez pouvoir la placer dans une centrifugeuse et la faire tournoyer jusqu'à ce que sa composition vous apparaisse. Ainsi, vous pourrez analyser chaque morceau séparément. Autrement dit, vous devez disséquer votre anxiété.

- Premier morceau : Il/elle me rappelle mon petit frère/ma petite sœur, qui me chipait tous mes jouets avant de les casser ; j'ai l'impression que je passerai toute ma vie avec quelqu'un qui profite de moi.
- Deuxième morceau : Il/elle fait remonter en surface tous mes problèmes d'image. Je suis anxieux à l'idée de passer ma vie avec quelqu'un qui se préoccupe du qu'en-dira-t-on et me transmet cette préoccupation.
- Troisième morceau : Il/elle joue avec mon insécurité. Je suis anxieux à l'idée que l'on pourrait m'abandonner, que je vivrai le reste de ma vie en solitaire.

Lorsque nous sommes inquiets, nos angoisses et notre besoin de dominer la situation se mélangent. Ajoutez-y la manière dont vous choisissez de recouvrer votre mainmise (par la distanciation, par l'éloignement, en cherchant noise, en jouant un rôle) et vous voilà dans un beau pétrin. Mais ne croyez pas que la situation est désespérée. Dès que vous aurez placé tous les morceaux sur la table, vous comprendrez qu'il est possible de les analyser séparément.

N'exacerbez pas votre anxiété en lançant des ultimatums

Prenons un exemple. Vincent et Charlotte se querellent constamment à propos du frère de Charlotte, Raymond, et du meilleur ami de celui-ci, Daniel. Vincent est jaloux, car il estime que Charlotte passe trop de temps à converser au téléphone avec Raymond et Daniel. Il se sent exclu de leur trio. Charlotte lui explique qu'il a tort de s'inquiéter, qu'ils ont grandi ensemble tous les trois et se considèrent comme frères et sœur. Elle lui affirme que Raymond et Daniel aiment lui confier leurs difficultés amoureuses. Quant à Charlotte, elle aime bien les écouter. Mais Vincent est persuadé que Daniel est amoureux de Charlotte et que Raymond l'encourage.

La semaine dernière, Vincent a lancé un ultimatum : «Ou tu cesses de passer ton temps avec ces deux-là, ou c'en est fini de notre relation!» Charlotte lui a répondu qu'elle n'avait de toute façon pas l'intention de finir ses jours avec quelqu'un qui s'imagine pouvoir lui interdire ceci ou cela. Cette querelle les a menés au bord de la rupture. Tous deux ont dit des choses qu'ils ont regrettées par la suite. Ils se sont ensuite réconciliés... provisoirement. Mais le problème demeure. Tant Vincent que Charlotte se rapprochent de l'ultimatum.

En réalité, Vincent n'en sait pas assez sur la situation pour que ses soupçons au sujet de Daniel soient confirmés. Quoi qu'il en soit, il n'a certainement pas le droit d'interdire à Charlotte de parler à son frère. Quant à elle, Charlotte ignore encore si la jalousie de Vincent atteindra des proportions qui rendront toute relation impossible. Au lieu de laisser leurs angoisses respectives les entraîner dans des directions opposées, Vincent et Charlotte doivent trouver le moyen de les analyser, dans le contexte de leur relation. La situation pourrait-elle être désamorcée? Charlotte pourrait-elle faire l'effort de passer un peu moins de temps avec Raymond et Daniel? Vincent pourrait-il se montrer plus aimable et accepter d'aller au cinéma ou au restaurant avec les trois autres, afin de mieux comprendre l'amitié qui les lie?

Parfois, nous craignons tant de voir nos appréhensions se matérialiser que nous préférons «en finir». C'est ainsi que nous allons trop loin. «Puisque ça ne marchera jamais, finissons-en maintenant» devient notre leitmotiv. Malheureusement, à force de vouloir tout ou rien – sans admettre que nulle relation n'est parfaite –, nous obtenons le résultat que nous recherchions : une relation en miettes.

Apprenez à respirer à travers votre angoisse

- Votre partenaire ne réagit pas avec son ardeur ou sa passion coutumières. Vous perdez les pédales. M'aime-t-il encore? S'éloigne-t-elle? Vous disposez de tout un arsenal pour revitaliser la relation et susciter la réaction émotive dont vous avez besoin pour nourrir vos angoisses : chercher querelle, pleurer, exiger des explications.

- Il prend cinq minutes de retard en se préparant. Vous commencez à imaginer que vous devrez ainsi passer votre vie à l'attendre. Vous vous sentez prise au piège, angoissée. Vous êtes prête à lui chercher querelle et à partir en claquant la porte.

- Elle a choisi d'acheter une voiture d'une marque que vous méprisez, d'une couleur que vous détestez. Vous vous demandez anxieusement ce que les gens penseront en vous voyant au volant d'une voiture aussi ridicule. Cela, pensez-vous en considérant le partenaire que vous adorez, c'est la goutte qui fait déborder le vase. Vous vous apprêtez à ouvrir les hostilités.

On dit que compter jusqu'à dix est la première mesure à prendre en situation d'urgence. Allez encore plus loin. Apprenez à respirer à travers votre angoisse. C'est une mesure pacifiste de gestion des crises. Croyez-en l'expérience de quelqu'un qui est particulièrement versé dans l'art de saboter une relation. À maintes reprises, au début de ma relation avec ma femme, une seule chose m'a empêché de rompre : de profondes respirations, qui m'ont permis d'attendre que mes réactions, provoquées par l'anxiété, s'apaisent. Et elles s'apaisaient.

Autrefois, j'avais tendance à me gausser des gens qui parlaient du pouvoir de la respiration, mais depuis, j'ai appris à l'utiliser pour traverser mes angoisses. Lorsque nous sommes terrifiés, nous retenons notre respiration jusqu'à ce que notre organisme explose ou se paralyse. Par conséquent, dès maintenant, inspirez le bon air pur, expirez votre peur.

N'aggravez pas votre anxiété en la transformant en obsession

La relation que vous entretenez avec votre anxiété pourrait ressembler à une locomotive. Dès que le feu jaillit, vous y entassez du charbon, de plus en plus vite, jusqu'à ce que la fournaise se transforme en véritable enfer.

Prenons un exemple : Marthe et Séraphin sortent ensemble depuis quelques mois. Cette semaine, Séraphin a annoncé que ses parents étaient en difficulté et qu'il devait aller passer la fin de semaine chez eux. Il n'a pas téléphoné à Marthe une seule fois pendant son séjour. Le lundi matin arrive, toujours pas de nouvelles de Séraphin. Marthe se souvient de son ancien ami, Jean, qui était coutumier de ce genre d'oubli. Elle en perd les pédales. Elle appelle sa meilleure amie, elle appelle Séraphin. C'est le répondeur automatique qui décroche. Elle raccroche. Elle recommence à plusieurs reprises. Elle rappelle sa meilleure amie. Ensemble, elles concoctent toutes sortes de scénarios catastrophiques. Dans tous, Séraphin est soit en train de tromper Marthe, soit gît, grièvement blessé, dans un fossé, appelant Marthe à son secours.

Marthe commence à se demander si Séraphin n'a pas une aventure avec la femme qui avait coutume de flirter avec lui dans l'ascenseur. Mais oui, c'est sûrement ça ! Elle rappelle sa meilleure amie. Toutes deux discutent de cette éventualité.

Qui sait où est Séraphin ? Marthe le saura bien assez tôt. Pourquoi en fait-elle un drame ? C'est une erreur de laisser votre anxiété vous dévorer jusqu'à ce que vous ne ressentiez plus qu'elle. VOUS AVEZ D'AUTRES POSSIBILITÉS. Vous pouvez l'extérioriser jusqu'à ce qu'elle s'apaise ou vous pouvez la mener jusqu'à la masse critique.

Ne laissez pas votre comportement refléter votre conflit

Parfois, les conflits émotifs s'extériorisent de manière contradictoire. Vous souffrez du manque d'espace vital et pourtant, cela ne vous empêche pas d'inviter votre partenaire à aller passer avec vous vos vacances à Hawaii. Essayez d'imaginer la confusion et le chagrin de votre partenaire. Sa vie est complètement bouleversée par vos sautes d'humeur.

Lorsque nous sommes pris dans les hauts et les bas d'un conflit émotif, il nous est très facile d'extérioriser ce conflit de manière disproportionnée : nous rompons, nous nous réconcilions, nous déménageons, nous réemménageons, nous cassons des assiettes et nous finissons par d'émouvantes excuses. Ce va-et-vient est l'une des manifestations les plus destructrices du conflit. Pour éviter cela, vous devrez, par vous-même, remettre vos idées en place, avec l'aide d'un ami ou d'un parent impartial, capable de garder pour lui vos confidences, ou dans le cabinet d'un professionnel qualifié. Souvenez-vous que chacun de vos mouvements, dans le contexte d'une relation, doit être l'aboutissement de décisions prises à tête reposée et non la manifestation d'un travail en chantier.

Admettez que votre réaction de combat ou de fuite n'est que le reflet de votre anxiété

Bien des gens sont tellement sensibilisés par leurs propres antécédents émotifs que dès qu'ils se rapprochent de quelqu'un, ils sont victimes de sentiments que l'on associe généralement avec les phobies. En effet, voici quelles sont les réactions classiques de la phobie : crises d'anxiété, appréhension, hyperventilation et(ou) essoufflement, sensation d'étouffement, tachycardie ou arythmie, brûlures d'estomac, sudation excessive, frissons. Nous ressentons ces symptômes lorsque nous avons peur. Parfois, ce qui nous effraie, c'est la possibilité de vivre une perte (semblable à celles que nous avons subies par le passé). Parfois, nous associons les relations intimes à des sentiments déplaisants et c'est pourquoi elles nous effraient. À d'autres moments, c'est l'intimité même de la relation qui déclenche en nous un véritable sentiment de claustrophobie.

Vous ne pourrez vous débarrasser de votre anxiété si vous n'admettez pas son existence alors qu'elle se trouve en évidence. Prenons un exemple.

Lorsque Liam n'entretient pas de relation, c'est un homme relativement peu dynamique, qui passe trop de temps seul. Mais dès que la relation devient sérieuse, il prend conscience de l'existence de toutes les femmes avec lesquelles il voudrait faire l'amour avant de se ranger. C'est l'élément « fuite » de la réaction de combat ou de fuite.

Lorsque Max et Brigitte se sont rencontrés, Max considérait Brigitte comme la plus douée et la plus belle des femmes. Mais dès que la relation s'est approfondie, il a commencé à discerner toutes les imperfections de Brigitte. Naturellement, au fur et à mesure qu'il les découvre, il en fait part à Brigitte. Une par une, sur un ton condescendant : « Pourquoi n'es-tu pas capable d'utiliser des sacs plus grands pour la poubelle ? Ils ne seraient pas si difficiles à fermer. » Ou bien : « Comment as-tu pu oublier de mettre cette grande bouteille de plastique au recyclage ? » Après une nuit passionnée, précédée d'un dîner gastronomique entièrement préparé par Brigitte : « Comment as-tu pu faire pour oublier de mettre le chaudron à tremper hier soir ? À cause de cela, l'évier est tapissé de graisse, ce n'est certainement pas hygiénique. En plus, c'est dégoûtant et ça me donne mal au cœur de le regarder. » Le comportement de Max, qui ne rate pas la moindre occasion de critiquer Brigitte, est le meilleur exemple de ce qu'il faut faire pour saboter une relation. C'est l'élément « combat » de la réaction de combat ou de fuite.

Tandis que la relation s'approfondit, que des doutes, des scrupules ou des craintes surgissent, nous devons reconnaître le rôle joué par l'anxiété. Car c'est elle qui nous incite à nous battre, à vociférer, à fuir ou à tromper. La prochaine fois que vous avez une envie destructrice, faites un effort pour discerner ce qui se cache derrière. Qu'est-ce qui fournit toute cette énergie ? Fort probablement, vous découvrirez que votre angoisse a pris le mors aux dents.

L'anxiété est une émotion, non un mandat

Certains ne comprennent pas que l'anxiété n'est qu'une émotion, qui devrait se dissiper avec le temps. Prenons un exemple.

Claude songe à emménager avec Virginie, mais l'idée le rend nerveux. Pendant qu'il fait la queue au supermarché, il sent une onde d'anxiété l'envahir. Est-ce une bonne idée ? Sera-t-il heureux ? Peut-être aimerait-il conserver sa liberté pour sortir avec d'autres femmes ? Il aperçoit soudain une jolie blonde dont le chariot est rempli de tofu et de légumes. Il entre en conversation avec elle. En moins de temps qu'il n'en faut pour le dire, il se procure son numéro de téléphone. Ce geste soulage son angoisse. L'idée d'emménager avec Virginie ne le terrorise plus autant. Mais voilà que d'autres questions viennent le tourmenter : et s'il invitait la jolie végétarienne à dîner ? Et si Virginie l'apprenait ? Et l'anxiété redouble.

Certains ne considèrent toujours pas l'anxiété comme une émotion. Ils l'interprètent plutôt comme un signe qu'il faut agir. Ils ne savent pas qu'ils sont anxieux. Ils savent seulement que « quelque chose ne va pas ». Ils se sentent malheureux, ils ont des brûlures d'estomac, des maux de tête, des palpitations, un sentiment d'appréhension. Ils vont jusqu'à ressentir une faiblesse dans les genoux. En général, au lieu d'essayer de supporter ces sensations inconfortables en tentant de les analyser, nous avons tendance à fuir non seulement l'émotion, mais encore la personne que nous tenons pour responsable... à savoir notre tendre moitié. Nous voulons faire quelque chose, n'importe quoi, pour dissiper ce malaise. Malheureusement, il est fréquent que les mesures que nous prenons dans ce but engendrent d'autres problèmes, d'autres crises d'anxiété.

L'anxiété, à l'instar de toutes les autres émotions, ne prendra le dessus que si nous la laissons nous envahir. Nous sommes libres d'abdiquer ou de réagir. L'anxiété provoquée par une relation n'est qu'une réaction émotive à une situation qui nous effraie, soit la perspective de l'intimité totale avec un autre être humain. Ne tenez pas pour acquis que l'anxiété est le « signe » envoyé par le destin pour vous révéler que vous commettez une erreur.

Trouvez un rythme qui vous convient, ne vous laissez pas emporter

Vous vous connaissez. Vous savez que vous prenez les choses à cœur, au point de susciter vos angoisses. Qu'est-ce qui vous fait craindre de perdre ce que vous possédez ? Qu'est-ce qui vous donne l'impression d'être entièrement submergé ? Lorsque nous entamons une nouvelle relation, nous avons tendance soit à aller trop vite, soit à nous laisser emporter. La relation devient trop importante, trop vite. N'attendez pas de recevoir à la fois la lune et les étoiles. Vous ne vous sentirez que mieux dans votre peau. Tenez-vous toujours légèrement à distance, afin de ne pas être submergé par vos angoisses.

Lorsque nous créons des situations qui nous remplissent d'anxiété, ou qui ont cet effet sur notre partenaire, nous devenons notre pire ennemi. Certains gestes font avancer très rapidement une relation, par conséquent, ils sont à manier avec précaution. N'utilisez pas la sexualité pour faire progresser votre relation. Ne faites pas de projets d'avenir avant que la relation ne soit prête. Par projets d'avenir, il faut entendre les projets de vacances, tout autant que les projets de fiançailles, de mariage ou de vie commune.

Il est vrai que dans une relation, une petite partie de l'anxiété surgit en réaction aux événements extérieurs. Mais la majeure partie risque fort d'être le fruit de nos tourments intérieurs. Nous donnons le rythme, mais c'est un rythme qui nous essouffle. Nous faisons des promesses, mais ce sont des promesses qui nous horrifient. Nous nous laissons mener par nos phantasmes et nous nous retrouvons ballottés dans une cocotte-minute que nous avons nous-mêmes fabriquée.

Découvrez un vous qui vous met à l'aise avec vous-même

- Paul croit que Renée attend de lui qu'il joue le rôle de l'éditeur prospère ; par conséquent, il porte toujours un veston et assiste à des séances de lecture de poèmes, alors qu'il préférerait porter un survêtement et jouer au basket-ball.
- Diane a quelques années de plus que Geoffroy ; elle a tellement peur d'avoir l'air plus âgée que lui qu'elle suit six cours de conditionnement physique par semaine et ne fréquente pas les gens de son âge.

L'anxiété surgit lorsque vous essayez d'être quelqu'un d'autre et de vivre cette fausse identité. Que vous le vouliez ou non, c'est seulement votre véritable «vous» qui peut bâtir une relation durable. Et, comme je l'ai probablement déjà dit, si votre relation n'aboutit pas, il vaut mieux éviter que la dissimulation du véritable «vous» soit la raison de votre échec.

Bâtissez une vie suffisamment robuste pour résister aux vents de l'anxiété

- Lorette est persuadée qu'elle ne peut vivre sans amour. Elle pense que si sa relation avec Joseph se termine, elle ne pourra pratiquement plus respirer.
- Tous les rêves et les espoirs de William sont entièrement imbriqués dans la vie qu'il partage avec Danielle. Qu'adviendra-t-il de lui si elle le déçoit?

Notre anxiété est directement reliée à ce qui est en jeu. Chez certaines personnes, la relation dévore tout le reste. Ils la désirent tellement, trop même. Rien d'étonnant qu'elles vivent dans un état permanent d'anxiété.

Enfants, nous avons tous appris la leçon des trois petits cochons. Souvenez-vous du mignon petit cochon qui avait été assez futé pour se bâtir une maison de briques. Elle était si solide que même le grand méchant loup n'avait pas réussi à la démolir. Bâtissez une vie qui vous donnera tant de plaisir que vous aurez du mal à envisager de la modifier… même lorsque vous aurez trouvé l'amour de votre vie.

Plus vous «existerez», moins vous risquez de souffrir d'anxiété aiguë. Bien que vous ayez beaucoup à gagner en insérant l'amour dans votre vie, vous aurez beaucoup moins à perdre si, pour une raison ou pour une autre, la relation se solde par un échec.

Sachez distinguer entre l'anxiété suscitée par votre partenaire et celle que vous introduisez dans la relation

Reconnaissons-le, certaines personnes font tout ce qu'elles peuvent pour susciter l'anxiété chez leur partenaire. Si vous vivez avec quelqu'un qui vous ment, qui vous trompe ou qui vous manipule, cette personne est responsable de votre anxiété. Il en va de même d'un partenaire qui ne téléphone pas ou qui n'arrive pas au moment où il est censé le faire, qui vous raconte toutes sortes d'histoires à dormir debout, qui refuse de montrer ses sentiments ou qui a élevé des barrières insurmontables, qui essaie de vous dicter votre comportement ou qui exerce des pressions pour forcer votre intimité. Il s'agit là d'un partenaire qui fait tout ce qu'il peut pour saboter la relation. Vous avez d'excellentes raisons d'éprouver de l'anxiété. Mais demandez-vous, alors, pourquoi vous *demeurez* dans l'anxiété. Il vous appartient de consulter un professionnel ou de rompre la relation.

Essayez de déterminer exactement ce qui suscite votre anxiété. En effet, toute consultation d'urgence doit commencer par un dialogue avec vous-même. Parlez, tout haut, de votre problème. Accueillez les différentes voix qui contribuent à votre malaise. Décrivez vos sentiments sur papier. C'est pour vous que vous agissez. Mais n'utilisez pas ce que vous avez écrit pour retourner le couteau dans la plaie. Vous avez décidé de prendre les mesures nécessaires pour remédier à votre situation. Dites-vous bien que même si votre partenaire «s'efforce» d'éveiller votre anxiété, si vous n'aviez pas déjà, en vous, quelques sources d'anxiété facilement accessibles, vous ne réagiriez pas de manière aussi prévisible.

Restez en contact avec votre « régulateur »

Gemma, mère célibataire, sort avec Daniel depuis quelques mois. Ils se rencontrent environ toutes les deux semaines. Ils ont fait l'amour pour la première fois la fin de semaine dernière. À ce moment-là, Daniel a suggéré à Gemma de passer quelques jours de vacances ensemble. Gemma l'a pris au pied de la lettre et a commencé à chercher une gardienne. Mais après avoir émis la suggestion, Daniel a fait marche arrière, pour des raisons principalement financières.

Aujourd'hui, pendant le dîner, Gemma a mis la question sur le tapis et Daniel a dû lui révéler qu'il n'était pas sûr de pouvoir partir. La réaction initiale de Gemma – la déception – s'est immédiatement muée en anxiété – «Que signifie ce recul de Daniel?» –. Puis, tandis qu'elle essayait de surmonter ses sentiments négatifs, Gemma s'est trouvée sur la défensive et elle s'est mise en colère. «Quel est donc l'avenir que tu entrevois pour notre relation?» lui a-t-elle demandé. Daniel a répondu: «Je n'en sais rien. Je croyais que nous passions du bon temps ensemble. Je pensais que nous continuerions à sortir ensemble, pour voir jusqu'où cela nous mènerait.» Réaction de Gemma: «J'ai déjà entendu cela. Je sais exactement où cela va nous mener. Malheureusement, j'ai une fille, que je dois protéger. Nous ferions mieux d'en rester là.» Elle a immédiatement quitté le restaurant. En fait, Gemma a perdu les pédales. Elle a saisi le problème de Daniel comme l'occasion de réaliser volontairement l'un des scénarios dont elle a peur.

Cette scène s'est déroulée en l'absence de tout «régulateur». Pas de tiers à tête froide pour donner des conseils, personne pour régler le problème. Sur un certain plan, l'instinct de Gemma était bon. Si la réaction de Daniel la blessait autant, il fallait qu'elle extériorise cette douleur. Mais comment? L'anxiété que suscite en elle l'avenir de sa relation avec Daniel aurait dû l'inciter à consacrer quelques minutes à répondre à cette question. Gemma avait besoin d'entrer en contact avec son régulateur interne. Elle aurait donc dû rentrer tranquillement chez elle pour décider, à tête reposée, de sa réponse. Elle aurait pu attendre un jour ou deux, voire une semaine. Elle aurait pu rentrer chez elle, prendre un bain apaisant, boire une tasse de lait chaud et aller se coucher. Elle aurait pu songer qu'après une bonne nuit de sommeil, la situation lui paraîtrait différente. Ou, toujours au restaurant, elle aurait pu avoir une véritable conversation avec Daniel, sur leur relation, ce qu'elle signifiait, quels étaient leurs sentiments. Mais Gemma n'a même pas pris la peine de compter jusqu'à dix. L'eût-elle fait, elle aurait permis à son régulateur interne de prendre les commandes pour rééquilibrer la situation.

Gemma a donc laissé la situation s'envenimer, au point que la frayeur née de son anxiété a pris le dessus, faisant apparaître les symptômes classiques de la phobie: le réflexe de combat ou de fuite. En l'occurrence, Gemma a réagi des deux manières. Elle n'est toutefois pas un cas unique. Lorsque la relation semble déboucher sur une déception, beaucoup de gens trouvent plus facile de jeter les hauts cris avant de partir en claquant la porte. Ainsi, ils ne sont pas contraints de vivre la réalité de la relation. Ils n'ont pas à faire l'effort de déterminer si oui ou non la relation peut s'adapter aux besoins de chaque partenaire, à savoir si elle présente les caractéristiques d'une véritable relation.

Supposons que Gemma ait réagi différemment. Par exemple, elle aurait pu dire, tout simplement : « Oh, comme je suis déçue ! Je me réjouissais de passer quelques jours seule avec toi. »

Son désarroi était réel. Mais qu'est-ce qui l'a incitée à penser qu'il était préférable de montrer à Daniel la colère, plutôt que la déception ? Après tout, le sentiment était authentique. Comment Daniel aurait-il pu réagir, face à la déception de Gemma ? Justement, sa réaction aurait fourni à Gemma de précieux indices sur le potentiel de leur relation. Daniel aurait pu être attendri. Il aurait pu discuter de sa propre déception tout en lui confiant ses problèmes financiers. Cela aurait peut-être permis à leur relation de progresser d'un cran. Mais en réalité, la scène s'est transformée en affrontement.

Si vous sentez que vous réagissez par le combat ou la fuite, essayez d'entrer en contact avec votre régulateur avant de faire quoi que ce soit.

Songez à parler de votre anxiété à un professionnel

Je ne saurais trop insister sur le rôle crucial d'un professionnel compétent pour vous aider à analyser l'anxiété provoquée par une relation. Une bonne psychothérapie devrait pouvoir vous aider à décortiquer votre vie, de telle sorte que vous finirez par mettre le doigt sur l'élément qui a engendré l'anxiété initiale. La thérapie devrait vous aider à évaluer votre relation avec réalisme et à entrer en contact avec votre régulateur. Lorsque vous sollicitez des conseils, cela signifie que vous prenez soin de vous. Ne laissez pas vos angoisses vous éloigner de relations positives ; ne les laissez pas non plus vous empêcher de rompre celles qui doivent être rompues.

Tenez bon !

Vivre avec l'anxiété d'une relation donne parfois l'impression de monter un cheval sauvage. C'est vrai, je vous assure. Si vous tenez bon, si vous demeurez en selle, c'est le cheval qui se fatiguera le premier. Sachant cela, vous n'en serez que plus motivé pour essayer de survivre. Vous êtes plus fort que vos angoisses, croyez-moi. Vous pouvez prendre un engagement envers vous-même, vous pouvez cesser d'être dominé par l'anxiété. Qu'elle soit provoquée par la peur de perdre votre partenaire ou celle de vous engager, le remède est le même. Et vous parviendrez à vous engager sincèrement envers un autre être humain sans vous sentir écrasé sous l'anxiété et la crainte.

Votre anxiété, au demeurant, pourrait se révéler riche en enseignements. Essayez de vous l'imaginer sous les traits d'un moniteur, qui essaie de vous fournir des informations précieuses, dont vous aurez besoin pour vos relations et pour votre croissance personnelle en général. Si vous vous enflammez ou si vous partez en claquant la porte pour échapper à votre anxiété, vous perdrez tout, la relation, votre partenaire et vous-même.

CONCLUSION

Obtenez ce que vous désirez

Lorsque j'ai décidé d'écrire ce livre, j'envisageais quelque chose de bref et de concis : « Finissez-en avec les vieilles attitudes, régénérez-vous en suivant quelques recettes simples… » Je voulais transmettre un message positif, optimiste, parce que je me sentais moi-même très optimiste quant à l'avenir des relations. Puis j'ai commencé à écrire et je me suis plongé dans la complexité des multiples aspects de cette question.

J'aimerais pouvoir considérer le cheminement qui nous conduit à l'engagement comme un hommage rendu à la possibilité d'un amour durable. Cependant, je conviens que ce livre invite surtout ses lecteurs à se débarrasser du bois mort : vieux choix, vieilles habitudes, vieux phantasmes, vieux programmes, vieux langage, vieux doutes et vieilles peurs. Tout cela devrait être enfermé et entreposé le plus loin possible pour déblayer la voie vers l'engagement. Mais une fois que vous vous serez débarrassé de vos pires entraves ou, tout au moins, que vous parviendrez à relativiser votre situation, quelque chose d'extraordinaire se produira : guérison, compréhension, pardon, toute une réorganisation émotive. La possibilité de l'amour et de l'engagement s'ouvrira devant vous comme une magnifique fleur. Un mode de vie qui vous paraissait jadis d'une complexité insurmontable semblera soudain simple, facile, clair. Un sentiment autrefois étranger deviendra naturel, normal.

C'est un peu comme le tennis, si je puis me permettre cette analogie. Il faut des centaines de leçons et des milliers d'heures d'entraînement ainsi qu'un nombre incalculable de balles pour se sentir à l'aise, une raquette à la main. Mais ensuite, frapper une balle devient le geste le plus naturel du monde, au point que nous nous demandons comment nous avons bien pu trouver cela difficile un jour. Aujourd'hui, ma femme rentre du travail, me dit bonjour d'un baiser et tout cela me paraît le plus naturel du monde. Mais pour en arriver là, l'épreuve a été difficile.

Peut-être vous demandez-vous : « Combien de temps cela prendra-t-il pour moi ? Comment savoir si je vais dans la bonne direction ? Comment savoir si je suis prêt ? Puis-je relever le défi de cette relation ? Le jeu en vaut-il la chandelle ? » Naturellement, il m'est impossible de répondre à toutes ces questions. Je ne suis pas omniscient, je ne puis répondre à chacune de vos questions individuellement, mais j'aimerais vous offrir un ensemble de règles qui vous permettront, je l'espère, d'entreprendre le voyage mouvementé vers une relation durable.

IL FAUT LE VOULOIR

Pour s'engager, il faut le vouloir. Sinon, vous estimerez que le jeu n'en vaut pas la chandelle et vous saisirez au vol toutes les occasions d'abdiquer. Ce n'est pas une tâche qu'il faut entreprendre parce que les autres vous répètent que quelque chose ne va pas chez vous. Ou parce que vous vous sentez coupable. Vous devriez le faire parce que vous savez parfaitement ce que l'engagement entraîne et que c'est justement ce que vous désirez dans la vie.

IL FAUT PRENDRE SON TEMPS

La relation que vous souhaitez ne se présentera pas à vous du jour au lendemain, simplement parce que vous vous sentez « prêt ». L'engagement est un long cheminement, qui évolue par étapes et qui comporte de nombreux virages. Ce n'est pas parce que vous avez hâte de trouver la relation dont vous rêvez que vous accélérerez le processus. Au contraire, vous risquez de tout gâcher. Imaginez que vous êtes en train de construire une maison dans laquelle vous voulez vivre. La seule méthode consiste à la bâtir pièce par pièce. Profitez au maximum de la construction.

IL FAUT DE L'ÉNERGIE

Aussi extraordinaire que soit votre partenaire, aussi passionnée que soit la relation, la tâche est toujours difficile. Mais c'est elle qui fera entrer l'amour dans votre vie. La récompense à elle seule vaut l'effort.

IL FAUT ACCEPTER DE COURIR DES RISQUES

Mais oui, vous courrez des risques, vous serez vulnérable, car vous devrez ouvrir votre cœur. Il est impossible de bâtir une relation solide et durable en demeurant tranquillement au sec. Tout ce que vous pouvez faire, pour vous protéger, c'est de vous immerger LENTEMENT, comme je le répète souvent. Si c'est la relation du siècle, vous avez un siècle pour en jouir. Par conséquent, courez de petits risques à la fois.

IL FAUT DE L'AIDE

Rien ne vous oblige à vous préparer dans la solitude à une relation durable. Au demeurant, je ne crois pas que ce soit une bonne idée. L'aide dont vous avez besoin se trouve à votre disposition un peu partout. Il suffit de chercher. La famille et les amis pourraient vous être très utiles si vous leur confiiez vos projets. Des organismes tels que l'EAA (Enfants adultes d'alcooliques) ou CODA (Codépendants Anonymes) peuvent vous insuffler l'énergie dont vous avez besoin. Les groupes spirituels et paroissiaux ne sont pas à négliger. Enfin n'oubliez pas les conseillers professionnels et psychothérapeutes. Quelques séances de thérapie suffisent parfois à aider un couple à survivre aux étapes préliminaires d'une relation.

IL FAUT ÊTRE DEUX

N'oubliez surtout pas qu'une relation n'est possible que si les deux partenaires visent le même but, au même moment. Votre désir est important, mais celui de votre partenaire ne l'est pas moins. Vous engager vis-à-vis de quelqu'un qui ne prend pas la relation au sérieux ne vous mènera absolument à rien. Parfois, ce n'est qu'un masque derrière lequel vous dissimulez vos propres angoisses que vous n'avez encore jamais analysées. Si votre partenaire et vous n'avez pas d'objectif commun, vos efforts seront en pure perte.

IL FAUT Y CROIRE

Vous devez croire qu'une relation véritable entre deux êtres humains est possible. Quels que soient vos antécédents amoureux ou familiaux, en dépit de vos angoisses, vous devez y croire. Je sais, c'est parfois difficile. Il vous arrive de ployer sous le fardeau. Mais vous savez, au fond de vous-même, que l'amour est à votre portée. Quant à moi, je sais, par expérience personnelle, que vous pouvez y parvenir. Mais vous aussi, vous devez y croire.

L'engagement véritable est magique. Il vous transformera. Bâtir une vie avec quelqu'un que vous aimez et qui vous aime mettra en relief toutes vos qualités. Ce qu'il y a de merveilleux – et d'extraordinaire – dans une relation sincère, c'est qu'elle nous donne beaucoup plus qu'elle ne prend.

Les huit grands obstacles à l'amour — Récapitulatif

PREMIER OBSTACLE : LE COURAGE DE CESSER DE BLÂMER

Blâmer masque la vérité, engendre immanquablement un sentiment d'aliénation, de séparation, qui vous empêche d'apprendre quoi que ce soit de valable sur la relation qui a échoué. Mais toute relation comporte deux parties. Tant que vous blâmerez l'autre pour ses défauts ou que vous le rendrez responsable de l'absence d'engagement dans votre vie, vous n'irez pas de l'avant, vous ne progresserez pas. Le changement se produira lorsque vous assumerez la responsabilité de vos sentiments et de vos craintes, de vos réussites et de vos échecs.

DEUXIÈME OBSTACLE : LE COURAGE DE NOUS DÉBARRASSER DE NOS FANTÔMES

Nous sommes tous hantés par notre histoire personnelle. Nous transportons tous en nous des antécédents compliqués. Étudiez votre passé, acceptez-le afin de guérir. Tirez-en une leçon. Apprenez comment vos antécédents régissent vos choix et votre comportement. Comprenez que vos fantômes sont responsables de vos émotions complexes. Le changement se produira lorsque vous accepterez de regarder votre passé en face.

TROISIÈME OBSTACLE : LE COURAGE DE TROUVER NOTRE SOI ET DE LUTTER POUR LUI

Apprenez qui vous êtes, acceptez-vous, défendez-vous. Tout cela fait partie du cheminement nécessaire pour bâtir une relation.

Tant que vous négligerez votre amour-propre, le respect, la conscience et l'affection que vous devez à votre Soi, vous n'avancerez pas. Le changement se produira lorsque vous apprécierez à sa juste valeur la relation que vous entretenez avec vous-même, cette relation que vous pourrez enfin partager avec quelqu'un d'autre.

QUATRIÈME OBSTACLE : LE COURAGE DE GARDER LES PIEDS SUR TERRE

L'amour, la vie, la relation, tout cela se déroule dans la réalité. Votre partenaire est un être en chair et en os. Une vie peuplée de phantasmes (les vôtres ou ceux de quelqu'un d'autre) vous fera peut-être vivre des moments magiques, mais elle ne vous offrira jamais un amour auquel vous pourrez faire confiance. Pour cela, vous devez garder les pieds sur terre. Peut-être jugez-vous cette attitude trop prosaïque, surtout si vous n'avez jamais songé à l'adopter. Mais une fois que vous aurez accepté la réalité, elle vous paraîtra si vivante, si pleine de sens, que vous ne vous ennuierez pas. Le changement se produira dès que vos pieds accepteront de se poser sur le sol et d'y rester.

CINQUIÈME OBSTACLE : LE COURAGE DE LAISSER LES AUTRES APPRENDRE À NOUS CONNAÎTRE

Bâtir une relation durable et capable de se fortifier avec le temps exigera que vous révéliez votre véritable Soi, morceau par morceau. Vous devrez partager sagement vos pensées et vos sentiments, vos vieilles expériences au même titre que les nouvelles. Si vous demeurez caché, vous vous refuserez, ainsi qu'à votre partenaire, le ciment qui fera de vous un couple. Et si vous espérez que l'intimité physique suffira pour vous permettre de nouer un lien durable, vous sous-estimez les possibilités et la richesse de votre relation. Le changement se produira lorsque vous accepterez de vous révéler.

SIXIÈME OBSTACLE : LE COURAGE
D'APPRENDRE LA LEÇON DE L'ACCEPTATION

Débarrassez-vous des problèmes d'image qui vous conduisent à faire des choix désastreux. Cessez de critiquer et de rejeter des partenaires qui pourraient faire votre bonheur et ouvrez la porte aux relations humaines. Votre quête de la perfection vous empêche de jouir de la réalité. En vous raccrochant à des notions simplistes, idéalisées de ce que vous recherchez dans l'apparence, la personnalité et le comportement d'un partenaire, vous ne progresserez pas. Le changement se produira lorsque vous reconnaîtrez et accepterez que vous et les autres êtes simplement des êtres humains.

SEPTIÈME OBSTACLE : LE COURAGE
DE TRACER UNE NOUVELLE VOIE

La vieille voie vous ramènera à la case départ. Les vieux modèles ne changeront pas d'eux-mêmes. Il ne suffit pas de désirer quelque chose de différent. Créer le changement signifie rompre avec les vieilles habitudes qui vous maintiennent dans des ornières. Vous devez donc en adopter de nouvelles. Cessez d'attendre qu'un partenaire d'un genre différent vous fasse émerger de votre chrysalide. Le changement se produira lorsque vous – et personne d'autre – déciderez que vous êtes capable de vous comporter différemment dans le contexte d'une relation et de nouer un lien durable.

HUITIÈME OBSTACLE : LE COURAGE
DE REGARDER NOS ANGOISSES EN FACE

Ne cédez pas à votre peur de l'intimité. Vous avez la capacité de prendre le dessus. L'anxiété est un élément intrinsèque de tout rapprochement. Si vous nouez une relation suffisamment étroite pour qu'elle dure, vous n'en finirez jamais avec les questions et les sentiments ambigus. La vulnérabilité est une constante des relations humaines. Le doute fait régulièrement surface. Au fur et à mesure que la relation s'approfondira, vous souffrirez peut-être terriblement de ce que vous interprétez comme la perte de votre liberté.

Mais surtout, sachez que vous survivrez à tout cela, si vous cessez de fuir. En revanche, vous ne progresserez jamais si vous laissez l'angoisse s'emparer de vous. Le changement se produira lorsque vous comprendrez que vous êtes en mesure de dominer votre peur.

TABLE DES MATIÈRES

Achevé d'imprimer au Canada
sur les presses de Quebecor World St-Romuald